만약에 한국사

만약에 한국사

김연철·함규진·최용범·최성진 지음

페이퍼로드
paperroad

〈만약에 한국사〉 저자별 분류

김연철
- 김구·김규식의 남북협상이 성공했다면
- 해방 뒤 토지개혁이 실패했다면
- 만주에 원자폭탄이 투하됐다면
- 제네바 회담이 타결됐다면
- 조봉암이 사형되지 않았다면
- 무장공비 침투 등 북한 도발 없었다면
- 서울올림픽이 열리지 않았다면
- 김일성 조문 슬기롭게 대처했다면
- 작전통제권 온전히 환수했다면
- 금강산 관광이 5년 먼저 시작됐다면
- 대북 쌀 지원을 하지 않았다면
- 북한이 신의주를 홍콩처럼 개방했다면

함규진
- 20세기 초 한반도가 분할됐다면
- 고종이 망명정부를 세웠다면
- 반탁운동, '동아일보' 오보가 없었다면
- 북한군이 사흘간 서울에 머물지 않았다면
- 미국이 이승만을 제거했다면
- '사사오입 개헌' 실패했다면
- 5·16군사쿠데타가 불발되었다면
- 베트남에 파병하지 않았다면
- 경부고속도로 건설이 늦춰졌다면
- 전태일이 분신하지 않았다면
- 일본에서 납치된 김대중이 암살됐다면
- 아웅산 테러가 성공했다면
- 박종철 죽음이 은폐됐다면
- YS·DJ 후보 단일화가 됐다면

최용범
- 안중근이 이토 히로부미를 쏘지 않았다면
- '신간회'가 무너지지 않았다면
- 여운형이 미군정의 민정장관이 됐다면

최성진
- 임시행정수도 계획 실현됐다면
- 김재규가 박정희를 쏘지 않았다면
- 대원외고가 생기지 않았다면
- 문익환 목사가 방북하지 않았다면
- IMF 구제금융 대신 모라토리엄 선언했다면

역사를 가정하면 오늘 갈 길이 보인다

"과거를 지배하는 자가 미래를 지배한다." 조지 오웰의 말이다. 역사란 무엇인가에 대한 날카로운 통찰이 아닐 수 없다. 그렇다. 역사는 단지 지나간 것이 아니다. 현재의 권력은 언제나 기억을 독점하고자 하며, 그래서 기억을 둘러싼 현재의 투쟁은 계속된다. 교과서의 역사서술을 둘러싼 갈등에서도, 식민지 시기의 기억에서도, 이승만·박정희 같은 독재자들에 대해서도, 기억전쟁은 현재진행형이다.

한반도는 격동의 100년을 살아왔다. 굴곡이 깊고 그늘도 짙다. 식민지 경험과 독재정권에 대한 역사청산은 여전히 미완의 과제로 남겨져 있다. 역사에 대한 시대의 평가는 때가 있다. 누군가 시대의 1막이 끝났음을 알려주어야 2막을 열 수 있다. 역사의 매듭을 지어야 할 때 그렇게 하지 못하면 '과거를 향한 현재의 투쟁'은 더 격렬해진다. 역사전쟁이라고 부를 수 있는 현재 상황처럼 말이다.

우리가 지난 100년 동안 걸어온 길은 정해진 운명일까? 그럴 수밖에 없었던 것일까? 그러면 너무 가혹하지 않은가? 해방의 기쁨도 잠시, 국토는 분단되고 동족상잔의 전쟁을 겪었다. 전쟁의 상처는 여전히 냉전의 추억으로 살아 있다. 물론 전쟁이후 대한민국은 제3세계에서 가장 모범적인 민주화의 과정을 거쳤고 놀라운 경제성장의 기적을 이루었다. 그러나 분단의 고통은 여전하고 민주화 이후의 민주주의는 비틀거리며 경제성장의 그늘은 아직 어둡다. 제3세계 국가들과 상대적으로 비교하면서 자족하는 사람도 있다. 이 정도면 잘 먹고 잘 사는 게 아닐까? 아니다. 우리에게 더 나은 미래는 가능했다. 다른 길도 있었다. 성찰하지 않은 민족에게 미래는 없다.

우리는 왜 '만약에'라는 프리즘으로 역사를 재해석하려 하는가? 지난 100년 우리는 수도 없이 역사의 갈림길에 섰다. 그 갈림길에서 우리가 걸어온 길은 결코 숙명이 아니다. 피할 수도 있었다. 식민지 시기 우리 내부에 확고한 '대안정부'가 있었다면, 해방은 주어진 것이 아니라 쟁취할 수 있었다. 혹은 해방정국에서 좌우가 연대해서 분단을 피했다면 전쟁은 일어나지 않았을 것이다. 나아가 한국전쟁이 없었다면 우리가 겪은 냉전이 그렇게 가혹했을까? 다른 경로를 상상해보자. 우리가 걸어왔던 길옆에 다른 길도 있었음을 잊지 말아야 한다.

한국전쟁이후의 현대사도 마찬가지다. 이승만이 노욕을 부리지 않았다면 그렇게 쓸쓸한 말년을 보내지 않았을 것이고, 박정희가 물러갈 때를 알았다면 '10월의 마지막 밤'이 피로 얼룩지지 않았을 것이다. '박정희 신화'가 여전히 한반도 상공을 맴돈다. 민주주의를 희생했기 때문에 경제가 성장할 수 있었다는 어이없는 독재의 이데올로기가 아직도 살아 있다. 과연 그럴까? 만약에 5·16쿠데타가 일어나지 않았다면, 어떻게 되었을까? 전태일이 온몸으로 노동의 가치를 웅변하지 않아도 되는 세상, 김대중이 납치되지 않아도 되는 세상이 왔을 것이다. 독재는 일그러진 성장주의를 낳았다. 부패와 특권도 남겼다. 그리고 우리는 민주주의를 통해 지속가능한 발전과 복지국가를 이룩한 작지만 강한 다른 나라들을 알고 있다.

1987년 대한민국은 독재의 터널을 지나 민주화의 길에 들어섰다. 그러나 민주화 이후의 민주주의에서도 중요한 선택의 기로들은 많았다. 당장 1987년 양김이 단일화했다면 어떻게 되었을까? 민주화 인사들의 야합과 변절은 최소한 보지 않았을 것이다. 스포츠 메가 이벤트의 원조였던 88서울올림픽을 우리는 다르게 치를 수 없었을까? 강제철거의 역사가 아니라 민주주의와 평화, 그리고 환경생태적으로 말이다.

그리고 분단의 역사도 마찬가지다. 피할 수 없었을까? 아니면 얼어붙은 냉전의 시대에 조금일찍 화해하고 교류하고 협력했다면 어떻게 되었을까? 예를 들어 1948년 온몸을 던져 분단을 막고자 했던 김구와 김규식의 남북협상이 성공했으면? 1954년 제네바 회담에서 통일은 어렵더라도 평화정착이라도 합의할 수 있었다면, 아니면 금강산 관광이 1989년에 시작되었다면, 혹은 1994년 김일성 조문 논쟁을 우리가 슬기롭게 대응했다면? 아쉬운 순간들이다. 가지 않은 길을 가보면 무엇이 우리가 가야할 길인지 알 수 있을 것이다.

'만약에'라는 가정은 멀리 있는 것만은 아니다. 현재의 삶은 선택의 연속이다. 우리 사회도 마찬가지다. 길을 알면 헤맬 필요가 없다. 타락의 길을 꼭 가봐야 아는가? 우리는 독자들이 이 책을 통해 한반도의 근현대사를 더 풍부하고 재미있게 볼 수 있기를 바란다. 지난 100년 동안 다른 길도 있었음을, 그래서 더 나은 미래가 가능했음을 보여주고 싶다. 그래서 우리가 살아 온 지난 100년을 성찰해서 우리가 살아야 할 앞으로의 100년을 그려보는 기회가 되었으면 한다. 역사는 숙명이 아니라 인간이 만들어 가는 것이다. 독자들과 함께 새로운 역사를 만들었으면 한다.

이 책은 《한겨레 21》에 연재되었던 내용을 대폭 보완하고 수정한 것이다. 연재 당시 편집책임을 맡았던 최성진 기자를 비롯해 책의 내용을 더 정확하고 풍부하게 만들어준 페이퍼로드 출판사에게 감사를 드린다.

2011년 입하(立夏)가 갓 지난 어느 화창한 날
필자를 대표해서 김연철

차례

if

20세기 초 한반도가 분할됐다면

여러 차례 나온 '독차지하기 힘들다면 나눠 갖자' 제안
러시아에 맞서 성조기와 일장기가 사이좋게 압록강변에 휘날렸을지도

우리 역사는 19세기 후반 이후 100년 가까이 외세의 이해관계에 따라 춤을 췄다. 그중 최악은 35년 동안의 일제 강점, 그리고 그 다음이 철저히 외세의 각본대로 이뤄진 남북 분단일 것이다. 1945년 8월 38도선 분할 때는 담당자였던 미군 장교 중에도 "이처럼 하나로 온전히 통일돼 있는 나라를 어떻게 하루아침에 둘로 나눈다는 거지?"라고 의문을 제기한 사람이 있었다는데, 나라를 되찾았다는 기쁨이 가시기도 전에 그 나라가 두 토막이 났다는 걸 알게 된 당시 우리 국민은 얼마나 황당하고 기가 막혔겠는가.

당 태종, 거란 소손녕, 도요토미도

이른바 "대륙 세력과 해양 세력의 충돌 지점"이라는 낡은 지정학적 관점을 들지 않아도, 한반도는 동아시아의 세력 판도가 뒤바뀔

1903년 9월 러시아, 일본에 한반도 분할안 제안	
1895년 4월	청일전쟁에서 일본 승리
	일본을 견제하려던 러시아, 삼국간섭을 통해 조선에 대한 영향력 증대
1895년 10월 8일	을미사변
1896년 2월 11일	아관파천
1903년 9월	러시아, 일본과 한반도 분할 점령 방안 논의

때마다 민감하게 영향을 받았다. 어느 한쪽이 이 요충지를 독차지하기 힘들 바에는 갈라서 나눠 갖자는 주장도 여러 차례 나왔다.

일찍이 648년 당나라 태종은 신라의 김춘추에게 "힘을 합쳐 고구려와 백제를 무너뜨리고 고구려 땅은 당이, 백제 땅은 신라가 차지하자"는 제의를 하며 나당동맹을 맺었다. 993년에는 거란의 소손녕이 "고려는 대동강 이남의 신라 영토를 갖고, 그 북쪽은 고구려를 이어받은 우리 거란이 가져야 한다"는 주장을 했다. 1593년에는 임진왜란을 일으킨 도요토미 히데요시가 명나라에 국서를 보내 "조선 8도 중 남쪽의 4도를 우리 일본이 갖게 해준다면 전쟁을 그치겠다"고 밝히기도 했다.

근대화와 제국주의의 회오리가 몰아치던 동아시아의 근대에도 그런 분할안이 등장했다. 먼저 1894년 7월 18일에 영국 외무장관이던 존 킴벌리가 당시 한반도 지배권을 두고 다투던 청나라와 일본에 "서울을 경계로 북쪽은 청나라가, 남쪽은 일본이 점령하자"고 제의했다. 영국은 당시 러시아의 남하를 경계하는 한편 청나라 정부가 보장해주던 이권에도 미련이 있었기에 청나라를 도우려는 쪽이었다. 그렇다고 일본과 정면으로 맞설 생각은 없었다. 그래서 조선에서의 충돌을 무마시키려 분할안을 제의했고, 겉보기와는 달리 청나라의 군사력이 종이호랑이임을 누구보다 잘 알고 있던 당시 청나라의 실권자 이홍장은 이 제안을 환영했다. 하지만 일본 쪽에서 받아들이지 않음으로써 분할안은 무산되고, 청일전쟁을 거쳐 청나라 세력은 한반도에서 퇴장하게 된다.

하지만 이때 형세를 관망하다가 갑자기 뛰어들어 어부지리를 챙긴 나라가 바로 러시아였다. 러시아는 독일·프랑스와 함께 '삼국간섭'을 하여, 청일전쟁 뒤 일본이 차지하기로 한 랴오둥반도를 청나라에 반환하고 조선의 독립을 건드리지 말 것을 요구했다. 일본이 마지못해 이를 받아들이자 동아시아와 조선에서 '러시아 대세론'이 크게 유행하게 된다. 이를 견딜 수 없던 일본은 을미사변을 일으켜 명성황후를 시해하고 친일파 내각을 수립하는 무리수를 두었으나 고종의 아관파천 후 러시아 대세론은 완전히 굳어지는 것처럼 보였다.

그러나 당시 러시아는 한반도보다 만주에 관심이 있었다. 그래서 '조러동맹'을 맺자는 고종의 제의에 냉담하게 반응했으며, 1896년 5월 니콜라이 2세의 즉위 기념 축하연에 고종이 파견한 특사 민영환은 건성으로 대한 반면, 일본 특사 야마가타 아리토모와는 비밀 회담을 열었다. 그리고 야마가타는 그 회담에서 러시아에 "39도선을 경계로 한반도를 분할해 나눠갖자"는 제의를 했다. 러시아는 이 제안에 잠시 고심했지만 결국 거절한다. 조선에서 우위를 차지하고 있는데 굳이 일본과 타협할 필요가 없다고 여겼을 것이고, 아직 만주에 대한 지배도 확실히 하지 못했는데 공연히 한반도 북부를 욕심내다가 영국을 비롯한 열강의 견제를 받게 되면 곤란하다고 여겼을 수도 있다.

1903년 한반도 분할 점령 방안을 논의한 러시아와 일본의 협상은 결렬됐다. 이는 이듬해 러일전쟁으로 이어졌다. 1904년 러일전쟁의 서막을 연 제물포해전 당시의 일본군.

강력해진 러시아, 일본에 역제안

이렇게 일단 무산된 러·일 사이의 한반도 분할안은 20세기로 넘어오면서 다시 한 번 거론된다. 그리고 이번에는 어느 때보다 분할 성사 가능성이 높았다. 이는 한반도를 둘러싼 역학관계에서 러시아가 불리해져서가 아니라, 오히려 유리해졌기 때문이다. 1900년에 일어난 '의화단의 난'에서 러시아는 일본·미국·영국·프랑스·독일·오스트리아·이탈리아 등과 함께 볼모로 잡힌 서양 외교관들을 구한다는 명분으로 베이징에 침입했다. 주요 제국주의 열강이 힘을 합친 전무후무한 이 원정으로 청나라는 완전히 멸망의 길로 접어드는데, 러시아는 작전을 핑계로 만주를 점령하고는 사변이 끝난 뒤에도 군대를 철수시키지 않고 있었다. 청일전쟁 무렵만 해도 어려워 보였던 러시아의 만주 점령이 마침내 실현된 것이다. 게다가 1897년 수립된 대한제국은 여전히 러시아를 가장 중요한 외교 상대로 삼고 있었기에, 동아시아에서 러시아의 우위는 감히 넘볼 수 없는 것처럼 보였다.

그러나 이는 역으로 영국·미국 등을 긴장시켰다. 특히 중국·인도·중동에 이르기까지 유라시아 전체에서 러시아의 남하를 저지하려는 입장에 있던 영국은 "특정 국가와 동맹을 맺지 않는다"는 오랜 외교 관행을 깨고 독일에 접근했다. 하지만 독일이 러시아에 대항한 동맹에 호응하지 않자, 영국은 일본에 눈을 돌렸다. 이리하여 1902년에 영일동맹이 성사되는 것이다. 그러자 이번에는 러시아가 긴장할 차례였다. 용암포 사건 등 조선에서 러시아의 이익을 강화하려던 시도가 일본과 영국, 미국의 반발에 부딪쳐 계속 여의치 않자 결국 1903년 9월 주일 러시아 공사 로마노비치 로젠이 "7년 전 귀국이 제의했던 대로, 한반도를 둘로 나눠갖자"는 제의를 일본에 하게 된다.

겉으로는 "39도 이북의 한반도를 중립지대로 하며, 대한제국의 독립은 러·일 양국이 보장한다"고 공식 문서에 표현돼 있었지만, 실질적으로 39도선을 경계로 러시아와 일본이 한반도를 분할하자는 이야기였다. 7년 전과는 달리 이 제안에는 양국 모두 신중한 검토를 아끼지 않았다. 두 나라 모두 상대의 힘을 무시할 수 없었고, 이 분할안이 무산되면 그 다음은 전쟁뿐이라는 사실이 뻔했기에 신중할 수밖에 없었다.

처음에는 일본이 러시아의 제안에 원칙적으로 찬성했다. 그러나

"중립지대의 범위를 만주 남부까지 확대하자"고 역제의한 것이 걸림돌이 되었다. 그렇게 되면 중립지대는 정말 중립지대가 될 판이니 러시아로서는 이를 받아들이기 어려웠다. 하지만 일본의 입장에서는 만주가 온통 러시아 땅이 된 마당에 한반도 북부까지 러시아의 손이 미친다면 언제 한반도 전체가 러시아에 돌아갈지 몰라 불안을 거둘 수 없었다. 밀고 당기는 회담이 이어지던 끝에 일본은 "만주는 러시아에 내준다. 그러나 한반도는 일본이 전체를 지배해야 한다. 이를 받아들일 수 없다면 전쟁뿐이다!"라는 태도를 정리하고 러시아에 통보했다.

결국 전쟁인가? 당시 러시아에서는 아무리 영국의 힘을 업었다지만 극동의 작은 섬나라인 일본이 대러시아 제국의 상대가 될 수 없다는 평가가 주류였다. 하지만 신중론도 만만치 않았다. 이를 대표하던 러시아 재무장관 세르게이 비테는 사견을 전제로 일본에 "정 그렇다면 전부터 귀국이 주장해온 대로 한반도 전체를 중립화하면 어떠냐"며 제의하기까지 한다. 일본에도 유화론자들이 있었다. 특히 이토 히로부미는 "아직 러시아와의 대결은 시기상조"라는 점을 들어 적당한 선에서 러시아와 타협해야 한다는 주장을 되풀이하는 중이었다.

일본이 한반도에서 더 일찍 물러났을 수도

하지만 결국 두 나라 모두에서 강경파의 의견이 득세했다. 러시아는 당시 오랜 전제정에 지친 국민 여론이 날로 악화되고 볼셰비키를 비롯한 반정부 세력의 움직임이 점점 치열해지면서, 뭔가 해외에서 국민의 주의를 끌고 정부 지지도를 높여줄 소재를 찾고 있었다. 일본에서도 "1876년 강화도조약 이후 계속 조선을 차지하려고 공을 들였지만, 다른 나라들이 끼어드는 바람에 뜻을 이루지 못했다. 이번만큼은 반드시 조선을 손에 넣어야 한다"는 주장이 타협론을 압도했다. 1904년 1월, 거의 반년 동안의 열띤 논란은 종지부를 찍었다. 이렇게 해서 러시아와 일본 사이의 한반도 분할론은 무산되고, 러일전쟁을 거쳐 일본이 한반도의 단독 패자로 떠오르게 된다.

하지만 분할이 합의되었다면 어땠을까? 역사에는 가정이 없다지만 당시 두 나라에서 국론의 향방이 조금만 옆으로 틀었어도 1903년 이후, 그러니까 1945년보다 40여 년 앞서 이 땅은 두 동강이 날 뻔했다. 실제 그렇게 되었다면 이후 역사는 어떻게 달라졌을까?

일단 한반도를 차지하고 만주까지 손을 뻗치려던 일본의 야욕은 저지되었을 것이다. 일본은 메이지유신 이후 한반도와 만주로 진출하자는 북방공략론과, 대만과 동남아시아를 노리자는 남방공략론을 함께 논해 왔다. 한반도 남부에서 일단 북방공략의 길이 막혔다면 남방을 대신 노려야 하는데, 그것은 영국과 미국의 이해관계와 충돌한다(실제로 1901년에 일본이 대만 건너편인 중국의 아모이를 점령하려 했으나, 영국의 거센 반발에 부딪쳐 실패한 적이 있다). 따라서 한반도 분할 이후 십수 년간 진퇴양난에 빠진 일본은 수시로 태도를 바꾸어, 러시아·중국·영국·미국 등과 돌아가며 동맹·침략·협상·냉전 등을 되풀이하게 되었을 가능성이 크다. '잘하면' 이런 상황이 이어진 끝에 1940년대의 'ABCD 동맹', 즉 미국·영국·중국·네덜란드가 손을 잡고 일본을 포위·억압하는 구도가 일찍 수립됨으로써 일본의 패망과 한반도에서의 후퇴를 빠르게 이루어냈을 수도 있다. 또는 일본 내에서 군국주의의 목소리가 빨리 시들고, 일본이 제2차 세계대전 이후처럼 '외부 공략을 포기하고 내실에 힘쓰는' 체제로 바뀌었을지도 모른다.

하지만 비관적인 가설이 더 유력하다. 일본이 1930년대에 미국·영국과 등을 지고 결국 패망에 이른 까닭은 러일전쟁과 제1차 세계대전을 통해 동아시아의 유일한 강대국으로 떠올랐기 때문이다. 1890년대에서 1920년대까지 동아시아에서 중국·러시아·독일, 그리고 영국의 힘이 잇달아 쇠퇴하고, 그 자리를 일본이 메우는 일이 거듭되었다. 그리하여 아시아에서는 적수가 없어진 일본 군국주의의 기관차가 브레이크 없이 질주하면서, 한때 우방이던 미국과 정면 충돌할 수밖에 없었다.

그러나 한반도가 1903년 이후 분할되었다면, 러일전쟁도 없었을 것이고 일본이 아시아의 유일 강대국이 되어 미국의 적수로 떠오르지도 못했을 것이다. 제1차 세계대전과 러시아혁명은 동아시아 정세와 무관하게 전개됐으리라고 본다면, 1920년대 이후 미국은 공산화된 러시아를 견제하기 위해 일본과 더욱 단단히 손을 잡는 길로 갔을 가능성이 크다. 그러면 일본은 굳이 나치 독일과 손을 잡고 미국에 대적할 이유가 없었을 것이고, 그럴 만한 힘도 충분치 않았으리라. 미군과 일본 황군이 어깨를 나란히 하며 39도선을 넘어 '한반도 통일전쟁'을 벌였을지도, 성조기와 일장기가 사이좋게 압록강변에 휘날렸을지도 모른다.

민족의 뜻과 무관한 분단의 비극

결과적으로 1945년 이후 남한의 독재정권이 냉전 전략의 일환으

1903년 러시아와 일본의 한반도 분할 점령 협상이 타결됐다면 한국은 1945년보다 40여 년 앞서 분단을 경험했을 것이다. 임진각에서 시민들이 철조망을 바라보고 있다. ⓒ한겨레

로 미국의 후원을 받았듯, 일본의 한반도 지배체제도 미국의 후원을 받아 더욱 공고해졌을 가능성도 있다. 복거일의 역사소설 『비명을 찾아서』에 나오는 것처럼, "미국의 둘도 없는 파트너로 번영을 거듭하는 일본, 그 '지방'으로 완전히 귀속된 한반도와 황국신민임을 의심할 줄 모르는 한국인들"이 21세기 오늘의 현실이 되었을지도 모른다.

그리고 설령 '더 낙관적인' 가설대로 일본이 일찍 패망하거나 군국주의를 버리게 되었다 하더라도, 일단 한반도 북부와 남부가 러시아와 일본에 귀속된 이상 한반도의 통일이 순조롭고 평화롭게 이루어지기는 어려웠을 것이다. 우리의 뜻과 무관한 분단은 민족사의 비극이며, 그 비극이 더 앞당겨졌다고 할 때 이후의 역사가 행복해졌을 가능성은 많지 않다.

안중근이 이토 히로부미를 쏘지 않았다면

저격이 식민지화를 앞당겼다는 주장이 있으나 오히려 독립의식 고취해

'탕, 탕, 탕.'

세 발의 총성이 울렸다. 중국 하얼빈역에서 러시아 정부의 실력자인 재무상 코코프체프와 함께 의장대를 사열하는 이토 히로부미를 향해 총탄이 쏟아졌다. 취재기자라며 일본 경찰을 따돌린 안중근이 쏜 것이었다. 이토는 응급처치를 받으며 누가 쏘았느냐고 물었다. 한국인이라는 말에 이토는 중얼거렸다. "바카나야쓰(바보 같은 놈)!" 왜 최후의 일성이 '바카나야쓰'였을까? 아마도 대한국 정책에서 온건파를 대표했던 자신이 한국인의 손에 죽어야 하는 현실에 대한 반발심에서였을 것이다.

안중근의 이토 저격이 자충수?

우리에게는 한일병합의 원흉으로 인식돼 있지만, 사실 그는 야

1909년 10월 26일 하얼빈역에 도착한 이토 히로부미. ⓒ안중근기념사업회

마가타 아리토모와 같은 일본의 군부 강경파와 달리 조선에 대해 회유적인 노선을 폈다. 또 당시 일본 제일의 정치적 실력자이자, 미국이나 유럽 등 서방세계에서는 비스마르크나 리홍장에 비교될 만큼 존재감이 큰 국제정치가로 인정받고 있었다. 메이지유신에 소장 개혁세력으로 참여하며 일본 정계에 등장한 이토는 40여 년간 장관·총리·전권대사·정당(입헌정우회) 총재·추밀원 의장 등 정부 요직을 두루 거치며 일본 근대사의 주역으로 활동했다. 미국·영국·러시아·청나라와의 협상에 전권대사로 참여해 외교의 틀을 짜고, 일본 헌법의 기초를 마련하는 등 일본 현대사에서 그의 손을 거치지 않은 것이 별로 없을 정도였다. 그가 일본에서 21년간(1963~84)이나 1천 엔권 지폐의 초상 인물이었던 건 우연이 아니었다.

이토의 죽음이 미친 파장은 컸다. 한국 민중은 기뻐했고, 중국 등 제국주의 침략을 받고 있던 약소민족들은 안중근의 의거를 대서특

1909년 10월 26일 안중근 하얼빈 의거	
1909년 3월	동지 11인과 단지동맹 결성
10월 19일	연추에서 블라디보스톡으로 귀환하여 이토 히로부미의 방만 사실 확인
10월 20일	우덕순과 이토 히로부미 처단 계획을 밀의하고 동행하기로 함
10월 21일	우덕순과 하얼빈으로 출발
10월 22일	우덕순, 유동하와 함께 하얼빈 도착
10월 24일	우덕순, 조도선과 함께 채가구로 내려감
10월 25일	하얼빈으로 귀환
10월 26일	오전 9시 30분경 이토 히로부미 저격

필하며 일본의 팽창정책이 저지당할 것이라 기대했다. 그러나 영국 등 제국주의 국가들은 충격 속에 이토와 일본에 동정적인 반응을 보였다. 일례로 친일적 논조를 펴던 영국의 유력지 《더타임스》는 이토를 "조선에서 일본의 정책과 통치에 처음으로 융화적 성격을 각인시킨 인물이었다"고 평가하고, 온건파 이토가 암살된 것을 두고 "잔혹한 얄궂음이 느껴진다"고까지 논평했다. 무엇보다 한일 병합 방침을 정해놓고 기회를 엿보던 일본의 강경파는 병합을 적극 추진할 수 있었다. 이런 분위기에 편승해 일본 정부는 강제병합의 속도를 높일 수 있었다. 친일단체인 일진회는 아예 대놓고 병합청원운동을 벌이기도 했다. 실제로 이토가 죽은 지 일곱 달 만인 1910년 일본은 영국에 한일병합 방침을 통보하고 8월 29일 강제로 병합조약을 체결했다.

이렇게 보면 온건파 이토의 죽음이 한일병합을 앞당긴 계기가 된 것처럼 보이기도 한다. 이 점 때문에 일본의 일부 논자들은 안중근의 이토 사살을 '자충수'라고 평가한다. 이토는 한일병합 방침이 일본 정부 내에서 결정되기 전까지는 한국을 보호국으로 통치하는 것이 경제적 비용이 적다고 인식하고 있었다. 이토가 프랑스의 동화주의적 식민통치 방식이 아니라, 어느 정도 자치를 인정하는 영국형 통치 방식을 선호했다는 영국의 학자 비즐리의 평가도 있다. 또 한국인으로 내각과 의회를 구성하고 행정과 사법을 일본 정부가 감독하는 자치식민지와 유사한 구상을 했다는 분석도 있다. 확실히 이토의 한국 정책은 강제병합을 하고 무단 식민통치를 했던 일본 강경파와는 달랐다.

온건파 이토도 병합을 부인하진 않아

그렇다면 일본 정계에서 강력한 영향력을 가졌던 이토가 사살당하지 않았다면 역사는 어떻게 달라졌을까? 죽을 당시 69세이던 이토는 10여 년은 충분히 더 살 수 있었다. 호색한이던 그는 건강했다.

우선 한일병합은 조금 늦춰졌을 것이다. 물론 이는 자치식민지로의 병합이 아니라, 내정과 외정을 전면적으로 지배하는 '정통 식민지'로의 길이 늦어졌을 것이라는 의미다. 이토 히로부미는 한국 민중이나 관리, 신문기자 등에 대한 연설 등 다양한 자리에서 "병합은 하지 않는다" "한국의 독립을 침해하지 않는다"고 공언했다. 이런 자신의 입장을 선전하고 한국인의 반발을 무마하기 위해 한복을 입기까지 했다. 그렇다고 해도 그가 한국을 완전한 식민지로 두는 것 자체에 반대한 것은 아니었다. 애초 그의 보호국 구상조차도 식민지배에 필요한 행정·사법기관과 교육기관 설치에 소요되는 예산 문제, 급격한 정세 변화에 따른 방위 비용 증대 등 경제적 문제나 국제 정세 때문이었을 뿐이다. 하지만 통감통치를 통해 식민지배 기반이 마련되고 서구 열강의 동의를 얻을 수 있게 되자 그

여순법원에 도착하는 안중근 의사. ⓒ안중근기념사업회

는 식민지배로 방향을 전환했다. 한국인의 독립투쟁도 그의 노선
을 수정하게 한 요인이다. 결국 급격한 정책 전환으로 인한 한국의
저항과 세계 열강의 견제를 최소화하기 위해 속도 조절을 했을 가
능성이 있었다 뿐이지 병합 자체를 없던 일로 만들지는 않았을 것
이다. 1907년 이토와 직접 이야기를 나누었다는 오가와 헤이키치
는 이토가 병합의 당위성을 인정하면서도 현실적 조건 문제를 이
야기하며 당장의 한일병합을 반대했다고 전하면서, 이를 두고 이
토의 '점진주의'는 그의 유명한 '말려죽이기' 방침이라고 회고한 바
있다. 오가와는 일본 정계의 원로이자 이토가 결성한 보수정당 세
이유카이(政友會)의 중진으로 1907년 헤이그 밀사 사건을 계기로 이
토에게 '일한병합건의서'를 제출한 인물이다.

 적절한 때를 기다려 한국 병합을 추진했을 이토는 식민통치도 좀
더 문화적으로 했을 것이다. 강제병합 뒤 육군 출신의 데라우치를
총독으로 임명한 이후 무단통치로 일관해 한국인의 반발을 샀던

군부강경파는 결국 3·1운동을 불러왔다. 외국어에 능통하고 서구 열강에 대한 지식 또한 풍부한 이토는 아마도 무관 대신 문관을 총독으로 임명했을 것이다. 헌병경찰 대신 보통경찰을 두었을 것이고, 교사에게 칼을 차게 하는 군국주의 방식보다는 좀더 세련된 형태의 '교화정책'을 폈을 것이다. 이러한 통치 방식은 1920년대 문화통치 이후 개량주의자가 득세하고 식민지배를 내면화한 자들이 쏟아져 나온 것과 같은 효과를 얻었을 것이다. 실제 이토는 을사조약이나 고종 퇴위 강요 때에도 이완용, 송병준 같은 친일배를 키워 효과적으로 이용했다. 일진회 같은 친일단체의 활동도 조장했다. 더 많은 이완용, 송병준, 일진회가 경쟁적으로 배출됐을 것은 자명하다. 물론 한국인의 저항 역시 만만치 않았을 것이다. 전 민족의 전국적인 항쟁이 1909년 9월 1일 남한대토벌작전 때까지 있었다. 이토 역시 항쟁에 대해서는 무력 사용을 마다하지 않았을 것이다. 그러나 일단의 무력 진압 뒤에는 문화통치로의 전환을 시도했을 가능성이 높다. 그가 '무식한' 송병준보다 '유식한' 이완용을 신뢰한 것도 이런 문관적 취향 때문이었다.

군부 주도의 팽창정책은 바뀌지 않았을 것

다음은 이토가 살아 있었다면 일본 군부의 무리한 중국 침략과 태평양전쟁 개전을 막을 수 있었을까라는 의문에 관련된 가정이다. 소설『비명을 찾아서』에서는 이토가 안중근에게 피격당했지만 경미한 부상에 그쳐 16년을 더 살았으리라는 소설적 상황을 설정한다. 현실주의 정치가로서의 이토는 근대 일본과 동북아시아 정세에 영향을 끼치고 그것은 전세계 역사의 전개 과정에 영향을 미

의거에 사용한 브로닝 권총과 의거 직후의 안중근 의사. 이토 히로부미의 사망 직후 일본은 강제병합의
속도를 높였다. ⓒ안중근기념사업회

쳤을 것이라는 추정이다. 곧 일본 군부와 내각의 협조 속에서 국제
적 여론을 무마해가면서 만주를 잠식해 동북아시아에서 지도적 위
치를 구축하고, 제2차 세계대전에서는 미국과 영국에 우호적인 중
립 노선을 지켜 큰 번영을 누렸으리라는 것이다. 그렇게 됐다면 이
토의 조선에 대한 강력한 '내지화 정책'이 역대 총독들에 의해 충실
히 계승돼 한국은 현재까지도 일본의 식민지로 머물러 있었을 것
이란 가정도 나온다.

　과연 그럴 가능성이 있었을까? 그렇지 않았을 것이다. 1930년대

의 복잡한 국제정세와 세계 대공황이란 조건, 후발 제국주의 국가라는 일본의 위상 때문에 이토 역시 식민지 팽창정책으로 일관했을 가능성이 더욱 농후하다. 이런 점을 빼더라도 현실 속의 이토는 타협주의자였다. 그는 러일전쟁을 반대했지만 전쟁 분위기가 팽배하자 1904년 총리로서 개전을 결정한 바 있다. 한일병합 시기상조론을 펴던 그였지만 일본 정부가 한일병합 방침을 결정하자 이에 그대로 따랐다. 그가 하얼빈에 간 것도 러시아의 실력자 코코프체프와 한국 지배권을 인정받는 대신 만주에 대한 러시아의 영향력을 인정하는 내용의 협의를 하기 위해서였다. 곧 대세가 정해지면 그것을 원만히 진행할 여건을 조성하는 정도의 정치력을 발휘했을 뿐이지 이를 거스르는 것은 그의 스타일이 아니었다. 그런 이토가 대외 팽창으로 돌진하는 군부를 통제할 가능성은 거의 없었다고 봐야 할 것이다.

안중근의 이토 히로부미 처단이 단기적으로는 일진회의 병합청원운동이나 일본 내 병합 분위기를 고조시킨 면은 있다. 이토의 피살 소식이 전해지자 메이지 원훈이 살해됐다며 격분하는 목소리가 일본열도를 뒤덮었다. 복수를 부르짖는가 하면, '즉시 병합'을 외치는 과격한 주장이 들끓었다. 그러나 이토 사살 소식이 전해지자 한국 내 민심은 환희에 달아올랐으며, 그것이 민중에게 독립 의지를 고취한 정도는 일본에서보다 100배 이상 컸다. 신주백 연세대 국학연구원 연구교수는 "역사적 인물 가운데 안중근만큼 즉각 주목받은 인물은 없었다"고 한다. 안중근이 처형된 지 3주 뒤인 1910년 4월 국내에서 발행된 첫 전기 『근세역사』는 안중근의 출생에서부터 공판 과정과 사형당하는 순간까지 기술하며 그가 얼마나 당당했는지를 구체적으로 묘사했다. 1910년대에만 6종의 안중근 전기가 출간되었고 그의 사진과 기념 달력·엽서가 발간되었다. 식민지로 전락해 좌절에 빠진 상황에서 그의 의거는 이를 극복하는 발화점 역할을 했고, 1910년대뿐만 아니라 식민지 시대 내내 독립운동의 좌표가 되었다.

독립파 조선 청년의 역할 모델

구체적으로는 청년들이 안중근을 역할 모델로 삼았다. 조선 침략의 원수 이토 히로부미를 처단했듯 '반도의 수뇌자인 조선총독을 암살'하려는 움직임이 잇달았다. 1926년 사이토 마코토 총독을 살해하기 위해 항상 칼을 가지고 다니다 일본인 2명을 사이토로 오인하고 찔러 죽인 송학선, 1935년 총독 폭살을 기도했던 조안득 등 다수의 청년은 안중근을 역할 모델로 삼았다. 한국인뿐만 아니라 일본인들도 안중근의 당당한 처신과 동양평화론에 감명받았다. 1930년 일본의 대표적 정론지 《중앙공론》에는 희곡 「안중근전」이 발표되기도 했다.

안중근의 이토 히로부미 사살 투쟁이 없었다면 한국인의 식민지배 내면화는 더욱 확산됐을 것이고, 자치론자나 친일파는 더욱 일찍 준동했을 것이다. 안중근의 투쟁은 이토 히로부미의 부재로 인한 무단통치의 가속화를 불러오고, 한국인의 독립의식을 강화했던 것이다. 안중근의 투쟁이 가진 커다란 역사적 의미는 그것이었다.

고종이 망명정부를 세웠다면

독립국가의 '정통성' 인정받아 광복 뒤 분단 강요당하지 않고
통일 입헌군주국 됐을 것

　개인의 죽음은 당사자와 그 가족에게는 압도적인 사건이지만 사회 전체로 보면 일상일 뿐이다. 하지만 간혹 어떤 한 사람의 죽음이 그 사회와 시대에 큰 반향을 일으키고 역사를 바꾸는 경우가 있다. 한국 현대사에서 전태일의 죽음이 그랬고, 김주열·박종철·이한열의 죽음이 그랬다. 최근에도 효순이·미선이 두 소녀와 노무현·김대중 전 대통령의 죽음이 많은 이들의 가슴을 뒤흔들었다. 일상의 껍질을 깨고 거리 한복판에서 격정적인 순간을 살게 했다. 1919년 1월 21일, 조선 제26대 왕이자 대한제국 초대 황제인 고종은 68세의 나이로 덕수궁 함녕전에서 숨을 거뒀다.

중국 망명 막기 위한 일제의 암살이 유력

　고종의 죽음에 대해 흔히 제기되는 의문은 그것이 조선총독부의

1902~1919년 고종 연보	
1902년 6월	일본의 침탈에 대비 황제 직속 비밀정보기관 '제국익문사' 설치
1903년	시위대 1만 2천(최종적으로 1만 6천) 병력을 갖추고, 용산에 군부 총기제조소 건립
1905년 11월 17일	을사조약 강제체결
1905년 11월 26일	헐버트에게 밀서 보내 국제 사회에 을사조약이 무효임을 주장
1907년 6월	을사조약의 부당성 알리고자 헤이그 밀사(이상설, 이준, 이위종 등) 파견
1907년 7월 20일	강제 퇴위
1910년 8월 22일	한일병합조약 체결
1919년 1월 21일	덕수궁에서 붕어

발표처럼 자연사(뇌일혈)인가, 아니면 누군가에 의한 암살인가다. 결론을 말하면 암살의 개연성이 매우 높다. 매우 높을 뿐 절대적인 것은 아니므로 단정지을 수는 없으나, 고종은 1월 20일 밤 독을 마시고 고통스러워한 끝에 1월 21일 새벽에 세상을 떠난 것으로 여겨진다.

고종은 고령이기는 했지만 건강 상태는 양호했다(오히려 그의 아들 순종의 병치레가 잦았다). 뇌일혈은 전조 증상이 나타나는 것이 보통인데, 20일 밤까지 건강하기 이를 데 없는 모습이 두루 목격되었다. 또한 당시 고종의 주검을 염습한 사람들이 남긴 증언으로는 주검이 사흘 만에 완전히 부패해 이가 입 안에 모두 빠져 있었고, 수의를 갈아입히려는데 살점이 옷과 이불에 묻어났다고 한다. 그것은 비교적 흔하게 쓰이던 독약인 비상을 마신 전형적인 증상이다. 보통은 뇌나 심장이 기능을 멈춰도 체내 세포는 한동안 살아 있으므로 부패가 그렇게 빨리 진행되지는 않는다. 그러나 비상의 비소 성분은 혈액의 산소 운반을 차단하므로 세포 수준에서 죽음이 바로

들이닥친다. 따라서 박테리아와 세균의 분해 작용이 통상의 경우보다 빠르게 진행돼, 당시 겨울이었음에도 사흘 만에 주검이 완전히 썩어버리는 결과로 이어졌을 것이다. 고종에게 최후의 간식거리(식혜라고도 하고 홍차라고도 한다)를 올렸다는 시녀들이 얼마 뒤 의문사한 점도 암살의 정황을 높인다.

암살이라면 누가, 왜 암살했는가? 아직 구체적인 암살의 각본이 발견되지는 않았다. 하지만 하세가와 총독이나 데라우치 전임 총독 등 당시 일제 지배기구의 최고위선에서 모종의 비밀 계획이 꾸며졌다는 내용이 당시 총독부 고위직의 회고록이나 일본 정부 문서 등에 보인다. 그리고 1월 21일 직후부터 널리 퍼진 독살설에 따르면, 총독부의 지령을 받아 이완용과 윤덕영 등이 어주도감 한상학, 어의 안상호 등에게 식혜(혹은 홍차)에 독을 넣어 고종을 살해하라고 했다는 것이다.

암살의 배경에는 고종이 "조선인은 일본의 지배에 만족한다"는 친서를 파리평화회의에 보내라는 일본의 강요를 거부했기 때문이라는 설, 황태자였던 영친왕 이은과 일본 황실의 나시모토미야 마사코(이방자)의 결혼을 한사코 반대해서라는 설 등이 있으나 겨우 그 정도의 문제로 암살이라는 초강수를 두었을까 싶다.

그보다 고종이 을사늑약 이래 끊임없이 독립운동을 비밀 후원해왔을 뿐 아니라 해외 망명을 추진했다는 사실이 암살의 이유로 유력하다. 외유내강형이던 고종은 겉으로는 무기력하게 국권 침탈을 수용하고 일제의 기념품 같은 존재로 하릴없이 연명하는 듯 보였으나, 이면에서는 투쟁의 고삐를 한시도 늦추지 않았다. 그러나 1910년 한일병합 뒤 국내에서의 투쟁에 한계를 느낀 나머지, 중국

고종은 1919년 1월 21일 덕수궁 함녕전에서 숨을 거뒀다. 조선총독부는 고종이 자연사했다고 발표했지만 죽음의 원인을 둘러싼 의문은 지금도 풀리지 않고 있다. 왼쪽사진은 고종의 장의를 치르기 위해 함녕전을 나서는 영친왕.

에 망명해 있던 이회영·이시영 등과 은밀히 연락해 중국으로 탈출할 계획을 추진했음이 여러 자료에서 확인된다. 이것은 일본이 모르는 체 넘어갈 수 없는 일이었다. 안 그래도 당시 미국의 윌슨 대통령이 제창한 '민족자결주의'를 민족해방의 복음으로 받아들인 세계의 피압박 민족들이 제각기 웅성거리며 제국주의 지배에 맞서려는 분위기였는데, 고종이 떡하니 망명해서 병합 무효 선언을 하고 망명정부를 세운다면? 일제로서는 크나큰 골칫거리가 아닐 수 없으며, 따라서 암살이라는 극단적 수단까지 동원할 만도 했으리라 여겨지는 것이다.

그렇다면 여기서 생각해보자. 고종이 그때 숨지지 않았다면 역사는 어떻게 흘러갔을까? 두 가지 경우를 생각할 수 있다. 먼저 고종이 해외 망명이나 지속적인 국권 회복 투쟁을 포기하고, 이태왕(李太王)의 신분으로 일제의 지배에 순응하기로 결정했을 경우다. 다른 하나는 고종이 1월 21일의 암살을 모면하고, 어찌어찌 국외 탈출에 성공해 해외에 망명정부를 세웠을 경우다.

먼저 고종이 '일본 황족의 일원'으로 편안히 여생을 보내기를 선택했다면, 그래서 이후 5~10년 정도를 더 살았다고 하면 일본의 한국 지배는 상당히 수월해졌을 것이다.

순종과 비교가 안 되는 충성의 대상

고종은 당시 한국인의 마음속에서 특별한 위치를 차지하고 있었다. 그는 45년간 재위해 조선 역사상 세 번째로 오래 왕위에 있었으며, 그 시기는 개항에서 개화, 임오군란, 갑신정변, 동학혁명에 이르는 여러 정치적 격변과 청일전쟁·러일전쟁을 거친 일제의 국권 침탈 과정 등 한국 근대화의 거의 전 과정에 걸쳐 있었다. 그런 어려운 시기, 격동의 시대를 함께 보낸 최고지도자는 설령 불세출의 업적을 이루지 못했더라도 민중에게 각별한 정을 남기게 된다. 순종도 있었지만 고종이야말로 실질적인 조선 최후의 군주였고, 한국인에게 순종과 비교가 안 되는 충성의 대상으로 남아 있었던 것이다.

그러므로 오세창·이상설·한용운처럼 고종의 밀사 역할을 했거나 고종을 동정 또는 지지했던 사람들은 물론, 손병희·윤치호·안창호 등 고종이 과거 동학운동과 독립협회 활동을 탄압한 사실에 불만을 품고 있던 인사들, 또는 국가지도자로서 고종이 너무 무능·유약했다고 비판한 이들조차 그의 존재를 무시할 수 없었다.

1919년 1월 21일 고종의 죽음은 그해 3·1운동으로 이어졌다. 사진은 덕수궁 대한문 앞을 떠나는 고종 국상 행렬.

그들은 결국 그의 죽음과 독살설에 격앙된 민심을 연료로, 그의 영전에 조문하기 위해 서울에 전에 없이 사람이 밀려드는 상황을 도화선으로 삼아 대대적인 반일 독립운동에 불을 붙이기로 했다. 이 것이 고종의 장례일을 이틀 앞두고 일어난 3·1운동이었다(3·3운동이 아니라 3·1운동이 된 이유는 노제가 치러지는 당일은 고종의 장례를 방해할 수 있고, 2일은 일요일이어서 거사에 참여한 기독교 지도자들이 강력히 반대했기 때문이다). 그리고 이를 기점으로 해외 각지에 퍼져 있던 독립운동가들은 상하이 임시정부를 비롯한 망명정부 수립에 뜻을 두고 힘을 합치게 되었다.

고종이 1919년 1월 21일에 죽지 않았다면, 3·1운동은 일어나지 않았거나 일어났어도 상당히 규모가 작은 소수 독립운동가 중심의 운동에 그쳤을 가능성이 크다. 또한 그가 덕수궁에서 일본에 의존하는 삶을 계속 살았다면, 아직도 고종과 옛 황실에 충성하는 민중

만약에 한국사

과 일부 독립운동가들의 이견 때문에 독자적 망명정부 수립, 공화국 선포 등의 행보는 어려움이 컸을 것이다.

또한 제1차 세계대전 이후 일본과 한편이던 미국·영국이 점점 일본과 거리를 두게 되고(가령 1922년의 워싱턴 회의에서 일본은 영국과의 동맹을 폐기하고, 중국에 산둥반도를 반환하며, 대규모로 해군을 감축하는 등 불리한 조건을 받아들이도록 강요당했다), 일본이 대외관계에서 위기를 느끼던 시기까지 고종이 계속 살아 있었다면 아마도 이후 왕년의 독립운동가나 문인, 예술가들이 강요당한 것 이상의 친일 선전활동을 강요당했을 것이다. 고종의 이름으로 일제 지배를 칭송하거나 일본의 '동양 평화론' '대동아 공영론'을 찬양하는 성명이 남발되었을 것이다. 그랬다면 국내외 독립운동이 크게 제약받았을 뿐 아니라, 광복 뒤에도 옛 황실 처리 문제를 두고 국론이 심각하게 분열되었을 것이 틀림없다.

이렇게 보자면 고종이 일제의 유혹에 빠져 안일한 여생을 보내기로 마음먹지 않고, 끝까지 저항한 결과 1919년 1월에 죽음을 맞이한 일은 역사적으로는 다행한 일일 수도 있다. 한 사람의 죽음을 두고 '다행'이라는 말을 쓰는 일이 용서된다면 말이다.

임시정부보다 명분·세력 월등했을 것

하지만 또 하나의 가능성, 즉 고종이 극적으로 탈출에 성공하고 스스로 망명정부를 수립했을 경우에는 좀더 복잡해진다. 고종은 정신적으로나 재정적으로 초기 독립운동의 지주 역할도 하고 있었다. 1895년의 을미의병, 1905년의 을사의병에서 의병장으로 활약한 최익현·이인영·민종식·신돌석·정환직·허위 등은 대부분 고종의 밀지를 받거나 재정적 후원을 받으며 의병 활동을 벌였다. 이는 국권 상실 이후의 독립운동으로도 이어져, 1920년대까지 국내외에서 활동한 독립운동가치고 직간접적으로 고종과 맥이 닿지 않은 사람이 거의 없을 정도다. 국왕에의 충성과 국가에의 충성이 뚜렷이 구분되지 않던 옛 사상체계에서 '근왕', 즉 임금을 도와 난리를 평정한다는 이념이 큰 대의명분이 되었던 까닭도 있고, 일본의 지배가 철저한 국내나 떠돌이 신세인 해외에서 고종의 막대한 비자금이 투쟁의 자금원으로 절실하게 쓰인 이유도 있었다.

이런 상황에서 고종이 밖으로 나와 망명정부를 선포했다면 상하이 임시정부는 비교도 안 될 만한 세력을 결집시킬 수 있었을 것이다. 대한제국은 이미 세계 각국의 승인을 얻었고, 그 주권자였던 고종이 한일병합이 무효임을 밝히고 망명정부의 정통성을 주장했다면 이에 호응하는 국가도 적지 않았을 것이다. 물론 힘이 우선인 국제관계에서 당장 광복이 이루어졌을 가능성은 작다. 하지만 미국과 영국이 확실히 일본의 적으로 돌아선 다음에는 이야기가 다르다.

1945년 8월 일본이 항복하자 임시정부의 김구는 "우리가 기여한 것이 없으니 우리의 권리를 주장할 수 없을 것이다"라고 안타까워한 것으로 알려졌다. 임시정부 자체가 법적으로나 정치적으로 합법적 정부임을 주장하기는 어려웠다. 그래서 광복 당시 한국은 일본에 강제로 점령당한 독립국가가 아니라 식민지에 불과한 것으로 여겨져, 일본 대신 열강들이 한반도를 분할한다는 어이없는 결정이 내려지고 임시정부도 정통성을 인정받지 못했던 것이다. 그러나 상당한 국가의 승인을 얻고 계속 일본과 싸워온 옛 황실의 망명

정부가 있었다면, 당시 외국에 망명해 있다가 귀국해 정권을 되찾은 이란의 팔레비나 에티오피아의 셀라시에처럼 고종의 후계자(고종이 그때까지 살아 있었을 가능성은 작은 만큼)가 당당히 귀국해 통일 한국의 국가원수로서 한국을 통치하게 되었을 수도 있다(물론 과거와 같은 전제군주가 아니라 입헌군주의 자격이었겠지만).

고종이라는 한 개인이 당시 한국 사회에 미치는 영향이란 실로 컸다. 그가 친일을 선택했거나, 망명에 성공했거나, 혹은 삶을 이어갔을 경우 역사의 물줄기는 크게 달라졌을 가능성이 있다.

'신간회'가 무너지지 않았다면

좌절된 좌우연합의 꿈, 흩어져 맞은 독립
주체적인 독립 역량 키워 친일파 준동과 남북의 독재 막았을 것

1927년 2월 15일 오후 7시, 서울 종로 기독교청년회관 대강당에서는 '신간회'라는 조직의 창립대회가 열렸다. 회원 250명에 방청인까지 합쳐 1천여 명이 참석한 대규모 집회였다. 회장에는 비타협적 민족주의자 월남 이상재가 추대되었고, 부위원장에는 사회주의자 홍명희가 선출되었다. 대회 분위기는 "투사의 모임에 있는 기분보다 신사의 다과회에 있는 기분"이란 표현이 말해주듯 엄숙하고 격식이 있었다.

좌우 연합한 최대 항일 사회운동 단체

신간회는 어떤 조직이었는가? 이상재와 홍명희의 사상적 배경이 말해주듯 좌우가 합작한 식민지 시대 최대의 항일 사회운동 단체였다. 신간회는 실로 '최대'라는 수식어에 값할 만큼 대규모 조직

1928년 진주 촉석루(남장대) 앞에서 신간회 진주지회 회원들과 기념촬영한 신간회 간부들.

이었다. 당시 전국 220개 군 가운데 143개 군에 지회가 설치되었고, 회원 수는 4만여 명에 이르렀다. 조선뿐만 아니라 도쿄와 오사카 등 일본에서도 지회가 조직되었고, 여성계에서 자매 조직인 '근우회'가 결성되는 등 규모와 영향력에서 이전과는 차원을 달리하는 단체였다. 조직구성원도 다양해 유림과 지주부터 노동·농민운동가, 사회주의자에 이르기까지 민족 대의에 공감하는 다양한 계급·계층의 인사들이 참여했다.

그러나 이처럼 성황리에 출범한 신간회는 그로부터 불과 4년 뒤인 1931년 5월 자진해서 해산의 길을 걸었다. 이 과정에서 '해소'냐 '존립'이냐를 두고 갑론을박이 벌어졌다. 본래 신간회 해소론자들이 말한 해소는, 조직의 성격과 운영방식 등을 바꾸는 일종의 발전적 해체를 뜻했다. 그러나 이들이 새 단체 구성을 논의하려는 순

신간회 연표	
1927년 2월 14일	신간회 창립
12월	지회 100개 돌파 기념식
1928년 12월	코민테른의 12월 테제 발표와 조선공산당의 해산
1929년 11월	광주학생운동 진상 조사
12월	민중대회 계획. 이 사건으로 허헌을 비롯한 간부진이 일제에 의해 대거 검거
1930년 11월	일제의 집회 금지로 전체대회를 대신하는 중앙집행위원회 개최
12월	부산 지회를 비롯하여 신간회 해소를 결의하는 지방 지회가 속출
1931년 5월	전체대회 개최 후 해산

간, 일제 경찰이 개입해 집회를 중지시킴으로써 신간회의 명맥은 허무하게 끊기고 말았다.

이 거대한 조직이 4년 만에 무너진 이유는 무엇일까? 만약 해체 되지 않았다면 국내 독립운동은 어떻게 진행됐을까? 또 해방 뒤 맞은 정국은 어떤 극적인 변화를 맞게 되었을까?

국내에서 좌우합작을 통한 민족협동전선 조직 논의는 이미 1926년 초부터 시작되었다. 사회주의자 일부와 물산장려회 계열의 비타협적인 민족운동 인사가 연합해 만든 조선민흥회(朝鮮民興會)가 그 결실이었다. 다만, 이들은 일제가 창립대회를 금지해 정식 활동에 들어갈 수 없었고, 신간회 출범 이후 이에 합류하게 되었다.

신간회 조직의 두 축은 이상재·안재홍·신석우 등 비타협적 민족주의자와 허헌·한위건·홍명희 등 좌파 사회주의자였다. 이들은 민족단일당 논의가 있은 지 채 1~2년이 흐르지 않은 상황에서 신속하게 신간회를 탄생시켰다. 여기에는 두 진영 모두 나름의 이유가 있었다.

우선 민족주의 진영은 《동아일보》를 중심으로 한 자치론자들의 준동에 위기를 느꼈다. 이광수는 1924년 1월 "일본이 허락하는 범위 내에서 운동하며 조선의 자치를 모색하자"는 '민족적 경륜'이란 논설을 5회에 걸쳐 《동아일보》에 게재했다. 이는 사회주의 진영과 비타협적 민족주의 진영의 격렬한 반발을 불러일으켰다. 사실 자치론은 조선총독부의 은밀한 공작의 산물이기도 했다. 이들은 《동아일보》에 거액의 급료를 지원해주고 이광수를 주필로 입사시켜 자치론의 기수로 활용했다. 《동아일보》 쪽의 송진우, 김성수 등과 최남선, 최린 같은 이들도 이광수와 마찬가지로 일제의 협력 없이는 조선 독립이 불가능하다고 믿었다. 이들이 자치론을 주장함으로써 민족주의 진영은 타협적 자치론자(민족주의 우파)와 비타협적 민족주의 진영(민족주의 좌파)으로 급격히 분화되었다. 이런 상황은 민족주의 좌파 계열을 넘어 전체 운동 진영에 큰 충격과 공포를 불러일으켰다. 신간회의 태동은 이런 위기 상황 속에서 급격히 불붙었다. 일제 쪽의 자료는 이와 관련된 에피소드를 다음과 같이 기록했다.

"1926년 말 우연히 평안북도 정주 소재 오산학교 교사로 있던 홍명희는 휴가를 이용하여 경성에 와서 최남선을 방문해 그에게서 자치론자들의 의중을 전해 듣고 서로 자치 문제에 대하여 밤을 밝히며 토의하였다. 다음날 홍명희는 안재홍(당시 《조선일보》 주필)을 방문하고 신석우(당시 《조선일보》 부사장)를 초치하여 대책을 협의한 결과 급속히 진실된 민족당을 조직하기로 결정하였다." (이균영 「신간회연구」에서 재인용)

중국 국공합작 영향으로 좌파도 적극 참여

사회주의 진영에서도 역시 통일 조직 건설의 분위기가 무르익었다. 3·1운동 이후 급격히 성장한 사회주의 진영에서도 민족협동전선을 중요한 과제로 인식했다. 이들은 중국에서 국공합작운동으로 사회주의자들이 국민당 쪽과 연합해 성공적인 반제국주의 민족해방운동을 전개한 것에 크게 고무되었다.

사회주의 진영의 움직임은 '정우회 선언'을 통해 극적으로 표출되었다. 정우회란 화요회·북풍회·조선노동당·무산자동맹회가 연합해 결성한 사회주의 사상운동 단체였다. 1926년 사회주의는 338개에 이르는 이념 서클이 활동할 정도로 광범위하게 퍼졌는데, 이 4개 그룹은 조선 사회주의운동의 주요 세력이었다. 1926년 4월 서울에서 조직된 정우회는 그해 11월 15일 유명한 정우회 선언을 한다. 선언문의 요지는 이전의 사회운동을 비판하면서 '분파투쟁의 청산과 사상단체의 통일' '경제투쟁에서 정치투쟁으로의 전환과 민족협동전선의 전개' 등을 주장했다. 한마디로 "민족주의 세력이 타락하지 않는 한 적극적으로 제휴해 싸워야 한다"는 입장이었고, 이들은 선언대로 신간회 결성 이후 민족협동전선을 위해 과감히 정우회를 해체했다.

양 진영의 이해관계 속에 출범한 신간회는 처음에는 철저한 합법 조직을 표방했다. 총독부의 허가를 받기 위해 《조선일보》 부사장이자 사주인 신석우가 움직였고, 애초 신간회의 명칭을 '신한회'(新韓會)로 하려고 했으나 총독부가 허가하지 않자 신간회(고목에서 새 가지가 솟는다는 뜻의 '新幹出古木'에서 유래)로 개명했다. 3개항의 강령 역시 애매하고 두루뭉술하기는 마찬가지였다. '우리는 정치적·경제적 각성을 촉구한다, 우리는 단결을 공고히 한다, 우리는 기회주의를 일체 부인한다.'

이 역시 총독부를 의식한 조처였다. 물론 당시 민중은 '기회주의 일체 부인'이란 항목에서는 자치론자를 떠올렸고, 정치적 각성 등의 문구에서는 민족 독립을 떠올렸다고 한다.

처음 일제는 신간회 활동에 어느 정도 관망하는 자세를 취했다. 물론 "배일선인(排日鮮人) 가운데 저명한 인물은 거의 가담했다"며 의심의 눈초리를 버리지 않았지만, 신간회 결성이 자신들에게도 유리한 측면이 있다고 생각했다. 어차피 산발적으로 일어날 민족운동이라면 오히려 한 군데로 모아놓는 것이 감시하기에 편리하다는 점, 신간회 역시 다른 운동단체처럼 내분으로 무너질 것이며 그럴 경우 민족운동에 큰 타격이 될 것이라는 기대감을 가졌다.

그러나 막상 신간회의 활동, 특히 중앙본부와 달리 급속하게 번진 전국 각 지회의 활동에 일제는 크게 당황했다. 신간회는 표면적으로 중앙집행부를 장악한 민족주의자들이 주도권을 쥔 것처럼 보였다. 하지만 140여 개에 이르는 지방조직의 회원 상당수는 사회주의자로서 노동·농민·청년운동 조직의 구성원이었다. 그 때문에 일제는 1928년 2월 열릴 예정인 정기대회를 금지했다. 이 대회에서 지역 문제와 밀접하게 연계된 의안들이 토론될 예정이었다. 일제가 내건 금지 이유는 "반항적 기운을 선도하고 민족적 반감을 유발한다"는 것이었다. 이런 일제 방침에 대해 대부분의 지회는 일제의 탄압을 대중투쟁으로 철회시키는 비타협적·전투적 노선을 견지해야 한다고 주장했다. 하지만 민족주의 좌파가 장악한 신간회 중앙본부는 '온건화' 노선을 택했다. 《조선일보》계가 주축을 이룬 이들은 1928년 2월 조선공산당 검거사건으로 신간회 내부에 침투해 있는 공산당 문제를 심각하게 생각했다. 그리고 무엇보다 133일간 정간된 상태에 놓여 경영난에 빠진 《조선일보》 경영진에게 일제의 제안은 거부할 수 없는 달콤한 유혹이었다. 총독부는 "신간회에 가입돼 있는 《조선일보》 사원 전원이 탈퇴할 경우 복간을 허락하겠다"고 제안했다. 중앙의 온건화는 이에 수반된 것이기도 했다.

타협적 지도부의 등장이 조직 쇠퇴 불러

이듬해에도 정기대회가 불허되자 신간회 각 지부는 1929년 6월 인근 지역대표의 대표를 뽑는 '복(複)대표대회'를 열어 새 임원을 뽑고 새 규약을 채택했다. 창립 당시와는 달리 상향식으로 모인 의견의 결과는 반수 가까운 사회주의자가 간부로 뽑히고, 역시 사회주의자인 허헌이 집행위원장이 되었다. 그러나 이전 시기에 비해 활발한 활동을 벌인 허헌 체제는 일제의 탄압을 더욱 심하게 받았고, '민중대회사건'을 계기로 붕괴 위기를 맞았다.

민중대회사건이란 1929년 11월 3일 광주에서 시작돼 이듬해 3월까지 전국적으로 타올랐던 광주학생항일운동을 전국적 대중운동으로 확산시키려는 움직임이 사전에 발각된 것이다. 신간회는 진상조사위원을 시위 현장에 파견했다. 이것은 조사만이 아닌 선전 활동의 일환이었다. 경성에서는 민중대회를 열어 제2의 3·1운동을 기획하려고 했다. 그러나 민중대회 전 이를 파악한 일제 경찰은 일제히 주요 관계자를 검거했다. 이 사건으로 허헌을 비롯한 신간회의 지도급 인사 44명과 조선청년동맹, 조선노동총동맹 등 사회운동 관계자 47명이 체포되었다.

대규모 검거 이후 신간회는 회원 수가 증가하는 등 오히려 조직의 세가 확대되는 듯했다. 그러나 문제는 지도부였다. 새로 집행위원장이 된 김병로가 자치론자들과 제휴를 모색하는 등 타협적인 노선으로 기운 것이다. 김병로는 최린·송진우 등 자치론자들과 함께 신간회를 자치운동의 매개조직으로 삼으려 했고, 당연히 지방의 지회는 강력하게 반발했다. 타협적인 지도부의 등장은 신간회 해소론의 주요한 원인으로 작용했고, 조직은 급격한 쇠퇴의 길로 접어들 수밖에 없었다.

해소론이 처음으로 제기된 것은 1930년 부산지회를 통해서였다. 그러자 다른 지회에서도 해소를 둘러싼 논쟁이 벌어졌다. 결국 신간회는 1931년 5월, 창립대회 이후 최초로 열린 전체대회를 통해 찬성 43, 반대 3, 기권 30으로 해소를 결의하게 되었다. 이후 새 단체 조직을 안건으로 해 논의를 진행하려 했으나 일제 경찰의 강압으로 신간회는 완전한 해체의 길을 걷게 되었다.

신간회 해소 이후 전투성을 잃지 않았던 민족주의 세력은 시련의 길로 들어섰다. 대부분이 1930년대 본격적인 친일로 들어섰다. 안재홍 등 지조를 잃지 않던 민족 인사들은 이후 더 이상 조직적인 운동을 전개하지 못한 채 개인적 차원의 저항에 그치고 말았다.

사회주의자도 마찬가지였다. 이들은 신간회에 참여한 주요 이유 중 하나였던 '합법 공간을 통한 영향력 확대'라는 목표를 스스로 박차는 우를 범하고 말았다. 사회주의자는 지하로 들어가 조선공산당 재건운동에 몰두했지만 성공하지 못했다. 대중과 고립되어 이후 별다른 영향력을 발휘하지 못했다.

합법 공간에서 역량 키워 해방 준비했을 수도

만약 신간회가 말 그대로 발전적으로 해체돼 반합법적인 '민족협동전선'으로 남았더라면 어떻게 됐을까? 이균영 동덕여대 교수가 『신간회연구』에서 결론내린 대로, 식민지 조선의 정치적·사회적 훈련의 도장, 혹은 일제 통치 세력에 대한 일정한 압력 수단 단계의 협동전선으로 남았더라면 어떻게 됐을까?

좀 느긋한 상상이지만 우리 민족의 단결된 힘으로 주체적인 독립운동 세력을 형성할 수 있지 않았을까? 2008년 촛불집회가 집단 지성의 운동이듯, 당시 신간회 회원 4만여 명은 이력서 정도는 자신의 힘으로 쓸 수 있는 지식 대중이었다. 여기에 불붙여 합법 공간에서 활성화한 '야학운동'을 강화해 학습열이 높은 조선 민중을 민족·민중 운동의 중심 세력으로 끌어올릴 수 있었을 것이다. 합법 공간에서 다져진 힘은 네트워크를 강화해 이승만의 외교독립론의 실체나 상하이 임시정부의 무기력함, 그리고 김일성의 보천보 신화 등을 깨뜨리며 2천만 대중이 독립을 준비하는 시간과 공간적 여유를 주었을 것이다.

8·15해방은 벼락같이 찾아왔다. 하지만 신간회란 거대 합법 조직이 유지됐더라면 민중의 준비 상태는 달랐을 것이다. 그랬다면 해방 공간에서의 친일파 준동과 좌파의 혼란, 그리고 이승만류 권력투쟁 달인의 권력 쟁취 같은 비극적 장면은 없지 않았을까? 이북 역시 김일성 중심의 권력 지도가 달라지지 않았을까?

물론 1930년대의 대공황을 맞이해 후발 제국주의국으로서 일본이 만주와 아시아 침략을 통해 이 상황을 돌파해가려는 상황에서 1945년 해방까지는 너무 긴 기간이 아니었을까 싶다. 그러나 비극적 상황을 맞더라도 정도를 걸으려는 태도를 견지했다면, 그리고 그 원칙을 무너뜨리지 않고 강제 해산의 상황을 맞았더라도 그것 은 3·1운동과 1980년 광주항쟁이 남긴 것처럼 우리에게는 큰 자산 이 됐을 것이다.

반탁운동, '동아일보' 오보가 없었다면

운동의 수위 낮아 3상회의 결과 수용 가능성
분단 피하긴 어려웠어도 대규모 전면전은 없었을 것

"외상회의에 논의된 조선 독립 문제, 소련은 신탁통치 주장, 소련의 구실은 삼팔선 분할 점령. 미국은 즉시독립 주장." 1945년 12월 27일자《동아일보》1면에 대문짝만하게 보도된 기사의 제목이다.

협상 결과 공개 전에 단정적 기사

"막사과(莫斯科·모스크바)에서 삼국 외상회의를 계기로 조선 독립 문제가 표면화하지 않는가 하는 관측이 농후하여가고 있다. 즉 번즈 미국 국무장관은 출발 당시에 소련의 신탁통치안에 반대하여 즉시독립을 주장하도록 훈령을 받았다고 하는데 삼국 간에 어떠한 협정이 있었는지 없었는지는 불명하나, 미국의 태도는 카이로선언에 의하여 조선은 국민투표로써 그 정부의 형태를 결정할 것을 약속한 점에 있는데 소련은 남북 양 지역을 일괄한 일국 신탁통치를

1946년 반탁운동 세력이 서울 경교장 앞에서 집회를 열고 있다. ⓒ국가기록원

주장하여 삼십팔도선에 의한 분할이 계속되는 한 국민투표는 불가
능하다고 하고 있다."

　사실 '합동통신 워싱턴발 25일자 보도'를 근거로 한 이 기사는
1945년 12월 27일 아침 《조선일보》에 먼저 실렸다. 석간이던 《동
아일보》는 몇 시간 뒤 같은 기사를 토씨 하나 안 바꾸고 그대로 실
었는데, 다만 《동아일보》의 경우 "소련은 신탁통치 주장, 미국은
즉시독립 주장"이라고 제목을 붙여 독자가 "미국은 우리의 독립을
위해 애쓰는데, 소련은 우리를 다시 식민지로 만들려고 한다"는 인
식을 뚜렷이 갖도록 유도했다. 그리고 당시 최대 우파 정당인 한민
당과 함께 신탁통치 반대 운동을 맹렬하게 전개했다(《동아일보》는 한민
당의 핵심인 김성수가 창간했고, 송진우가 사장으로 있던 신문이었다).

　문제는 이 기사가 '오보'라는 데 있었다. 모스크바 3상회의는 12

1945년 8월 15일	광복
12월 27일	동아일보, 모스크바 3상회의에서 한국 신탁통치 결정 보도
12월 31일	신탁통치반대국민통동원위원회 조직, 반탁시위 전개
1946년 1월 3일	공산주의 정당 등 좌익진영, 신탁통치 찬성으로 입장 선회
1월 4일	우익진영, 반탁운동 전개
1947년 1월 24일	김구를 중심으로 반탁독립투쟁위원회 결성
6월 1일	이승만·김구 반탁성명 발표
6월 23일	전국적인 규모로 반탁운동 전개

월 16일부터 27일까지 미국·영국·소련 3개국의 외무장관들이 모스크바에 모여 전후처리 과정에서 미진한 문제를 합의하려 진행한 회동이었는데, 이 기사가 나오던 시점에서는 회의 내용이 채 공개되지 않았다. 그래서 기사 내용도 잘 들여다보면 "표면화하지 않는가 하는 관측" "받았다고 하는데" "어떠한 협정이 있었는지 없었는지는 불명하나" 등의 표현에서 보이듯 회의 내용에 관한 추정일 뿐이며, "소련은 신탁통치 주장, 미국은 즉시독립 주장"으로 단정을 지을 만한 사실(팩트)이 없는 내용이었다.

3상회의의 실제 합의 사항이 보도된 것은 12월 30일이었고, 《동아일보》는 그 내용을 눈에 잘 띄지 않는 작은 기사로 처리했다. 그 사이에 서로 입장이 같지 않았던 이승만과 김구가 한목소리로 "신탁통치 반대!", "3상회의 결정 거부!"를 천명했고, 좌익에서도 인민당이 반탁을 선언했다. 일반 국민의 여론도 불붙었다. 27일부터 30일까지 서울에서는 신탁통치 반대 데모와 파업이 잇따랐으며, 1945년은 격앙과 분노 속에서 저물어갔다.

3상회의에서 신탁통치안이 합의된 점은 사실이었다. 하지만 신탁통치안을 제시한 쪽은《동아일보》와《조선일보》의 보도와는 반대로 소련이 아니라 미국이었으며, 사실 미국은 상당히 오래전부터 한반도 신탁통치안을 주장해왔다.

미국의 프랭클린 루스벨트 대통령은 1943년 11월 말 카이로회담에서 영국의 처칠, 중국의 장제스와 "적절한 과정을 거친 다음 한국을 독립시킨다"는 데 합의했다. 국내에는 "독립시킨다"는 문구만 강조돼 전해졌지만, 사실 '적절한 과정'이란 곧 신탁통치를 의미했다. 이런 구상은 1945년 2월 얄타회담에서 소련과도 합의됐는데, 당시 루스벨트는 "한국인은 자치 능력이 없다. 아마 40년 내지 50년 정도는 신탁통치를 해야 할 것 같다"고 말했으나, 소련의 스탈린이 "그렇게 길게는 안 된다. 5년 정도로 하자"고 했다.

미국은 최대 10년 신탁통치 주장

하지만 구체적으로 어떻게 얼마나 오래 신탁통치를 할 것인지는 결정되지 않은 상태였고, 그리하여 모스크바 3상회의에서 이 문제가 의제 중 하나로 다루어진 것이었다. 한반도 문제는 결의안 7개항 중 제6항에서 4개조로 언급됐는데, "최대 5년을 기한으로 미·영·소·중 4개국 정부가 신탁통치를 실시한다"는 내용이 제3조에 있었다. 하지만 이는 잘 뜯어보면 한국 국민이 격렬히 반발한 것처럼, 외국이 일본의 뒤를 이어 한반도를 마음대로 통치하겠다는 의미가 아니었다. 아마 루스벨트는 그 비슷한 생각을 했는지도 모른다. 그러나 합의 과정을 거쳐 마련된 나머지 3개조에 따르면 한국 독립의 기초를 다지기 위한 임시정부를 수립하고, 그 임시정부는 신탁통치의 시한과 시행 방안 등을 4개국 정부와 협의할 권한을 갖고 있었다. 그뿐만 아니라 신탁통치 기간에도 통치의 기본 주체는 임시정부이며, 4개국은 임시정부를 후원하는 역할만 맡게 돼 있었다. 따라서 나중에 소련이 남북한의 공산당에 "말이 신탁통치이지 실질적으로 후견제이므로 한국인의 주권은 침해되지 않는다"며 3상회의 결정을 받아들이도록 권유한 것은 이치에 맞았다. 이 과정에서도 미국은 최대 10년, 최소 5년의 신탁통치를 하며 4개국의 협의기구가 통치권을 갖도록 하는 안을 주장했으나, 소련의 반대로 '최대 5년, 통치권의 임시정부 귀속'으로 정해졌다고 알려졌다.

하지만《동아일보》는 1945년 12월 27일의 오보뿐 아니라 그전에도 집요하게 소련과 좌익을 흠집 내려는 기사를 실어왔으며, 이후에도 반탁운동 정국에서 일정한 정치적 목적을 위해 왜곡 및 과장 보도를 거듭했다. 가령 12월 24일에는 "소련이 원산과 청진을 노리고 있다"는 기사를 실었는데, 12월 3일자《뉴스위크》를 인용한 이 보도는 정작《뉴스위크》에서 "노릴지도 모른다"고 단순히 예상한 것을 "노리고 있다"며 사실로 둔갑시켰다. 또한 28일 이후부터 "민족적 모독─신탁 운운하는 소련에 경고한다" 등 선동적일 뿐 아니라 마치 소련이 제2의 일제 침략자라도 되는 듯 몰아가는 사설을 연일 내놓았다. 그리고 나중에 좌익 쪽에서 3상회의 결정을 받아들인다는 입장을 밝히자, 그것이 "침략자 소련의 지시에 꼭두각시처럼 움직이는 것"이라 규정하는 기사를 내보냈다. 이 과정에서 소련이 '북조선' 공산당에 보내는 '권고'를 '남한' 공산당에 내리는 '지령'으로 왜곡해 보도하기도 했다.

이처럼 1946년의 정국이 온통 반탁운동과 '찬탁하는 좌익 매국노들'에 대한 비판과 저주로 얼룩지게 되었다. 그리하여 마침내 한

김구와 이승만 두 사람은 '탁치 절대 불가'를 천명하며 힘을 합쳐 '비상국민회의'를 세우고 서울과 각 지방에서 반탁 집회를 개최했다.

반도 문제를 협의하기 위해 출범한 미소공동위원회가 겉돌다 못해 남북 단독정부 수립 및 영구 분단으로 이어지게 된 데는 《동아일보》를 비롯한 우익 신문들의 의도적 왜곡 보도가 큰 역할을 했다. 적어도 일반 국민은 이들 신문의 선동에 크게 자극돼 반탁운동을 제2의 독립운동이라 생각하며 열심히 참여했던 것이다.

김구·이승만이 반탁에 나선 이유

그러면 정치지도자들은 어땠을까? 일반인들과 달리 제대로 된 정보를 얻을 수 있었던 그들은 3상회의의 결정이 갖는 참된 의미를 잘 알고 있었다. 여운형·백남운·조소앙 등 일부 정치인들은 "신탁통치가 아니라, 우리 손으로 임시정부를 구성할 수 있다는 점이 3상회의 결정의 요점이다" "결의안에 임시정부의 협력이 조건으로 명시돼 있으므로, 일단 임시정부를 만들고 임시정부가 협력을 거부하면 신탁통치는 무산된다" 등의 주장을 하며 감정적 대응의 자제를 역설하기도 했다. 그러나 김구와 이승만 두 사람은 '탁치 절대 불가'라는 태도를 천명하며 힘을 합쳐 비상국민회의를 세우고 서울과 각 지방에서 반탁집회를 개최했다.

무슨 까닭이었을까? 《동아일보》 오보와 관련해 한민당이야 이유가 뻔했다. 그들은 좌익과는 물과 기름이었다. 임시정부가 세워져서 친일 청산이 이뤄질 경우를 무엇보다 두려워했다. 그러므로 좌우합작으로 이뤄질 공산이 큰 임시정부 수립을 저지하고 좌익을 궁지에 몰 수 있는 행동이라면 오보가 아니라 더한 것도 불사하는 것이 당연했다.

한편 이승만은 당시 개인으로서는 가장 명망 있는 정치인이었으나 국내에 정치적 기반이 없었다. 따라서 이번 기회에 세력이 가장 앞서는 좌익을 억제하고, 그에 대항하는 정치 세력의 주도적 역할을 맡을 수 있다면 환영할 일이었다. 또한 김구는 임시정부의 문지기를 자청했지만, 상해임시정부의 주석이면서도 임시정부의 정통성을 인정받지 못해 개인 자격으로 귀국해야 했다. 정치현실에 불만을 가질 수밖에 없었다는 이야기다. 그런데 3상회의에서 '임시정부'를 세우기로 결정했다지 않은가? "그게 무슨 소리야? 임시정부는 이미 버젓이 있는데!" 그는 이렇게 외쳤을 법하다. 한편으로는 이 사태를 기회로 국민운동을 일으켜 상해임시정부 구성원들이 당당하게 새로운 임시정부, 아니 통일한국의 새 정부로 뿌리를 내릴 수 있겠다고 생각했을 가능성도 있다. 그것은 너무도 강렬한 유혹이었다. 그래서 그는 이승만·한민당과 같은 대열에 서면서까지 반탁운동에 앞장섰던 것이다. 그러나 그 선택 때문에 상해임시정부 요인들 중 좌익이 우익과 갈라서게 되고 결국 남북한 영구 분단이 가속화됐음을 보고 그때서야 좌우합작에 발벗고 나섰지만, 이미 때는 늦었다.

처음에는 신탁통치라는 개념에 거부감을 보였으나(이는 김일성도 마찬가지였다고 한다), 해가 바뀌면서 '3상회의 결정 수용'으로 입장을 정리한 조선공산당과 인민당 등 좌익은 남한에서 자신들의 입지가 튼튼하다는 자신감에서 그런 선택을 했다(《동아일보》 등의 선전처럼 소련의 지시에 따라 움직였다기보다는, 소련 쪽의 설명과 권고를 참고해 스스로 결정했던 것으로 보인다). 물론 이 역시 오산이었다. 35년 강점기 동안 억눌려온 민족 감정은 결코 합리적으로만 잠재울 수 없었던 것이다. "찬탁을 주장하는 자들은 민족반역자들이다!"라는 우익의 선동이 먹혀들면서, 좌익은 해방 정국 초기에 가졌던 유리한 입지를 급속히 상실해갔다.

'자연스런 민주주의 발전'은 장밋빛 가상

그런 상황은 또 한 사람, 김일성에게도 기회를 주었다. 애초에 소련이 한반도 처리 문제에서 '한국을 편드는 듯한' 태도를 보인 까닭은 한반도에서 좌익 세력이 우세했기 때문이다. 다만 소련군이 점령한 북한 지역은 역설적으로 기독교 우파 세력이 두드러졌는데, 여기에 좌익 세력을 결집할 사람으로 김일성을 밀고 있었다. 3상회의를 하던 당시 소련의 구상은 좌익이 우세한 임시정부를 세우고,

장기적으로 한반도를 친소국가화한다는 것이었을 터이다. 그러나 남한에서 좌익 세력이 급감하고 분단이 고착화될 조짐이 커지면서 소련은 북한 지역에서만이라도 확실한 친소 정부를 세우려는 쪽으로 노선을 바꾼다. 여기서 새로운 통일한국 정부의 수반이 되기는 어려웠을(그는 남한에서는 거의 인기가 없었으므로) 김일성이 북한에서 이른 시간 안에 독재 권력을 구축하게 된다.

《동아일보》의 오보가 없었다면 반탁운동도 없었을까? 적어도 그렇게 격렬한 기세로 일어나지는 못했을 것이다. 불과 1년 만에 남한 정치의 역학 구도를 뒤집어버리고, 미소공동위원회를 무력화할 수 있었던 것은 몇몇 정치인의 힘만으로 가능한 일이 아니었다. 그것은 국민의 힘이었다. 다만 그것이 3·1운동이나 6·10항쟁처럼 자연스러운 의지의 표출이라기보다 특정 세력의 이해관계에 따른 계략의 결과라는 차이가 있다. 그러면 만약 3상회의의 결정이 그대로 수용됐다면 역사는 어떻게 달라졌을까?

'좌우합작의 임시정부가 구성되고 5년 이하의 후견정치를 거쳐 통일정부가 수립된다. 분단도 없고 전쟁도 없다. 한국 정치는 좌와 우가 정책을 놓고 경쟁을 벌이는 자연스러운 민주주의 구도를 갖춘 채 발전해나간다.'

이렇게 예상했다면 지나친 장밋빛 관측의 결과다. 당시 세계는 빠르게 냉전으로 치닫고 있었고, 그런 국제관계나 국내 정파 간의 갈등을 볼 때 그토록 평화로운 역사가 가능했으리라 보기는 힘들다. 제2차 세계대전 뒤 미·영·프·소의 신탁통치가 실시된 독일 역시 동독과 서독으로 분단된 점을 볼 때, 한반도가 분할 점령된 시점부터 분단은 피하기 힘든 운명이었다고 볼 수 있다.

그러나 임시정부를 거쳐 통일정부 수립이 모색됐다면, 그 도중이나 이후에 여러 갈등과 음모나 폭동, 어쩌면 내전까지도 있었을지 모르지만, 적어도 한국전쟁과 같은 대규모 전면전은 없었을 것 같다. 그리고 남이나 북이나 냉전을 빌미로 하는 독재 체제가 그토록 굳건히 자리잡지도 않았으리라.

동·서독의 경우는 분단이 됐다지만 냉전이 치열했을 때조차 남북한과는 비교도 안 될 정도로 사이가 원만했다. 이미 1970년대부터 동·서독의 주민은 자유롭게 상호 방문을 하고 편지를 교환했다. 그것은 무엇보다 두 정부 사이에 전면전이 벌어지지 않았기 때문이다. 서로를 같은 민족이라기보다 '적국', 아니 '원수'로 바라보지 않아도 좋았다. 언론과 정치인, 그들이 사욕에 눈이 어두워 대의를 물리쳐버릴 때, '생각하는 백성'이 그런 행위를 미처 깨닫지 못하고 끌려갈 때, 그토록 처절한 비극은 준비된다.

여운형이 미군정의 민정장관이 됐다면

민정 추진 최고책임자 존슨과 '장관 제안 회동' 앞두고 암살돼…
'경제적 안정→정치적 통합→낮은 수준의 통일 국가' 가능성

서울 전체가 애도… 고종 장례식보다 성대

그의 장례식을 직접 목격한 이수성 전 국무총리에 따르면, 서울 시내 전체가 애도의 분위기에 잠겼다고 한다. 이정식 미국 펜실베이니아대학 명예교수는『여운형 : 시대와 사상을 초월한 융화주의자』에서 3·1운동을 촉발한 고종의 장례식이나 1927년 월남 이상재의 사회장보다 여운형의 장례식이 더 성대했다고 기록했다. 아마도 김대중 전 대통령의 국장이나 노무현 전 대통령의 국민장과 같은 분위기였을 것이다. 여운형은 어떤 인물이었기에 이처럼 거대한 애도의 물결을 만들었던 것일까?

몽양 여운형은 한국 현대사를 통틀어 가장 매력적인 인물이자 대중적인 인기를 한 몸에 받았던 인물이다. 1945년 11월 선구회라는 단체가 서울 시민 2천 명에게 '가장 뛰어난 지도자'를 묻는 설문조

여운형은 좌우합작 세력의 리더였다. 극우·극좌 세력에게 끊임없는 견제를 받고 정치적 고초 또한 겪었지만 여운형은 김구와 이승만을 제치고 최고의 대중적 인기를 얻은 정치인이었다. ⓒ한겨레

사를 벌였는데, 여운형은 33퍼센트의 지지를 받아 21퍼센트에 그친 이승만을 제치고 1등을 차지했다. '최고의 혁명가'를 묻는 설문에는 978명 중 195명이 여운형을 꼽았다. 김구나 이승만을 제치고 최고의 대중적 인기를 끌어 모았던 것이다.

이런 인기의 배경에는 여운형의 화려한 독립투쟁 경력과 특유의 인간적 매력이 있었다. 여운형은 자신을 감시하고 위협하는 형사나 테러리스트까지도 자기편으로 만드는 특이한 인간적 매력과 도량의 소유자였다.

그는 거칠 것 없는 거인이었다. 30대에는 레닌과 트로츠키 등 러시아혁명 지도부와 만났고, 중국의 마오쩌둥, 베트남의 호찌민 등 민족해방운동의 지도자들과 어깨를 나란히 하며 연설을 하기도 했다. 심지어는 3·1운동에 놀란 일본정부 수뇌부가 그를 초청해 독립운동 세력의 분열을 꾀하기도 했다. 남다른 도량을 지녔던 그가

해방 후 여운형의 정치행보	
1945년 8월 15일	정무총감 엔도 류사쿠를 만나 행정권 및 치안권 이양 받음
8월 17일	건국 치안대, 건국준비위원회 조직
9월 6일	전국인민대표자회의(조선인민공화국)에서 임시 의장 선출
11월 12일	조선인민당 결성
1946년 2월 9일	해주, 평양을 방문해 조만식, 김일성 만남
2월 15일	민주주의민족전선 결성 및 공동의장 피선
5월 21일	김규식, 안재홍 등 중도파들과 함께 좌우합작운동 전개
6월 14일	좌우합작운동 본격 논의
10월 16일	사회노동당 창당
12월 28일	평양 방문
1947년 5월 24일	근로인민당 창당 및 위원장으로 추대
7월 19일	혜화동 로터리에서 극우파 한지근에 의해 저격

주변의 반대를 무릅쓰고 일본의 제의에 흔쾌히 응했음은 물론이다. 일본의 회유와 압박에 시달릴 것이라는 주변의 우려와 달리 몽양은 도쿄의 제국호텔에 모인 일본 정계와 군부의 최고위급 인사들을 향해 조선 독립의 당위성을 역설했다. 그의 연설은 일본과 서구 신문에 대서특필돼 엄청난 충격을 불러일으켰다. 적의 심장부를 강타하는 이같은 담대함에 일본 쪽 인사들도 기가 질린 듯 입을 다물 수밖에 없었다. 이런 그의 성향과 대중적 영향력 때문에 조선 총독이나 정무총감도 함부로 그를 무시하지 못했다.

몽양은 정세 인식도 빨랐다. 일본이 패망하기 1년 전 이미 해방을 준비하는 건국동맹을 비밀리에 조직했다. 1945년 8월 일제의 패망이 눈앞에 다가오자, 조선총독부는 80만 명에 달하는 재조선 일본인과 10만 군대의 안전한 철수를 위해 여운형에게 협력을 타진했다. 여운형은 총독부의 협력 요구에 정치범 석방, 식량 확보,

건국사업에 대한 불간섭 등의 요구 조건을 내걸고 이를 관철했다. 건국에 필수불가결한 요건들이었다. 일제가 항복을 발표하자마자 여운형은 안재홍과 함께 건국준비위원회를 결성했다.

해방과 건국을 가장 먼저 준비한 여운형이었지만 해방 공간의 3년 동안 극심한 좌우 대립과 미소의 각축, 여러 정치세력의 견제 속에서 끊임없는 고초를 겪었다. 그가 당한 숱한 테러는 어쩌면 필연이었다. 운 좋게 목숨을 부지하던 그도 결국 극우·극좌 세력의 끊임없는 도발을 끝까지 피해갈 수는 없었다.

존슨 "한국 지도자들이 중간좌파 여운형 천거"

운명의 날, 그의 승용차 안에는 역사의 흐름을 바꿀 수 있는 가방이 있었다. 자신의 정치적 포부가 담긴 인민당 관련 문건과 북한쪽과의 관계를 해명하는 서류철이 든 가방이었다. 미군정의 3인자이자 민정 추진의 최고책임자인 민정관 E.A.J. 존슨에게 보여줄 문건이었다. 여운형은 그날 오후 존슨의 집에서 비밀회동을 하기로 돼 있었다. 어떤 내용의 비밀회동이었을까? 존슨의 회고에 따르면, 미군정의 실권인 민정장관직을 여운형에게 타진하는 자리였다. 이정식 교수가 발굴한 존슨의 회고록은 당시를 이렇게 기록하고 있다.

"과도정부는 야심적인 한국 정치 지도자들로부터 압력을 받게 되었는데, 어느새 극우세력이 경무국과 법무부의 모든 중요한 자리를 차지해버렸다. 안재홍은 공식적으로는 국무총리에 해당하는 자리를 차지하고 있었으나 정부 내 우익 인물들의 협력을 받지 못하고 있었고 또 좌익 쪽 도움도 받지 못하고 있었다. (물론) 우리들이 한국 사람들을 채용하는 과정에서 좌익은 거의 모두 무시돼왔다. 정부의 주요직을 차지하고 있던 우리들은 과도정부 내에서 날로 자라나고 있던 우익 쪽의 영향을 막는 동시에 자유주의적인 (liberal) 세력과 중간좌파를 끌어들이기 위해서 무엇인가 단호한 조치를 취해야 할 필요성을 느끼게 되었다. 그래서 우리는 믿을 수 있는 한국 사람들과 의논했는데, 그들은 유명한 중간좌파의 지도자 여운형에게 정부의 중요한 자리를 맡기는 것이 현명한 책략일 것이라는 데 동의했다. 그래서 우리는 그를 우리 집으로 초청하기로 한 것이었다." (이정식, 『여운형 : 시대와 사상을 초월한 융화주의자』, 서울대출판부, 2008)

한마디로 이승만과 한민당 등 극우는 세력을 키웠으되 국민적 지지를 받지 못하는 부패 세력이고, 박헌영 등의 극좌와는 대화가 안된다는 것이다. 그러니 중간좌파로 대중적 지지가 높은 여운형을 민정장관으로 임명해 과도정부를 원만하게 이끌어나가자는 것이 당시 미국의 입장이었다. 몽양이 지니고 있던 문서는 이같은 미군정의 구상에 신뢰와 확신이라는 덕목을 부여할 참이었다. 흥미로운 대목이 아닐 수 없다. 여운형이 암살되지 않고 민정장관이 돼 실권을 잡았다면 역사는 지금과는 판이한 행로를 걸었을 가능성이 높기 때문이다.

물론 여기에도 전제돼야 할 조건은 있다. 우선 미군정에 부정적이던 여운형의 민정장관직 수락 여부가 문제가 될 것이다. 그러나 여러 정황을 따져볼 때 여운형은 이 자리를 수락했을 가능성이 높다. 당시 여운형은 남로당 박헌영에 대한 신뢰를 완전히 거둔 상태였다. 나아가 그는 1946년 8월 미군정에 박헌영을 제거해달라는

여운형은 해방과 건국을 누구보다 먼저 준비했다. 1945년 8월 15일 광복 직후 여운형이 휘문중학교에서 연 집회에 시민들이 모여 있다. ⓒ한겨레

부탁까지 했다. 평양을 다녀온 박헌영이 스스로 주장하던 좌우합작운동 노선을 헌신짝처럼 버린 것에 대한 배신감 때문이었다. 이 배신감은 좌파 3당 합당 문제로 더욱 증폭됐다. 여운형이 부재 중인 상태에서 박헌영은 조선공산당, 남조선 신민당, 여운형이 당수인 인민당 등 좌파 3당의 통합을 밀어붙였던 것이다. 당수도 모르는 사이에 결정된 통합이었다. 이 사건들로 몽양이 혼신의 힘을 다해 추진하던 여러 구상들은 파산의 위기를 맞고 말았다.

친일 부역배 청산, 지금과는 달랐을 것

이제 남은 것은 김규식·홍명희 등 우파 민족주의 세력과 자신이 새롭게 창당한 좌파 계열의 근로인민당이 주도하는 좌우합작운동이었다. 여운형은 이 새로운 좌우합작운동으로써 당시 재개된 2차

여운형 테러 일지	
1945년 8월 18일	오전 1시경, 서울 계동 자택 앞에서 괴한들에게 곤봉으로 피습
9월 7일	저녁 무렵, 서울 원서동에서 계동으로 넘어오다가 괴한들에게 밧줄로 묶임. 행인이 구제
12월 초순	백천온천 여관에서 괴한에게 피습. 피습당하기 이전에 여관을 옮겨 무사
1946년 1월	서울 창신동 친구 집을 괴한 5명이 습격했으나 위기 모면
4월 18일	오후 9시, 서울 관수교에서 괴한들에 포위. 행인이 구출
5월 하순	서울 종로에서 괴한들에 포위. 격투 끝에 행인이 구출
7월 17일	서울 신당동 산에서 협박, 벼랑에서 낙하
10월 7일	저녁무렵, 자택 문전에서 납치. 나무에서 결박을 풀고 도피
1947년 3월 17일	밤, 서울 계동 자택의 침실 폭파. 외출 상태였으므로 무사
4월 3일	서울 혜화동 로터리에서 승용차 피습
7월 19일	서울 혜화동 로터리에서 백의사 청년 한지근에게 저격당해 사망

미소공동위원회의의 성공을 이끌어내 통일정부를 세우려는 계획을 세웠다. 이런 상황에서 미군정이 제안하는 민정장관직은 정국을 주도할 수 있는 절호의 카드였다. 협상과 담판에 능하던 여운형으로서는 자신도 있었을 것이다.

물론 여운형이 민정장관직을 맡았더라도 역사의 전개는 그리 호락호락하지 않았을 것이다. 미군정의 행정기구를 장악한 한민당의 방해 공작과 남로당 등 극좌파의 격렬한 반대는 불 보듯 뻔했다. 당시 민정장관은 중도우파로서 좌우합작운동에 나섰던 안재홍이다. 친일 인사가 중심이던 극우 한민당은 안재홍을 몰아내기 위해 갖은 수를 다 썼다. 그들은 "1개월이 넘지 않는 동안 이 자를 쫓아내겠다"고 공언했다. 안재홍의 인사권은 이들의 사보타주 속에서 빛을 잃을 수밖에 없었다. 친일 경찰과 관료, 정치인을 제거하기 위해 노력했던 안재홍의 정책이 관철되는 순간 자신들의 생명이 날아갈 것을 생각하면 당연한 반응이었다.

여운형에게 성공 가능성이 없는 것은 아니었다. 정치적 기반이 취약하고 추진력이 그리 강하지 못했던 안재홍과 달리 여운형은 좌우합작 세력의 리더였던 것이다. 마지막 순간 좌절되기는 했지만 당시 미 국무부와 국방부를 대표하는 한국문제특별위원회는 3년간 총 5억 4천만 달러 원조안을 승인했다. 이 정도 규모의 자금이라면 피폐해진 경제를 되살리는 데 큰 도움이 될 수 있었다. 최대 과제이던 농지개혁의 신속한 추진 역시 가능했을 것이다. 여운형이 책임자로 있는 한 적어도 미군정에서 실권을 잡은 한민당 일파나 이후 정권을 잡은 이승만 정부가 원조 물자를 착복하는 일은 벌어지지 않았을 것이라고 가정하면, 경제적 안정을 기반으로 정치적 통합력도 훨씬 높아졌을 가능성이 컸다. 아울러 통일 문제 또한 좀더 바람직한 방향으로 흘렀을 것이다. 물론 소련과 북쪽의 노동당이 여운형을 불신했지만 이승만처럼 극우반공 정권을 수립해 북쪽을 무력으로 통일하자는 단세포적이고도 무모한 주장을 펼치지는 않았을 것이다. 좌우를 묶어세우는 데 혼신의 힘을 바쳤던 몽양이라면 한순간의 불신을 녹이고 낮은 수준에서나마 통일된 국가를 세우는 방향으로 가는 것이 가능했을지도 모른다.

지금까지도 논란이 되는 친일 부역배 청산 문제 역시 마찬가지다. 다소 정치적·행정적 혼란이 있더라도 최소한 반민족행위특별조사위원회의 강제 해산과 같은 일은 벌어지지 않았을 것이다. 그렇게 됐다면 수십 년을 끌어온 친일 부역배 처리에 대한 사회적 논란이나 이에 따른 국론 분열과 해악은 그 강도를 달리했을 것이다. 이것은 이른바 '민족정기'를 바로 세우는 문제나 식민지시대 이후 사회 전반의 기풍을 민족·민주적 과제에 따라 엄정하게 확립하는 문제에도 큰 영향을 끼쳤을 것이 분명하다.

"단독정부 반대세력 묶을 수 있었던 인물"

그러나 이 모든 가정은 여운형의 죽음으로 물거품이 됐다. 그의 죽음 이후 좌우합작운동은 추진력을 잃었고, 미소공위는 결렬됐다. 몽양이라는 거인이 일거에 스러지면서 이승만과 한민당의 단독정부 수립 계획은 날개를 달 수밖에 없었다. 그의 사망 이듬해에 남한만의 단독정부가 들어선 것은 우리 역사의 미래를 결정지은 크나큰 분기점이자 비극이었다. 박태균 서울대 교수는 "여운형은 단독정부 수립을 반대하는 세력을 묶어 세울 수 있는 중심축이 될 만한 인물"이라고 말했다.

좌파와 우파, 미국과 소련 군정의 최고위 인사들과도 교류가 가능했던 그의 사망 이후 단독정부 반대세력은 여러 갈래로 분열돼 힘을 상실했다. 해방 공간에서 주요 정치가들이 암살당했지만 여운형의 피살이 아쉽고 가슴 아픈 것은 이 때문이다. 그의 죽음은 민족적 분열과 대결을 막는 가장 유력한 방파제의 붕괴를 상징했던 것이다. 그의 죽음이 가져온 결과는 우리 역사가 보여온 그대로다.

김구·김규식의 남북협상이
성공했다면

남북통일의 마지막 기회, 좌우합작이 물 건너가자
분단은 쏜살같이 진행되고 그 끝에는 전쟁이…

1948년 남과 북은 분단을 향해 질주하고 있었다. 피할 수는 없었을까? 어쩌면 1948년 4월 남북 연석회의는 '마지막 기회'였다. 4월 19일 김구는 38선을 넘어 북행길에 올랐다. 경교장에 구름처럼 몰린 군중은 가지 말라고 했다. 그들에게 김구는 "마지막 독립운동을 허락해달라. 이대로 가면 조국은 분단되고, 서로 피를 흘리게 될 것이다"라고 말했다. 이듬해 백범은 안두희의 총탄에 쓰러졌다. 역사는 백범 김구의 예고대로 흘러갔다.

바보 정치인 "참례만 하라고? 그래도 갈 수밖에"

1948년 4월의 남북 연석회의는 남북관계 역사에서 '최초의 정상회담'으로 기록된다. 또한 분단을 막으려는 마지막 협상이었다. 남북 연석회의는 세 개의 회의로 구성됐다. '남북조선 제 정당·사회

1945년 12월	미소공동위원회 설치
1946년 3월 20일	제1차 미소공동위원회 개최
5월 6일	제1차 미소공동위원회 결렬
6월 3일	이승만, 남한 단독정부 수립 주장
1947년 2월 22일	북조선인민위원회 설립
5월 21일	제2차 미소공동위원회 개최
7월 17일	미국정부, 한반도 문제 유엔 이관 결정
10월 21일	제2차 미소공동위원회 결렬
10월 28일	유엔 한반도 문제 논의 시작
10월 30일	유엔 조선임시위원단 설치
11월	남한 총선을 둘러싼 민족진영 내부 분열(김구-이승만 대립)
1948년 1월 8일	유엔 조선임시위원단 입국
1월 25일	북한-소련, 유엔 조선임시위원단 입북 거부
2월 8일	북한 인민군 창설
2월 26일	유엔 감시 가능 지역만 총선 결정
3월 4일	남한 단독선거 확정 발표
3월 17일	국회의원 선거법 공포
4월 19일	김구-김규식, 남북대표자연석회의 참석차 평양 방문
4월 21일	북한 남북 연석회의 개최
5월 10일	남한 총선거 실시
8월 15일	대한민국 정부 수립
8월 25일	북한 최고인민회의 선거 실시
9월 9일	조선민주주의 인민공화국 수립

단체 대표자 연석회의', '남북조선 정당·사회단체 지도자 협의회', 그리고 김구·김규식·김일성·김두봉의 이른바 '4김 회담'이다.

대표자 연석회의에는 남한의 41개 정당·사회 단체를 대표한 395명과 북쪽의 민주주의민족전선 아래 15개 정당·사회 단체 대표 300명이 참석했다. 미군정은 남쪽에서 참여한 사람들이 "잘 알려진 사람도 있으나 대다수는 공산주의자의 도구로, 조선을 소련의 위성국가로 만들어보려고 애쓴 자들"로 규정했다(미군정 하지 사령관의 1948년 4월 6일 성명).

그러나 그렇게만 볼 수는 없었다. 정작 남로당 세력은 남북협상을 반기지 않았다. 좌우합작에서 별로 얻을 게 없었기 때문이다. 남로당 중앙위원회는 연석회의에 대해 침묵으로 일관했다. 이에 비해 우익 민족주의 세력과 중간파들의 열기는 대단했다. 분단으로 가는 폭주기관차에 몸을 실을 수는 없었기 때문이다. 민족주의자 김구는 북행에 인생을 걸었고, 온건 합리주의자 김규식도 그 길이 '고난의 길'이라는 점을 알고 있었다.

김구·김규식은 요인회담에 기대를 걸었다. 그러나 북쪽은 연석회의를 중시했다. 북쪽은 조직적으로 참여했고, 남쪽은 개별적으로 참여했다. 북쪽은 실질적인 집권세력이었고, 남쪽은 미군정의 지지를 받을 수 없는 민간인 신분이었다. 당연히 북쪽은 치밀한 준비를 했고, 남쪽의 사전준비는 부족했다. 김구와 김규식의 북행이 결국 조선민주주의인민공화국 수립에 정당성과 합법성을 부여하는 들러리였다는 평가가 있다. 김구와 김규식도 알고 있었다. 3월 31일 김일성·김두봉의 답신을 공개하는 자리에서 두 사람은 "미리 다 준비한 잔치에 참례만 하라는 것이 아닌가 하는 이의가 없지 않으나, 우리는 좌우간 가는 것이 옳다고 생각한다"라는 심정을 밝혔다. 그들은 알고도 갔다. 바보다. 현실의 정치에서 패배할 줄 알지만, 그 일이 해야 하는 일이기에 하는, 그래서 훗날 역사가 평가하는 '바보 정치인' 말이다.

어쩌면 너무 늦은 시점이었다. 북한에서는 이미 헌법이 만들어지고 있었다. 1947년 11월 북조선인민회의 3차 회의에서 임시헌법

1946년 2월 14일 과도정부 수립 촉진과 한국의 완전 독립 실현을 위해 만들어진 남조선대한국민대표
민주의원 개원식에 참석한 김구(왼쪽)와 김규식(오른쪽). ⓒ백범김구선생기념사업협회

제정위원회를 조직하기로 결의했고, 1948년 2월 초부터 '전 인민
토의'가 이루어지고 있었다.

　남한은 단독선거를 준비하고 있었다. 1948년 2월 26일 유엔소총
회에서는 유엔 조선임시위원단의 임무 수행이 가능한 지역에서만
총선거를 실시하자는 미국 안을 가결했다. 미군정 당국은 3월 4일
남한 단독선거를 실시한다는 특별 성명을 발표했으며, 3월 17일
선거법을 공포했다. 선거일은 5월 9일(실제로는 5월 10일)로 예고됐다.

미군정이 좌우합작 지지했던 1946년

　그렇다면 만약에 좌우합작과 남북협상이 조금 더 일찍 추진되었
더라면 어땠을까? 분단을 피할 수 있는 기회는 존재했다. 그것이
설령 바늘구멍이라도 말이다. 가장 바람직한 것은 물론 모스크바 3
상회의 결과의 주체적 활용이다. 임시 통일정부를 수립해서 주도
적으로 연합국과 협상을 해나갔다면 상황은 달라졌을 것이다. 그

남북 연석회의 대표자들의 귀환을 환영하기 위해 모인 한독당 관계자들. ⓒ백범김구선생기념사업협회

러나 좌와 우는 찬탁과 반탁으로 나누어져 대립했고, 기회는 사라
졌다.

　1946년 5월, 다시 기회의 공간이 생겼다. 미군정이 좌우합작을
지지하고 나선 것이다. 미국은 1946년 초 중국의 장제스에게 특사
를 보내 국공합작을 권했다. 마찬가지로 남한의 좌우합작도 지지
했다. 당시 김구를 중심으로 한 우파 민족주의 세력이 가세해 반탁
운동이 벌어졌고, 미소공동위원회는 난관에 봉착했다. 미국은 자
신의 정책을 지지하면서 소련까지도 거부하지 않는 새로운 정치세
력이 필요했다. 그래서 미소공동위원회에서 유리한 위치를 차지하
고 싶었다. 실제로 당시 미국은 김구와 이승만을 정계에서 물러나
게 하고, 대신 한국 정계를 주도해나갈 새로운 정치인을 찾고 있었
다. 그들이 주목한 정치인은 여운형과 김규식이다. 여운형은 좌우
의 대립을 중재할 수 있는 유일한 사람이고, 통일정부가 수립되면
좌우 모두 수용할 수 있는 유일한 정치인이었다. 김규식은 미국에

서 유학했고 독실한 기독교 신자이며 미국식 문화에 익숙한 합리주의자였다.

미국의 생각은 현실화되지 못했다. 우선 좌파가 유연하지 못했다. 조선공산당은 7월 27일 모스크바 3상 결의 전면 지지, 토지의 무상 몰수 등을 포함한 '민주주의민족전선 5원칙'을 발표했다. 미국에 비판적인 방향으로의 전환이었다. 통일전선을 포기한 것이다. 신전술에 따라 9월 총파업, 이어 '10월 대구 사건'이 발생했다. 좌우합작은 물 건너갔다. 1946년 3·1절 기념행사에 이어, 8·15 기념행사도 좌우가 분열되어 각각 치를 정도였다. 8·15 행사를 우익쪽은 미군정 당국과 함께 군정청 광장에서, 좌익 쪽은 민주주의민족전선 주최로 서울운동장에서 개최했다. 1947년 7월 19일 여운형이 암살되었을 때 벽초 홍명희가 그를 추도하는 한시에서 탄식했듯, "애닯도다 좌익 우익 다투다가 함께 망하는 꼴"이었다.

만약 조선공산당이 좌우합작에 참여해 미군정의 탄압을 피하려 했다면, 그래서 여운형과 김규식이 중심이 되는 중도파가 정국을 주도할 수 있었다면, 그래서 좌우합작을 지지했던 미국 국무부의 손을 들어주었다면, 그랬다면 혹시 미소공동위원회에서 임시 통일정부 수립 논의가 힘을 받지 않았을까? 그랬다면 이른바 '조선 문제'가 유엔으로 가지는 않았을 것이다.

결국 1947년 10월 18일 62차 회의를 마지막으로 미소공동위원회는 결렬되었다. 한국 문제가 유엔으로 간 것은 모스크바 3상회의 합의가 파기되었음을 의미했다. 연합국의 합의로 임시 통일정부를 수립한다는 계획이 물 건너갔다는 뜻이다. 국제적으로 미·소 냉전이 조금씩 짙어갔다. 기회의 창은 시간이 가면서 줄어들고 있었다.

남북협상을 위해 북행길에 오른 김구 선생(가운데)이 38선 표지 앞에서 일행들과 서있다. ⓒ백범김구선생기념사업협회

　먼 훗날이 된 지금의 가정이 다소 허망하게 보일지 모르나, 그래도 기회는 있었다. 더 좁아졌지만 말이다. 1948년 1월 8일 유엔 조선임시위원단(유엔 TCOK)이 서울에 도착했다. 이 기구는 미국의 제안에 따라 만들어졌지만, 그들은 자신의 임무에 최선을 다하려 했다. 그들의 임무는 인구 비례에 의한 총선거 실시였다. 북한이 그들의 입북을 거부했지만, 그들은 38선 이북까지 자신들의 권한을 행사하고자 했다. 유엔 임시위원단은 중국·프랑스·필리핀·시리아·인도·오스트레일리아·엘살바도르·캐나다 정부 대표들로 구성되었다. 임시위원단 임시의장 메논은 1월 21일 서울 중앙방송을 통해 "조선은 단일체이며 결코 분단되어서는 안 될 나라"라고 역설했다.

임시의장 메논의 의지와 애절한 편지

　김구는 1월 26일 그들과 협의해 미·소 양군 철수, 남북 요인회담, 총선에 의한 통일정부 수립 방안을 제시했다. 2월 4일 김구와 김규식이 북의 김일성·김두봉에게 편지를 보내 남북 요인회담을 제안하자는 결정을 했다. 편지는 2월16일 발송되었다. 애절한 편지였다. "우리가 우리의 몸을 반쪽을 낼지언정 허리가 끊어진 조국이야 어찌 차마 더 보겠나이까?"

만약 유엔소총회가 열리기로 예정된 2월 26일 이전에 남북협상이 이루어졌다면 어떻게 되었을까? 당시 한 신문의 여론조사에 따르면, 남한 단독선거 지지 17.2퍼센트, 남북통일 총선거 지지 70.5퍼센트로 나타났다(《조선중앙일보》 1948년 2월 19일). 실제로 그때 북한이 적극적으로 화답해서 만남이 이루어졌다면, 최소한 5·10총선거는 연기되었을 가능성이 있다. 당시 미군정은 남북협상이 남한만의 단독선거에 대한 대중의 지지를 약화시키고 유엔의 권위를 심각하게 추락시킬 것이라고 판단하고 적극적으로 방해했다.

이런 상황에서 4월 연석회의는 너무 늦었다. 그러나 빛나는 순간이었다. 김구와 김규식을 포함한 우파 민족주의자와 중도파들은 분단을 막기 위해 온몸을 던졌다. 성과는 현실 정치에서 드러나지 않았다. 다만 역사의 평가로 돌려졌다. 4월 30일 전조선 정당사회단체지도자협의회 명의의 공동 성명은 4개항으로 이루어졌다. 제1항이 외국군 동시 철수, 제2항이 외국군 철수 이후 내전 불가, 제3항이 외국군 철수-전조선 정치회의 소집-임시정부 수립-헌법 제정-정부 수립, 제4항이 남조선의 단독선거 반대였다.

이 가운데 남북이 외국군 동시 철수를 논의하면서 최소한 정치회의 소집함으로써 남한의 단독선거가 연기되었더라도 분단을 막기는 어려웠을 것이다. 그러나 최소한 4월의 역사적인 남북협상을 계

기로 중도파와 우익 민족주의자들이 의미 있는 정치적 구심체로
단결하는 계기는 되었을 것이다. 당시 현실은 왼쪽 끝과 오른쪽 끝
의 원심력으로 인해 중도의 공백이 발생해 있었다. 그것은 타협의
공간이 사라졌음을 의미한다. 국제적 냉전 환경도 무시할 수 없었
다. 당시 통일정부 수립이라는 민중의 염원을 담아, 남북협상파가
정국의 구심력으로 존재했다면 상황은 조금 달라졌을 수 있다. 그
렇게 되었으면 미군정은 합리적인 중도파를 포괄하려는 노력을 포
기하지 않았을 것이다. 북한 역시 좌우합작 노선을 그렇게 쉽게 포
기하지 않았을 것이다.

대화의 끈을 놓지 않았다면

좌우합작이 물 건너가고 남북협상이 중단되자, 분단은 쏜살같이
달려갔고 그 길의 끝에는 전쟁이 기다리고 있었다. 남북협상이 계
속되었다면 최소한 전쟁의 길은 막았을 것이다. 전쟁이 없는 분단
과 전쟁을 치른 분단은 다르다. 전쟁은 점선으로 그어진 38선을 굵
은 실선으로 변화시켰다. 세계적 냉전 환경을 감안해야 하겠지만,
대화의 끈을 놓지 말아야 했다. 그렇게 되었다면 화해와 협력의 시
점은 실제 역사보다 빨리 왔을 것이다. 그렇게 되었다면 국내 정치
에서 반공이 모든 것을 빨아들이는 비극적 역사는 되풀이되지 않
았을 것이다. 김구와 김규식의 북행은 역사로 남았다. 그리고 세월
이 흘러서야 다시 살아났다. 문익환은 1989년 방북할 때, 김구의
심정을 회고했다. 김구는 발자국을 남겼고, 후배들이 그 길을 따라
길을 냈다. 그리고 52년 뒤인 2000년, 사실상의 2차 정상회담이 열
렸다.

해방 뒤 토지개혁이 실패했다면

전쟁과 미국 압력이 성공 원동력…
실패 땐 지주 기득권층과 급진주의 세력 대립하며 민주주의·산업화 물 건너갔을 것

한국은 토지개혁에 성공했다. 제2차 세계대전 이후 신생 독립국 가운데 토지개혁을 그토록 신속하게 실행한 사례는 흔치 않다. 한국과 대만 정도다. 양국은 두 가지 공통점이 있다. 하나는 토지개혁 과정에 미국이 적극적으로 개입했다는 사실이다. 냉전시대 동아시아에서 안정적인 반공국가를 만들기 위해서는 농민의 지지가 필요했다. 다른 하나는 양국이 '동아시아의 기적'으로 불리는 압축성장을 이루었다는 점이다. 토지개혁의 성과가 산업화의 길을 열었다. 토지개혁이 이루어지지 않았다면 어떻게 되었을까? 토지 귀족의 이해는 민주주의 발전을 가로막았을 것이며, 토지 문제에 발목이 잡혀 사회·경제적 불안이 지속되었을 것이다.

1950년대 이뤄진 토지개혁은 소작의 뿌리 깊은 관행을 완전히 없애지는 못했지만, 지주계급 해체를 통해 산업화와 민주주의 발전을 이끌었다는 평가를 받고 있다. 1959년 초가집 앞에 도열해 이승만 대통령 방문을 반기는 충북 청주 지역 농민들. 대한민국 정부 기록 사진집

토지개혁에 성공한 신생독립국 '대한민국'

전통사회에서 토지는 단순히 땅을 의미하지 않는다. 그것은 신분을 의미하고 권력을 의미한다. 토지로 얽힌 오래된 질서를 바꾸는 것은 그래서 쉽지 않다. 한국은 어떻게 토지개혁을 신속하게 할 수 있었을까?

한국의 토지개혁은 분단과 전쟁이라는 무대 위에서 이루어졌다. 토지개혁은 해방 정국의 시대적 과제였다. 잃었던 나라를 되찾았지만, 뿌리 깊은 지주–소작 관계는 변함이 없었다. 해방 이후 북한에서는 토지개혁이 신속하게 추진됐다. 소련 군정의 '인민민주주의 혁명론', 식민지 시기 급진적 농민운동의 경험, 그리고 농민들의 오랜 열망이 결합된 결과였다. 북한의 지주들은 동유럽처럼 저항을 선택하기보다는 남쪽으로의 탈출을 선택했다. 이른바 '월남' 현상이다. 북한의 신속한 토지개혁은 남쪽에 압력으로 작용했다.

농지개혁 실시 과정	
1948년 3월 22일	미군정에 의한 제1차 농지개혁 실시
8월 15일	대한민국정부 수립. 신헌법(새 한국헌법 제86조에 농지는 농민에게 분배하며 그 분배방법 ·소유한도, 소유권의 내용과 한도는 법률로써 정한다고 규정함) 제정으로 농지개혁 정책화
9월 7일	농지개혁법 기초위원회 구성
1949년 6월 21일	유상몰수 유상분배를 원칙으로 하는 농지개혁법안 국회 의결 및 발효
7월 7일	농지개혁법 개정안 제출
1950년 3월 10일	농지개혁법 공표
4월	농지 분배 시작
6월 9일	제1차 연도 상환액 하곡 수납 착수
6월 25일	한국전쟁으로 농지개혁 중단
10월 19일	농지개혁 재개
1951년 3월 5일	농지분배 완료

토지개혁을 남한에서는 농지개혁이라고 부른다. 이승만 대통령이 1950년 3월 27일 '농지개혁안 실시에 관한 건'에서 밝힌 취지는 "농민들에게는 농지를 제공해 자작농으로 육성하고, 지주들은 보상과 적산불하 등을 통해 산업자본으로 육성하겠다는 것"이었다.

역사의 경로에서 보면 농지개혁은 두 가지 의미가 있다. 한국전쟁 과정에서 농민의 지지를 얻을 수 있는 근거였고, 중·장기적으로 현대사회로 넘어가는 입구였다. 농지개혁으로 전근대적 지주계급이 해체되었고 산업자본이 형성되었으며, 그 결과 경제 근대화의 기초가 마련됐다.

농지개혁의 실행 시점은 논쟁거리다. 전쟁 이전에 완료되었다는 주장이 있다. 농지개혁법이 성립된 시기는 1949년 6월이다. 그리고 1950년 3월 개정 과정을 거친다. 만약 전쟁 이전에 완료되었다면, 그것은 정치적으로 볼 때 지주계급의 이해를 대변하는 민국당의 영향력이 약화됐다는 사실을 의미한다. 실제로 1950년 5·30 선거에서 민국당은 패했다. 토지를 가진 농민들의 존재는 남로당의 영향력도 약화시켰을 것이다. 그리고 결정적으로 인민군이 쳐들어왔을 때, 농민들이 호응하지 않았던 이유가 바로 토지를 가졌기 때문이라는 주장도 성립된다.

그러나 최근 연구들은 전쟁 이전에 농지개혁이 완료되었다는 주장을 실증적으로 비판하고 있다. 전쟁 이전에 완료됐다는 주장은 농민에게 토지분배 예정 통지서를 발급한 사실을 중시한다. 이 통지서를 받는 순간 '이제 토지는 내 것이구나' 하는 생각을 갖게 되었고, 이러한 심리적 소유 의식이 농지개혁의 실질적 효과를 발휘하게 했다는 것이다.

지주층 의식한 이승만, 농지개혁 보류하기도

정병준 이화여대 교수 등은 이러한 기존 주장을 비판하고 있다. 지주들은 대한지주경제협회를 조직해 노골적으로 농지개혁을 반대했다. 그리고 당시 정부의 행정 역량은 높지 않았다. 공무원은 부족했고 행정기관의 사무 지연은 일상적이었다. 중앙 차원의 법적 결정이 소작농의 기쁨으로 현실화되는 데 시간이 걸렸다. 실제로 분배 예정 통지서가 교부되지 않은 지방이 많았으며, 농지분배는 말할 것도 없고 예비조사도 완료하지 못한 사례가 적지 않았다. 농지개혁의 완료를 증명하는 사례보다 그렇지 않은 지방의 사례가 더 많다.

이는 지역별로 차이는 있을지 모르나, 농지개혁이 전쟁 이전에 완료되지 않았다는 사실을 뜻한다. 지주층의 저항이 만만치 않았고 갈등을 조정할 수 있는 국가의 역량도 부족했다. 밭 가는 사람이 토지를 가져야 한다는 '경자유전' 원칙은 조선 후기 이래 모든 개혁의 중심 과제였다. 그러나 농촌에서의 봉건적 질서 해체는 만만치 않았다. 농지개혁을 가능케 한 것은 역설적이게도 한국전쟁이었다. 전쟁 상황이 아니었다면, 어쩌면 농지개혁을 본격적으로 추진하지 못했을 수 있다.

전쟁 과정에서도 농지개혁의 실시는 우여곡절이 많았다. 북한 점령정책을 둘러싸고 이승만과 미국이 갈등하는 사이, 농지개혁이 중단되기도 했다. 서울 수복 이후 이승만은 농지개혁이 1년간 연기돼야 한다고 결정했다. 1950년 10월 19일자 미 중앙정보국(CIA) 비망록은 이 결정을 "지주계급의 압력을 반영한 것"이라고 분석했다. 이 결정을 뒤집은 것은 미국이었다.

미국은 북한의 남한 점령 기간에 실시한 토지개혁의 영향을 주목했다. 농지개혁이 연기된다면 농민들의 지지가 약화되고, 그렇게 되면 총력전으로 치러지는 전쟁에 부정적 영향을 미칠 수 있음을 우려한 것이다. 이에 따라 미국은 농지개혁의 시행 연기를 적극적으로 반대했다. 결국 미국의 압력으로 이승만은 중단되었던 농지개혁을 재개한다고 선언했다. 미국은 동아시아에서 강력한 반공전선을 구축하려 했다. 미국은 이승만 정권에 대해 토지개혁의 실시와 귀속 재산의 매각을 지속적으로 압박했다. 물론 이승만의 입장에서도 강력한 야당 세력인 지주계급의 몰락은 자신에게 유리한 정치 환경을 의미했다.

지주의 몰락은 전쟁의 부산물이었다. 전쟁 과정에서 지주는 자신의 이익을 지킬 수 없었다. 제대로 보상받지도 못했다. 보상받은

만약에 한국사

한국전쟁 당시 농촌의 풍경. 중국 해방군화보사가 펴낸 『영광스러운 중국 인민지원군』에 실린 이 사진은 중국 인민지원군이 농가를 찾아 일손을 거들고 있는 모습이다.

농지보상비나 지가증권은 전쟁 기간의 살인적인 인플레이션으로 '똥값'이 됐다. 그나마 전쟁 기간 피난 생활을 하는 처지에서 그중 대부분은 할인하여 판매해야 했다. 중소 지주들은 실질적으로 큰 손해를 입었다. 오죽하면 1950년대 언론이 이들을 "빛 좋은 개살구 격인 지가증권 지주"라고 불렀겠는가.

교육받거나 산업역군이 된 농민의 자녀들

농지분배사업은 전쟁이 끝나고도 몇 년이 흐른 1957년 말에 가서야 겨우 완료됐다. 지주계급에게는 결정적 타격을 주었다. 전통적 지주계급을 해체했고 촌락의 봉건적 질서는 무너졌다. 농민 역시 승리자는 아니었다. 직접 생산자의 입장에서 보면, 가난한 소작

농은 가난한 자작농이 되었다. 신분적 질서는 사라졌지만 소작의 뿌리 깊은 관행은 변형된 형태로 잔존했다. 1960년 농업센서스에 따르면, 여전히 소작농이 61만호 존재하고 그것은 총농가의 26.4퍼센트에 달했다. 농민은 농지개혁에도 불구하고 여전히 영세농으로 남았다.

긍정적 측면도 있다. 농지개혁은 한국 사회가 전통적 농업국가에서 현대적 공업국가로 전환하는 길을 열었다. 신분질서에서 해방된 농민의 아들딸들은 교육의 기회를 누렸고, 형편이 안 되는 사람은 양질의 노동력, 즉 산업역군이 되었다. 지주들의 조직화된 이해관계가 부재한 것은 민주화의 길에서 분명 축복이었다.

그러면 농지개혁이 이루어지지 않았다면 어떻게 되었을까? 여전히 지주계급이 정치적 영향력을 발휘했으면 어떻게 되었을까? 그런 상상의 실체는 라틴아메리카의 현실이 제공하고 있다. "토지가 아니면 죽음을." 20세기 초 멕시코의 영웅 에밀리아노 사파타의 외침이다.

그로부터 80년이 흐른 1994년 멕시코 남부 치아파스 주에서 사파타의 후예들(사파티스타)이 무장봉기를 일으켰다. 그들의 첫 번째 요구사항이 바로 토지개혁이었다. 토지 문제는 여전히 라틴아메리카의 미래로 가는 발목을 잡고 있다. 브라질은 또 어떤가? 2005년 기준으로 여전히 대농장 소유주 1.6퍼센트가 전체 농지 면적의 53퍼센트를 차지하고 있다. 무토지 농민들의 좌절과 분노는 브라질 정치가 넘어야 할 벽이다. 그들은 현대로 넘어오는 길목에서 토지개혁에 실패했다. 그동안 땅을 가진 대농장주는 권력을 갖고 정치적 영향력을 행사했다. 토지 없는 농민들은 임금 노동자로 살거나 도시로 쏟아져나와 거대한 빈곤 지대를 형성했다.

토지 없는 농민들의 열망은 라틴아메리카에서 좌파 정권의 집권으로 나타나고 있다. 그러나 농민 출신인 볼리비아의 모랄레스 정권이 출범했을 때 대농장 소유주들의 강력한 저항에 직면했고, 브라질의 룰라 정권 역시 무토지 농민 문제를 풀기 위해 동분서주했다. 라틴아메리카에서 토지 문제는 여전히 풀어야 할 숙제로 남아 있다.

토지개혁 실패한 남미·필리핀의 사례

토지 문제에 얽혀 있는 국가가 어디 라틴아메리카뿐이겠는가? 필리핀의 사례 역시 중요한 시사점을 주고 있다. 1950~60년대만 하더라도 필리핀은 아시아에서 가장 민주적이고 부유하며 교육 수준이 높은 국가였다. 그러나 지금은 아니다. 1986년 시민혁명으로 코라손 아키노 정권이 들어섰지만, 저성장과 경제 불안이 지속되고 있다.

필리핀의 발전 지체는 무엇 때문일까? 여러 이유를 들 수 있지만, 그중에서 토지 문제가 핵심이다. 필리핀의 토지 소유 구조는 지주-소작 관계가 특징적이며, 대토지 소유가 압도적으로 많다. 16세기 스페인의 침략 이후 1946년 미국으로부터 독립하기까지 400년에 걸친 식민지 지배가 남겨준 유산이기도 하다. 20세기 독립 이후 몇 번의 토지개혁 시도가 있었다. 하지만 정치와 경제를 장악한 지주계급의 강력한 반발에 부딪혀 실패하고 말았다. 필리핀 현대사의 사회·경제적 불안정의 배후에는 극단적 토지 소유의 불균등이 배회하고 있다.

한국에서 토지개혁이 이루어지지 않았다면, 우리도 그들처럼 어두운 현대사의 터널을 걸었을 것이다. 물론 라틴아메리카와 필리핀의 사례를 곧바로 한국에 적용하기는 어렵다. 역사적 환경이 다르기 때문이다. 오랜 식민지 경험이 있고, 현대사에 초대받지 못한 원주민이 존재했으며, 플랜테이션 농업이 이루어지는 지형적 차이도 있었다. 그러나 한국 사회 역시 오래된 신분제도를 유지해왔다는 점에서 비록 플랜테이션이 아닌 소농 중심의 농업 구조였다고 하더라도 그것이 정치·사회적으로 미칠 부정적 유산을 결코 과소평가할 수 없다.

토지개혁이 이루어지지 않아 농촌 사회의 신분적 질서가 그대로 이어졌다면 전후 한국 사회의 특징인 '개천에서 용 나는' 일이 가능했을까? 그런 기회는 주어지지 않았을 것이다. 소작농의 자녀는 정상적인 교육을 받을 수 없었을 것이다. 소작농이나 도시 빈민의 운명을 거스르기 어려웠을 것이다. 신분 세습과 아울러 교육과 복지 분야의 양극화는 지금 우리가 겪는 것과 비교할 수 없을 만큼 벌어졌을 것이다.

반면 정치적으로 토지 귀족의 이해를 대변하는 지주의 정당은 필리핀 사례처럼 민주화가 이뤄졌더라도 토지제도 개혁에 적극적으로 저항했을 것이다. 그들은 자신의 이익을 지키기 위해 동원할 수 있는 돈과 권력이 있었다. 그런 상황에서 어떻게 정치적 발전을 기대하겠는가. 경제적으로도 토지 귀족은 지대 추구를 우선한다. 산업자본과의 충돌은 불가피하다. 그렇게 되었다면 수출지향형 산업화 대신 라틴아메리카의 수입대체형 산업화의 길을 걸었을 것이다. 세계적 명품을 소비하는 소수의 특권층과 구매력이 없는 다수의 빈곤층이라는 양극이 존재하는 사회에서 어떻게 내수산업이 발전할 수 있겠는가.

극단적 양극화와 계급 갈등 불렀을 것

사회적으로 일제강점기 급진적 농민운동의 전통을 고려해볼 때, 계급 갈등은 더욱 심각한 형태로 나타났을 것이다. 냉전 반공주의의 강압 체제에서 사파타의 후예들이 나타나기는 어려웠을 것이다. 그러나 토지 없는 농민들의 분노는 '끊임없이 좌절하는 급진주의'로 나타났을 것이다. 그것은 현대사의 비극이 아닐 수 없다.

한국의 토지개혁은 전쟁이라는 예외적인 상황에서 이루어졌다. 전반적으로 지주계급의 해체는 한국의 산업화와 민주주의의 발전에 기여했다. 그러나 농업과 농민의 관점에서 보면, 토지개혁이 곧바로 농민의 행복으로 이어지지 않았다. 여전히 한국의 농업은 불균형 발전과 개방의 물결 속에서 고통스러워하고 있다. 농민이 웃는 날은 언제쯤 올까?

북한군이 사흘간 서울에
머물지 않았다면

순조롭게 적화통일 했겠지만
미국이 핵 동원한 대대적 반격 했을지도

1950년 6월 25일 새벽 4시께, 옹진반도를 목표로 첫 공격이 시작된 뒤 몇시간 동안 38선 전역에서 북한군이 남진했다. 당시 북한군은 총 10개 사단 규모였는데, 7개 보병사단에 국경경비대, 예비사단 등을 합쳐 1개 사단 병력을 더 추가한 약 20만 병력이 '조국해방전쟁'에 동원됐다. 그야말로 북한 내에는 최소한의 병력만 남긴 채 모든 힘을 기울여 남침에 나선 것이다. 이들의 뒤에는 약 3천 명의 소련 군사고문단도 있었다.

비록 북한이 38선 전역에서 공격해왔지만, 주 공격로는 의정부~서울 선과 옹진반도~서울 선이었다. 2개 사단은 개성을 순식간에 점령하고 옹진반도를 손에 넣었고, 다른 2개 사단이 의정부를 향해 탱크를 앞세우고 거침없이 밀고 들어왔다. 국군은 4개 사단으로 수도권을 방어하고 있었지만, 말이 4개 사단이지 실제 병력은

전쟁으로 폐허가 된 서울. 한국전쟁 개전 직후 파죽지세로 서울 함락에 성공한 북한군은 이후 사흘간 진격을 멈췄다. 북한군의 이유 없는 지체는 한국전쟁이 남긴 최대 수수께끼 가운데 하나다.

정원의 절반에 불과할 뿐 아니라 북한군의 탱크와 중화기를 막을 수단이 없었다. 6월 25일이 일요일이었기에 기습 효과도 더욱 확실했다. 그래도 6월 26일 아침에는 국군 제7사단이 북한군 제4사단을 격파하는 등 반격의 실마리가 보임으로써 이승만과 트루먼에게 한때 희망을 주었으나, 결국 서울은 개전 사흘 만에 북한군의 손에 떨어졌다. 이승만은 라디오 방송에서 "정부는 서울을 사수할 것이며, 지금 국군이 북한 괴뢰 집단을 물리치고 있으니 국민 여러분은 아무 염려 말라"고 호언장담했으나 실제 그는 대전으로 피난 가 있었다. 대통령의 말을 곧이곧대로 믿은 많은 서울 시민들은 6월 28일 아침 북한군의 탱크가 서울 외곽에 나타나고서야 허둥지둥 피난 보따리를 쌌지만, 한강변에 닿자 그들을 기다리고 있던 것은 그날 새벽에 폭파돼 고철 더미가 된 한강철교였다.

1949년 6월 29일	주한미군 철수
1950년 1월 12일	애치슨 미 국무장관, 태평양방위선 연설
5월 29일	북한 남침선제타격계획 완성
6월 23일	국군 비상경계 해제
6월 25일	새벽 4시경 북한 남침
6월 27일	정부, 대전으로 이동
6월 28일	유엔안전보장이사회, 한국 군사지원 결의안 채택 북한군 서울점령
7월 1일	미 지상군 선발대, 부산 도착
7월 7일	유엔안보리, 유엔통합군사령부 설치 결의
7월 14일	국군 작전지휘권 유엔군총사령관에게 이양
7월 16일	정부, 대전에서 대구로 이동
8월 1일	낙동강 방어선 형성
8월 18일	정부, 대구에서 부산으로 이동
9월 15일	인천상륙작전
9월 23일	김일성, 북한군 총후퇴명령 하달
9월 29일	수도 환도식 거행(중앙청)
10월 2일	중공 외상 주은래, 중공군 개입 경고
10월 9일	유엔군 북진작전 개시
10월 19일	평양탈환
10월 25일	중공군 참전
1951년 1월 4일	유엔군 서울 철수(1·4후퇴)
1월 17일	정부, 정전안 반대
3월 15일	서울 재탈환
6월 1일	유엔 사무총장, 38도선에서 휴전성명 발표
7월 10일	휴전회담 개성에서 개막
10월 25일	휴전회담 판문점에서 재개
1952년 4월 28일	유엔군, 일괄타결안 제의
8월 5일	정부통령 선거(대통령 이승만, 부통령 함태영 당선)
1953년 7월 27일	휴전협정 조인

지체할 이유 없었는데 '수수께끼 같은 사흘'

이렇게 북한군은 최대한의 전력을 투입해 최소한의 피해만 입고 대한민국 수도를 점령하는 데 성공했다. 그런데 여기서 한국전쟁 최대의 수수께끼가 남게 된다. 수도권 방어전에서 국군이 사실상 궤멸되면서 북한군의 진격을 막을 것은 아무것도 없었다. 그럼에도 그들은 서울에 머문 채 사흘 동안 진격을 멈췄다. 남진을 재개한 것은 7월 1일이었다. 그때는 이미 미국이 남한을 돕기로 최종 결정하고, 첫 병력(미 24사단 21연대 1대대)을 부산에 상륙시킨 직후였다. 어째서 이렇게 중요한 시기에, 거의 모든 것을 걸고 주사위를 던진 일생일대의 도박판에서 김일성은 사흘을 머뭇거린 것일까?

진실은 통일이라도 돼서 북한 쪽 자료를 충분히 살펴볼 수 있어야 명확히 밝혀질 것이다. 아무튼 지금까지 그 수수께끼를 풀려는 여러 가지 해답이 나와 있다.

먼저 북한의 공식적 입장은 "남조선이 북침했기 때문"이라는 것이다. 한국전쟁을 어디까지나 남한과 미국의 도발에 맞선 '방어전'으로 보려는 태도에서 상황을 끼워맞춘 것인데, 이에 따르면 당시 북한은 남쪽의 도발에 전력으로 반격했다. 그런데 의외로 '침략자들'의 전력이 허술해 북한군의 반격에 맥없이 밀리기만 했고, 그래서 '얼떨결에' 서울까지 점령하게 되었다는 것이다. 이런 '뜻밖의 행운'에 당황하고, 앞으로 어떻게 해야 할지 계획이 없었기 때문에 사흘 동안 움직이지 않고 적의 동태를 관망했다는 것이다. 하지만 어느 모로 보나 북한의 의도적이고 계획적인 전면 공격이 뚜렷한 이상, 이런 설명은 설득력이 없다.

'후방에서의 역습'을 우려했기 때문이라는 설도 있다. 당시 북한군은 전속력으로 수도권을 점령했으나 강원도 전선에서는 진격이 지지부진했다. 동부 지역 국군의 저항을 놔둔 채로 수도권의 북한군이 남진한다면 자칫 등 뒤에서 역습당할 우려가 있었고, 그래서 동부에서도 승리하기를 기다리지 않을 수 없었다는 것이다. 하지만 당시 북한군은 동부에서 국군에게 밀렸다기보다는 수도권 전선에서처럼 있는 힘을 다하지 않고 있었다. 굳이 강원도를 점령하기보다는 그 지역의 국군과 대치하며 수도권으로 구원 병력을 보내지 못하게 막는 모습이었다. 또한 동부가 염려됐다면 수도권 확보가 확실해진 즉시 동부에 전력을 집중했어야 하는데, 서울 점령 뒤에도 별로 그런 모습이 없었다.

상당히 유력한 설명 중 하나는 북한군의 보급에 차질이 빚어졌다는 설이다. 당시 북한군은 최단시간 내에 서울을 점령하느라 탱크와 야포 지원 병력 외의 보병은 최대한 경무장시켜 기동력을 극대화했다. 그래서 한강 등을 건널 도하(渡河) 장비를 비롯한 보급물자는 뒤이어 도착하기로 되어 있었고, 특히 소련에서 중국으로, 다시 북한으로 상당수 물자가 릴레이되도록 계획되어 있었다. 그러나 중국에서 북한으로 물자가 넘어오는 과정에서 손발이 맞지 않아 예정보다 일정이 지연됐고, 특히 도하 장비가 늦게야 서울에 도착했다. 그러므로 북한군은 사흘 동안 한강을 건너 진격하고 싶어도 그럴 수 없었다는 설명이다. 상당히 신빙성이 있는 설명이며, 한강 철교 폭파로 북한군이 도하에 어려움을 겪은 것도 사실이다. 하지만 결국 북한군은 딱히 도하 장비에 의존하지 않고도 7월 1일 이후 한강을 넘어서 남진했다. 어떻게 해서든 남진하려고 총력을 기울였다면 사흘씩이나 지체할 이유는 없었던 셈이다.

그런데 북한군의 사흘 지체가 그런 계획상의 차질 때문만이 아니라, 애초에 정한 북한의 전쟁 목표 때문이라는 설도 유력하다. 당시 북한군이었다가 전쟁포로를 거쳐 남한에 남게 된 병사들은 상관들로부터 "우리는 '해방전쟁'을 수행하되 일주일 동안 서울을 해방시킬 것이다. 남조선의 심장인 서울을 장악하면 곧 남조선 전체를 장악하게 된다. 남조선 국회를 소집해 대통령을 새로 뽑은 다음 통일협약을 비준토록 하면 어느 나라도 우리의 통일을 부정하고 간섭하지 못할 것이다"라는 설명을 들었다고 증언한다. 다시 말해서 북한은 본래 남한 전체를 장악하지 않고 수도권 점령으로 전쟁을 마치려 했다는 것이다. 북한이 동부전선에서는 전투에 적극적이지 않았다는 사실, 보급 물자 조달에 소홀했다는 사실, 당시 북한군 부대에 지급된 남한 지도가 평택까지만 표시됐다는 사실 등이 이를 뒷받침한다.

그러나 과연 병사들의 증언대로 북한이 '새로운 남조선 정부를 세운 다음 합법적 통일을 달성'하려는 시나리오대로 움직였을까 하는 점에는 다소 의문이 든다. 포로가 된 남한의 각료나 국회의원이 북한이 바라는 대로 움직였을까 하는 문제도 있지만, 그들이 동의한다고 해서 '합법적'인 대한민국의 해체와 통일이 뚝딱 이루어질 수는 없기 때문이다. 결국 전 국민을 대상으로 하는 선거로 새 정부를 구성하고 다시 투표로 통일 여부를 결정하는 과정이 필요했을 텐데, 이는 서울만 장악한 상태로는 어려운 일이다. 억지로 '합법적 통일'을 주장해봤자 남쪽으로 피신해 있던 이승만이나 미국이 인정할 리 없었다.

북한군이 수도권 장악만을 본래 목표로 삼았다는 가설을 깨트리지 않으면서 새로운 가설을 덧붙인다면, 남한 고위 정치인과 서울 시민을 볼모로 삼은 상태에서 미국과 협상해 북한에 최대한 유리한 조건을 얻어내려 했으리라는 것이다. 유리한 조건이란 무엇일까? 우선 북한 정부의 승인이다. 당시 대한민국 정부는 유엔에 의해 '한반도 남부의 유일한 합법 정부'로 인정받았던 반면, 북한은 그렇지 못했다. 따라서 정통성에서 남한보다 뒤지는 처지를 만회할 필요가 있었다. 또한 임진강 서쪽 지역, 즉 옹진반도와 개성 일원 등 당시 38선 경계상 남한에 속하던 지역을 사실상 할양받는 것이다. 이 지역은 북한의 남침에 유리한 한편 남쪽에서 북쪽으로 치고 올라가기에도 유리하므로, 김일성으로서는 어떻게든 손에 넣고 싶었던 지역이다. 수도권에 집중된 북한군의 공세가 둘로 나뉘어 전개되며, 서울보다 먼저 이 지역을 장악하는 쪽으로 움직인 것을 봐도 짐작할 수 있다.

미국의 승인으로 부족한 정통성을 보충하고, 전략적으로 유리한 고지를 점령한다. 그리고 패전으로 권위가 추락한 이승만 정부를 지속적으로 흔든다면 조만간 남한에서 혁명이 일어나 자연스럽게 한반도 적화를 달성할 수 있다. 김일성의 머릿속에는 이런 계산이 있지 않았을까.

그러나 일이 이런 식으로 풀리지는 않았다. 이승만과 미국, 그리고 남한 국민의 항전 의지가 예상보다 훨씬 강력했기 때문이다. 북한군이 서울에서 사흘을 머무는 사이에 미국은 소련의 불참 속에 유엔 안전보장이사회에서 한국전 개입 결의를 이끌어내고, 유엔군 결성보다 한 걸음 앞서서 미군을 한반도에 들여보냈다. 김일성

남진하고 있는 북한군. ©국가기록원

은 일생일대의 승부에서 통일을 달성하기는커녕 하마터면 파멸할 뻔했고, 이후 동족을 살육한 원흉이라는 멍에를 길이 지고 가게 되었다.

국내외 정치적 입지 계산해 전쟁 뛰어든 미국

만약 김일성이 다르게 판단했다면, 북한군이 쉬지 않고 남쪽으로 진격하도록 명령했다면 어떻게 되었을까? 3~4일 내로 부산까지 북한의 손에 들어가고, 발 디딜 곳을 잃은 미군이 개입을 망설이는 사이에 적어도 7월 중순 이전까지는 한반도 전역이 평양의 지배하에 들어갔으리라는 데 거의 모든 학자의 의견이 일치한다.

문제는 그 이후다. 만약 북한이 남한에 대한 무력 점령을 기정사실화하고 순조롭게 '공산 통일한국'을 건설해나가는 동안 미국은 속수무책으로 바라만 보고 있었을까?

애초에 미국이 한반도의 전략적 가치를 높이 평가하지 않았다는 근거는 많다. 김일성과 스탈린의 전쟁 결심을 굳혀주었다는 유명한 사건, 즉 1950년 1월 12일의 '애치슨 라인' 발표에서 한반도가 미국의 주된 방위 지역에서 제외됐고, 1950년 초 남침이 있을지 모른다는 보고가 여기저기서 들어왔는데도 미국이 별다른 조치를 취하지 않았다는 사실을 여러 기록과 증언에서 확인할 수 있다. 한국전쟁이 발발한 직후에도 백악관의 우선 관심사는 이 틈을 노려 중국이 대만을 침공하지는 않을까 하는 데 쏠려 있었다.

그러나 한편으로 당시 미국은 남한의 몰락을 바라만 보고 있을 수 없는 상황이기도 했다. 당시 소련은 루마니아, 체코슬로바키아, 헝가리 등에서 잇달아 공산정권을 세우며 '영토 확장'에 성공하고 있었다. 아시아에서는 중국 공산화에 이어 대만이 침공 위기에 직면했을 뿐 아니라 필리핀에서도 공산 반란이 일어났다. 미국이 과연 '세계 공산혁명'을 막아낼 수 있을까 하는 의문이 제기되던 때였다. 그런 상황에서 유엔이 합법 정부로 인정했고 미국이 후원해온 나라가 무력으로 정복되는 일을 용인한다면, 공산주의는 '도미노'처럼 차례차례 자유 진영 국가를 무너뜨리며 걷잡을 수 없이 확산될지 몰랐다.

미국의 국내 정치 문제도 있었다. 제2차 세계대전이 끝나자 연방정부는 최대한 부풀렸던 군과 국방 예산 규모를 3분의 2가량 축소했다. 이를 불만스레 여긴 국방부와 군수업체, 대외 강경파 정치인들은 다시 군비 증강을 할 명분이 생기게끔 "어디서든 전쟁이 하나 터져주기만" 학수고대하던 참이었다. 또한 조지프 매카시와 더글

러스 맥아더를 비롯한 반공주의자들은 한국전쟁을 사전에 막지 못한 이유가 "정부 내 빨갱이들과 우유부단한 트루먼 때문"이라고 비난과 선동을 일삼고 있었다. 이런 상황에서 뭔가 하지 않으면, 미국 민주당과 온건파의 정치적 입지도 위험해질 것이었다. 따라서 미국은 제3차 세계대전을 일으킬 위험이 없는 한 한반도 적화통일을 두고 보지 않았을 것이다.

북한과 합작으로 한국전쟁이라는 작품을 만들기는 했지만, 스탈린은 김일성을 위해 미국과 정면으로 대결할 마음은 없었다. '한반도 남부의 유일 합법 정부'라는 대한민국의 정통성도 걸림돌이었다. 유엔이 정통성을 인정한 정부가 침략전쟁으로 소멸한다면 유엔의 존재 가치가 의문시될 수밖에 없다. 미국이 유엔의 승인 절차를 포기하고 한반도에 직접 개입한다면, 유엔은 국제연맹처럼 유명무실해질 것이다. 그렇다면 소련이 애써 확보한 안보리 상임이사국 지위는 물론 신생 유엔 회원국 다수가 친소 성향이라는 유리함도 포기해야 했다. 안보리에서 한반도 관련 결정이 이루어지는 내내 소련이 중국 가입 문제를 들어 불참한 배경에는 이런 고충이 있었을 수 있다. 북한을 대놓고 후원할 수도 없고, 제재에 동참할 수도 없었기에. 북한군이 서울에 머물며 한반도 남부를 석권할 기회를 흘려보낸 까닭도 이런 정치적 고려 때문이었을지 모른다.

더 큰 죽음과 파괴 불렀을 수도

그러므로 만약 김일성이 이런 곤란함을 무릅쓰고 한반도 전체 점령을 강행했다면, 조만간 미군의 대대적인 공격에 직면했을 가능성이 높다. 실제 역사와 달리 거점이 없는 상태의 공격이므로, 먼저 평양과 서울 등을 항공력으로 초토화한 뒤 상륙작전을 감행하는 식이었으리라. 항공력은 제2차 세계대전 때와 같은 무차별 융단폭격, 또는 핵 공격이었으리라.

결국 어떤 이유에서든 북한군이 서울에서 사흘을 지체함으로써, 한반도는 더 큰 죽음과 파괴의 악몽에서 놓여날 수 있었다.

만주에 원자폭탄이 투하됐다면

동북아 전쟁으로 확대되며 제3차 세계대전으로 이어졌을 수도…
한반도의 상흔은 더욱 깊었을 것

맥아더가 만주를 폭격했다면? 그것도 원자폭탄을 투하했다면?
그랬다면 과연 제3차 세계대전이 일어났을까?

20세기는 두 번의 세계대전으로 기억되는 전쟁의 세기다. 한국
전쟁은 제한전쟁이었다. 세계대전으로의 확전이 이루어지지 않았
다. 세계사의 시각에서 보면 가슴을 쓸어내릴 수 있다. 대신 한반
도 안에서 치러진 전쟁이라는 사실은 전쟁의 밀도, 야만의 강도,
그리고 구토의 정도를 크게 했다.

노회한 맥아더, 전쟁 확대에만 골몰

여전히 전쟁의 상처는 깊다. 60년이 지났지만 전쟁의 트라우마
가 한반도를 배회한다. 한국전쟁을 바라보는 수만 가지 시선이 있
다. 여기서 만주 폭격론을 재검토하는 이유는 그것이 전쟁을 이해

1949년 6월 29일	주한미군 철수
1950년 1월 12일	애치슨 미 국무장관, 태평양방위선 연설
5월 29일	북한 남침선제타격계획 완성
6월 23일	국군 비상경계 해제
6월 25일	새벽 4시경 북한 남침
6월 27일	정부, 대전으로 이동
6월 28일	유엔안전보장이사회, 한국 군사지원 결의안 채택 북한군 서울점령
7월 1일	미 지상군 선발대, 부산 도착
7월 7일	유엔안보리 유엔통합군사령부 설치 결의
7월 14일	국군 작전지휘권 유엔군총사령관에게 이양
7월 16일	정부, 대전에서 대구로 이동
8월 1일	낙동강 방어선 형성
8월 18일	정부, 대구에서 부산으로 이동
9월 15일	인천상륙작전
9월 23일	김일성, 북한군 총 후퇴 명령 하달
9월 29일	수도 환도식 거행(중앙청)
10월 2일	중공 외상 주은래 중공군 개입 경고
10월 9일	유엔군 북진작전 개시
10월 19일	평양탈환
10월 25일	중공군 참전
1951년 1월 4일	유엔군 서울 철수(1·4후퇴)
1월 17일	정부, 정전안 반대
3월 15일	서울 재탈환
6월 1일	유엔 사무총장, 38도선에서 휴전성명 발표
7월 10일	휴전회담 개성에서 개막
10월 25일	휴전회담 판문점에서 재개
1952년 4월 28일	유엔군, 일괄타결안 제의
8월 5일	정부통령 선거(대통령 이승만, 부통령 함태영 당선)
1953년 7월 27일	휴전협정 조인

만약에 한국사

하는 또 다른 실마리이기 때문이다.

만주 폭격을 둘러싼 대립은 곧 트루먼과 맥아더의 전쟁으로 표현된다. 이 전쟁은 대통령과 장군의 대결, 그것만은 아니다. 트루먼 대통령을 비롯한 미국 행정부는 한국전쟁 초기부터 이 전쟁이 세계대전으로 확대될 가능성을 걱정했다. 그래서 전쟁의 성격을 '제한된 국지적 도발'로 규정했다. 그러나 맥아더는 처음부터 한국전쟁이 성에 차지 않았다. 그는 더 큰 전쟁을 원했다. 그가 꿈꾸는 전쟁은 중국 공산당 정부로 상징되는 아시아 공산주의에 맞서는 십자군 전쟁이었다.

맥아더, 문제적 인물이다. 한국에서 맥아더는 여전히 이데올로기다. 그는 누구인가? 한국전쟁이 발발했을 때, 그의 나이 일흔 살이었다. 그는 언제나 일등이었다. 제1차 세계대전 당시 프랑스 전선에서 최연소 사단장을 지냈다. 또 최연소 웨스트포인트 교장, 최연소 육군참모장, 최연소 소장, 최연소 대장 등 그의 경력 앞에는 수많은 '최연소' 기록이 붙었다. 1918년 처음 '별'을 달았고, 잠깐의 전역 기간을 제외한다 해도 거의 30년을 장군으로 지낸 '만년 장군'이었다.

맥아더 편에는 장제스의 재기를 바라는 노회한 중국 로비스트들이 있었다. 그리고 이념 빼면 시체인 미 공화당 반공주의자들이 강력한 동맹군이었고, 《타임》과 《라이프》를 소유한 헨리 루스 같은 든든한 후원자들도 있었다. 그들은 한국전쟁이 터지자 환호했다. 드디어 미국과 중국이 대결할 수 있게 되었다고 생각했다. 중국 공산당을 무찌를 기회가 온 것이다.

역사에서 그들은 패배했다. 만주 폭격은 이루어지지 않았다. 그

맥아더(가운데)에게 '제한된 국지적 도발'로서의 한국전쟁은 성에 차지 않았다. 그가 꿈꾼 한국전쟁은 아시아 공산주의에 맞서는 십자군 전쟁이었다. 반면 스탈린은 한국전쟁의 확전을 원치 않았다. ⓒ김을한

러나 이 문제를 둘러싼 전투의 과정은 결코 만만하지 않았다. 한반도에서 벌어진 진짜 전쟁만큼이나 치열한 전투였다.

한국전쟁이 발생한 초기 미국은 다급한 나머지 장제스의 군대를 투입하는 방안을 실제로 검토했다. 그러나 애치슨 국무장관 등은 이러한 제안을 강력하게 반대했다. 장제스를 밀어주는 행위가 전쟁을 크게 만들 위험성이 있고, 그것은 미국 외교정책을 망치는 행위라고 생각했다.

합리적 이성을 가진 미국의 당국자들은 장제스의 실체를 정확하게 파악하고 있었다. 장제스가 1949년 1월 21일 그동안 모아놓은 금괴를 챙겨 대만으로 도망갈 때까지, 미국은 장제스 정권에 총 25

억 달러 규모의 지원을 했다. 그러나 미국이 지원한 돈은 장제스 정권의 '부패의 아가리'에 족족 들어갔다. 무기는 부패의 사슬을 거쳐 공산군 차지가 됐다. 장제스의 행적을 아는 사람들이 그의 재기를 어떻게 믿겠는가.

한국전쟁 초기 제한전쟁론을 생각하던 워싱턴 입장에서 맥아더의 호언은 언제나 눈엣가시였다. 인천상륙작전은 그런 점에서 맥아더를 살렸다. 맥아더는 성공 확률이 5천분의 1로 평가되던 이 작전을 성공시켰다. 맥아더의 담대함이 빛을 발한 순간이었다. 만약 맥아더가 인천상륙작전 직후에 은퇴했다면, 그는 영원한 전설로 남았을 것이다. 인천상륙작전의 성공은 맥아더에게 십자군 원정의 야망을 다시 한 번 불러일으켰다. 과도한 욕심은 현실 판단의 시야를 흐리게 했다. 맥아더는 중공군을 얕잡아봤다. 중국의 움직임에 주의를 기울이지도 않았다. 그래서 입만 열면 중국과의 전쟁을 주장했지만, 실제로 중공군이 압록강을 넘어올 것이라고 생각하지는 않았다. 결국 이러한 오판은 나중에 그의 무능을 증명하는 근거로 작용했다.

반면 마오쩌둥은 이미 한국전쟁 발발 직후 이 전쟁이 곧 자신의 전쟁이라고 생각했다. 인민군이 남침한 직후 미국이 제7함대를 대만해협에 보냈을 때, 마오쩌둥은 해전이나 공중전으로 미군과 붙는 것보다 한반도 땅 위에서 맞붙는 게 승산이 있다고 생각했다. 그래서 중공군은 대만해협을 건너는 대신, 얼어붙은 압록강을 걸어서 건넜다.

장제스 군대 투입 계획을 워싱턴서 제동

미군은 패배했다. 압록강에서의 참패는 인천상륙작전의 승리를 덮을 만큼 컸다. 결국 한국전쟁의 솜씨 좋은 구원투수, 매슈 리지웨이 장군이 제8군의 지휘권을 이어받았다. 리지웨이는 한국전쟁을 새로운 국면으로 돌려세웠다. 그는 중공군에 쫓겨 서울을 다시 내주면서 황급히 도망치던 국면을 일시에 정비하고, 한반도의 허리에서 팽팽한 교착 국면을 이어갔다. 리지웨이의 승리는 맥아더의 자존심에 깊은 상처를 남겼다.

맥아더는 또 다른 전쟁에 승부를 걸었다. 트루먼과의 마지막 일전이다. 맥아더는 1951년 3월 24일 한국을 방문했을 때, 또다시 중국을 모욕했다. 입버릇처럼 하던 발언이었다. 하지만 이번에는 시점이 좋지 않았다. 그 발언은 조심스럽게 중국과 평화협상을 모색하던 트루먼 행정부의 노력에 찬물을 끼얹는 결과를 가져왔다.

트루먼은 맥아더의 해고를 더 이상 미뤄서는 안 되겠다고 결심했다. 명분은 맥아더가 제공했다. 그즈음 공화당 대표 조지프 마틴에게 보낸 서신에서 맥아더는 "장제스의 군대를 활용하여 아시아에서 공산주의를 몰아내야 한다"며 "이러한 생각에 반대하는 세력과 최대한 강경하게 맞설 것"이라고 썼다. 맥아더는 이 편지를 공개해도 좋다고 말했다.

4월 5일 마틴이 편지를 공개했다. 트루먼 대통령에게는 직격탄이었다. 그즈음 도쿄 주재 다른 나라 대사관들은 본국에 맥아더의 확전 의사를 보고하느라 바빴다. 이런 정보를 접한 트루먼 대통령은 책상을 내리치면서 "이런 매국노가 있나?"라며 혀를 찼다고 한다.

4월 11일 맥아더는 해임됐다. 파장은 만만치 않았다. 맥아더가

한국전쟁 초기 미국은 원자폭탄 활용 가능성을 배제하지 않았다. 물론 그 계획이 실행됐다면 전장이 동북아와 동유럽으로 확대됐을 개연성은 충분했다.

도쿄를 떠날 때 25만 명의 일본 사람들이 미·일 양국의 국기를 흔들며 눈물을 흘렸다. 미국에 도착해서 하와이, 샌프란시스코 그리고 뉴욕을 지날 때, 그보다 훨씬 많은 인파가 거리로 쏟아져 나왔다. 그리고 노회한 장군은 자신의 해임 관련 청문회에서 연설을 했다. "노병은 죽지 않는다. 다만 사라질 뿐이다"라는 군가의 가사를 인용하며 소회를 밝혔다. 여기에는 공화당의 욕심도 작용했다. 그들은 청문회가 맥아더를 위한 무대가 될 수도 있다고 생각했으며,

그 무대에서 '겁쟁이 대통령에게 모함을 받고 배신당한 위대한 애국자'의 진면목을 보여주고 싶어했다.

그렇지만 맥아더와 공화당은 군중의 심리를 제대로 파악하지 못했다. 전사자가 늘어나고, 전선은 교착되고, 민주당 정부가 중공에 타협적 자세를 취하는 상황에 미국인이 실망한 것은 사실이다. 이런 심리는 이미 1950년 11월 중간선거에서 민주당의 패배로 확인됐다.

그렇지만 맥아더와 공화당이 간과한 것이 있다. 미국 국민은 아시아에서 더 큰 규모의 전쟁을 원하지 않았다. 맥아더와 공화당은 그것을 몰랐다. 사흘 내내 이어진 청문회는 맥아더의 오판과 독선, 그리고 자기과시의 면모를 들춰내는 계기가 됐다. 워싱턴의 합동참모, 국방부 고위 관료, 한국전쟁 참전 관계자들 모두 맥아더의 오판으로 압록강에서 당한 쓰라린 패배의 기억을 강조했다. 맥아더는 청문회에서 장제스의 군대가 "약 50만 명의 정예부대"이며 전투력 면에서 "중국 공산군과 거의 맞먹는 수준"이라고 주장했으나, 이런 주장에 수긍하는 사람은 아무도 없었다.

맥아더는 결국 졌다. 트루먼은 역사의 정당한 평가를 받을 수 있는 근거를 남긴 반면, 맥아더는 1952년 공화당 경선 과정에서 자연스럽게 '잊혀진 사람'이 됐다. 대통령은 그의 부관 출신이면서 언제나 맥아더가 가진 반대의 덕목을 지녔던 아이젠하워에게 돌아갔다. 노회한 장군은 역사의 무대에서 사라졌다.

맥아더의 오판·무능 까발린 청문회

만약 맥아더 세력이 승리해서 만주를 폭격했다면 어떻게 됐을까? 나아가 원자폭탄을 터트렸다면? 원자폭탄은 가공할 파괴력을 지닌 절대무기지만, 가장 사용하기 힘든 무기이기도 하다. 히로시마와 나가사키에 원폭이 투하되었을 때, 서구의 문명인들은 충격을 받았다. 양심에 대한 경고의 목소리가 승리에 대한 집착을 능가할 만큼, 핵폭탄의 피해는 과학이 아니라 도덕적 판단 대상이 됐다. 한국전쟁 당시는 1949년 8월 소련이 원자폭탄 실험을 한 이후였기 때문에, 핵전쟁의 공포도 무시할 수 없었다.

위싱턴에서는 한국전쟁 초기부터 원자폭탄 사용이 거론됐지만, 당시 미 국방부는 한국전쟁이 핵무기를 사용할 만큼의 절박성이 있는지 결론내리지 않았다. 이후 중공군이 개입하고 전세가 엎치락뒤치락하면서 원자폭탄의 사용 가능성은 수그러들지 않았다. 1950년 11월 30일 트루먼 대통령도 기자회견에서 원자폭탄의 사용 가능성을 배제하지 않았다. 그리고 맥아더가 1951년 2월 11일 위싱턴에 보고한 내용에는 "적의 주요 보급로에 원자력 방사능 폐기물을 설치해서 만주 지역과 한반도를 영원히 분리하겠다"는 구상이 들어가 있었다. 상상할 수 없는 끔찍한 생각이었다.

물론 원자폭탄은 끝내 투하되지 않았다. 그럼에도 만약 투하되었다면, 맥아더 신봉자들의 생각처럼 한국전쟁의 조기 승리로 이어졌을까? 그렇지 않았을 가능성이 크다. 당시 동북아 정세, 전쟁에 대한 중국의 인식, 이 모든 것을 고려해보면 원자폭탄은 중국의 전쟁 의지에 큰 영향을 미치지 않았을 것이다. 마오쩌둥은 미국이 원자폭탄을 사용한다면 수류탄으로 대응하겠다고 말하기도 했으며, 인도 총리 네루를 만났을 때는 "중국 인구가 얼만데"라며 미국의 원자폭탄을 '종이호랑이'에 비유했다. 일본에 떨어진 원자폭탄은 패배의 조종(弔鐘)이었지만, 만약 중국에 떨어졌다면 그것은 새로운 전쟁의 시작을 알렸을 것이다.

무엇보다 스탈린의 생각이 달라졌을 가능성이 있다. 스탈린은 어떻게 해서든지 제3차 세계대전을 피하려 했다. 전후 소련 체제의 안정과 미국과의 국력 격차를 고려한 선택이었다. 한국전쟁은 스탈린의 입장에서 미국의 발목을 한반도에 묶어 유럽에서의 대결을 피하고, 그 과정에서 동유럽 사회주의를 강화할 시간을 벌게 해주었다.

발칸반도가 3차 대전 전장 됐을 가능성 커

하지만 한국전쟁이 동북아 전쟁으로 확대된다면 이야기는 달라진다. 미국과의 전면전을 다소 꺼렸던 스탈린도 더는 소극적 태도로 일관하기 어렵게 된다는 뜻이다. 당시 동유럽 국가들은 미국의 야심찬 유럽 부흥계획인 마셜플랜으로 심하게 동요하고 있었다. 유고슬라비아 티토의 경우 분명한 탈스탈린 노선을 견지하며 미국으로부터 원조를 받기 시작했다. 그런 점에서 스탈린은 제3차 세계대전의 전장으로 발칸반도를 선택했을 가능성이 크다. 실제 1950년 6월 "발칸 대신 한국에서 전쟁이 났다"는 평가가 분명 있었다. 새로운 전장으로 베를린은 너무 직접적이었고, 대만이나 일본에 대한 침공은 역부족이었다. 만주 폭격 명령이 떨어졌다면 한반도와 발칸반도의 역사도 조금 뒤바뀌었을 개연성은 충분하다. 그렇게 되면 우파가 불안한 승리를 거둔 그리스에서도 다시금 내전의 불길이 타올랐을 가능성이 있다.

그렇다면 제3차 세계대전의 와중에서 한국전쟁은 어떻게 되었을까? 휴전협상은 미루어졌을 것이다. "비기기 위해 죽어야 하는 전쟁"이라는 누군가의 넋두리처럼, 38선을 중심으로 지루한 살상의 밀고 당기기를 계속했을 것이다. 제3차 세계대전의 영향으로 미국과 소련의 집중력이 분산됐을 가능성이 있지만, 그만큼 내전의 광폭함은 심해졌을 것이다. 승패를 가리지도 못하면서 누구도 매듭을 짓지 못하는 전쟁, 그렇게 되었다면 아찔한 뿐이다. 야만의 기억들은 지금도 충분하다. 그 전쟁이 몇 년 더 지속되었다면 상상하기 어려운 상처를 남겼을 것이다.

미국이 이승만을 제거했다면

군부 쿠데타 지원 계획까지 세웠다가 무산
'정정 불안·쿠데타·빈곤' 제3세계 정치 악순환 재현됐을 가능성 커

대한민국 초대 대통령 이승만은 흔히 대표적 친미 정치인이며 미국과 밀착한 결과 권력을 움켜쥘 수 있었다고 알려져 있다. 크게 볼 때 틀린 말은 아니다. 하지만 이승만과 미국의 관계가 늘 순탄하지는 않았다. 순탄하기는커녕 '마이 웨이'를 고집하는 이승만에게 진절머리가 난 미국이 은밀히 그를 제거하려는 계획을 검토한 적이 한두 번이 아니었다.

미국은 왜 이승만을 제거하려 했고, 또한 왜 그 계획을 실행에 옮기지 않았을까? 당시 미국의 한반도 정책이 세 가지 전략 목표 아래에서 이리저리 흔들리고 있었기 때문이다. 첫째, 남한에서 자유민주주의 체제를 유지한다. 둘째, 한반도에 강력한 친미 반공 정권을 세운다. 셋째, 되도록 한반도 문제에 깊이 관여하지 않는다.

이승만 대통령은 대표적 친미 정치인으로 알려져 있지만 미국과의 관계가 늘 원만했던 것은 아니다. 미국은 심지어 1950년대 초 수차례 이승만 제거 작전을 검토하기도 했다. 이를 주도했던 사람 가운데 한 명이 당시 유엔군 사령관 마크 클라크(오른쪽)다.

미국과 애증의 관계였던 이승만

이 세 가지 목표에는 서로 모순되는 부분이 있었다. 당시는 제2차 세계대전이 끝나고 새로운 초강대국으로 떠오른 미국이 아직 그 제국적 정체성을 확립하지 못한 상태였고, 동북아시아는 그 이전까지 미국의 주요 관심 지역이 아니었기 때문에 그처럼 상호 모순된 목표가 동시에 존재할 수 있었다. 이런 모순을 안고 미국은 남북 분단과 미군정, 그리고 한국전쟁에 임했다. 만약 두 번째 목표를 강조한 맥아더나 매카시 같은 사람들의 주장이 우세했다면 중국과의 전면전이 벌어졌을지 모르고, 세 번째 입장이 확고한 브래들리나 아이젠하워의 목소리가 압도적이었다면 미국이 한국전쟁에 개입하지도 않았을지 모른다.

1950년 5월 30일	총선 결과 야당 압승	
1951년 11월 30일	대통령 직선제 개헌안 국회 제출	
1952년 1월 18일	대통령 직선제 개헌안 국회 부결	
5월 25일	부산과 경상남도, 전라남도, 전라북도의 23개 시·군 계엄령 선포	
5월 26일	부산 정치 파동	
5월 29일	부통령 김성수, 이승만 대통령을 탄핵하고 사표 제출	
6월 20일	부산 국제 구락부 사건	
6월 25일	이승만 대통령 암살 미수사건 발생	
7월 4일	1차 개헌(발췌개헌)	
8월 5일	정부통령 선거(대통령 이승만, 부통령 함태영 당선)	

그래도 첫 번째 목표, 즉 남한의 자유민주주의 체제를 유지한다는 목표가 두루 공감을 얻으면서 미국은 유엔군의 일원으로 한국전에 참전하되 확전은 피한다는 결정을 내렸다. 그런 미국이 볼 때 남한의 지도자 이승만의 행동은 갈수록 당혹스러웠다. 국회 내에 확실한 지지 세력을 갖고 있지 않았을 뿐 아니라 전쟁 책임과 거창 양민 학살 문제 등으로 반대 여론에 직면한 이승만이 전시라는 특수 상황을 이용해 독재체제를 확립하려 했기 때문이다.

당시 헌법은 대통령을 국회에서 선출하도록 했기 때문에 그대로 가다가는 다음 선거에서 이승만은 실각할 것이 확실했다. 더구나 국회는 한술 더 떠 권력구조를 아예 내각책임제로 뜯어고칠 준비까지 하고 있었다(1952년 4월 17일 개헌안 제출). 이에 이승만은 한 달 뒤인 5월 14일 국민 직선제 개헌안으로 맞불을 놓았다. 5월 25일에는 '부산 정치 파동'을 일으켰다. 공비가 출몰한다는 이유로 부산, 경남, 전남·북에 비상계엄을 선포하고 군대를 동원해 국회의원 50여 명을 체포해 그중 11명을 '공산당 간첩 혐의'로 구속했던 것이다.

이승만의 독재자 행보, 미국 불만의 원인

이 사태는 국제적인 비난 여론을 몰고 왔다. 미국이 난처해졌다. 민주정부를 지킨다는 명분으로 전쟁에 참여했는데, 그 결과 독재정부를 세우는 데 힘을 보태주게 된다면 국내외에서 비판이 끊이지 않을 것이었다. 이후 냉전이 심화됐을 때는 "친미이기만 하다면 독재라도 상관없다"는 입장이 굳어지지만, 당시까지의 미국에게는 민주주의를 수호하고 촉진한다는 이미지가 중요했다. 또한 이승만은 미군정 시절부터 '사고뭉치'(군정사령관 하지 중장의 표현)로 백악관에 악명이 자자했다. 마침내 미국은 부산 정치파동을 계기로 이승만 제거 계획을 검토하기 시작했다.

기밀 해제된 미국 정부문서에 따르면, 처음 쿠데타 계획을 세우고 미국의 협조를 타진해온 쪽은 이종찬 참모총장을 비롯한 한국 군부세력이었던 것으로 알려져 있다. 5월 말 그들은 미국이 묵인해준다면 자신들이 제2병참사령부 병력을 동원해 이승만과 핵심 각료들을 체포하고, 국회에서 대통령 선거를 실시하게 한 뒤 원대 복귀하겠다고 밝혔다. 미국은 쿠데타 자체는 크게 반대하지 않으면서도 한국 군부가 전면에 나서는 문제를 놓고 결단을 내리지 못했다. 또한 군부에서는 이승만을 죽이는 것이 불가피하다고 보았지만, 미국 쪽은 너무 지나치다고 여겼던 것 같다.

하지만 한 달쯤 뒤 이승만이 국회를 해산하려 들고 야당에서는 이승만 암살을 시도하는 등 정치 상황이 더욱 험악해지자 미국이 쿠데타 계획을 적극적으로 검토하기 시작했다. 6월 말 유엔군 사령관 마크 클라크가 작성해 백악관에 넘긴 쿠데타 계획은 "적당한 구실로 이승만을 부산 밖으로 유인한다. 유엔군이 이승만의 핵심 각

료들을 체포한다. 이승만이 국정 정상화에 동의하지 않는 한, 유엔
군이 과도정부를 수립한다"는 내용이었다.

물론 계획은 계획으로 그쳤다. 백악관, 국무부, 국방부, 미대사
관, 유엔군사령부, 미8군 등이 제각기 계획에 참여하면서 목소리
가 통일되지 않은 이유가 컸다. 가령 무초 대사는 장면을 차기 대통
령으로 앉히는 방안을 주장한 반면, 애치슨 국무장관은 조병옥을
선호했다. 국무부는 한국 군부에 주도적 역할을 맡기려 했고, 유엔
군사령부는 이에 반대했다. 이렇게 시간이 지나는 사이에 이승만
은 장택상 총리가 내놓은 '발췌개헌안'을 놓고 국회를 열었다. 이승
만이 추구해온 직선제에 야당 쪽 개헌안 내용을 약간 덧붙인 발췌
개헌안이 상정되자 미국은 "이대로 사태가 진정되는 게 최선이 아
닌가"라는 입장으로 선회했다. 야당 인사들에게는 "개헌에 협조하
라"며 압력을 행사했다. 결국 7월 4일 발췌개헌이 이루어졌다.

이것이 이승만의 첫 번째 위기였다. 그로부터 1년도 되지 않아,
미국은 다시 한 번 이승만 제거를 검토했다. 이번에는 이승만의 독
재가 아니라 휴전협정 거부가 문제였다. 1953년 미국은 한국전쟁
에 지쳐 있었다. '한국전쟁 종결'을 공약으로 내건 아이젠하워가 대
통령에 당선됐다. 미국은 얼른 전쟁을 마무리짓고 한반도에서 물
러나려 했으나, 이승만이 완강히 반대했다. 그는 '북진통일'을 거
듭 주장하며 "유엔군이 응하지 않으면 한국군 단독으로 북진하겠
다"고 엄포를 놓고 있었다.

이승만 체포 뒤 유엔군 군정 선언도 검토
물론 당시 한국군의 전력을 볼 때 단독 북진은 계란으로 바위를

깨트리겠다는 것과 마찬가지였다. 이를 모를 리 없는 이승만이 필사적으로 휴전에 반대했던 까닭은 미국이 아무런 대안도 없이 빠져나갈 경우 또 다른 전쟁이 재발할지 모른다는 두려움 때문이었다. 국민 앞에서 통일과 승전을 목놓아 외침으로써 국민적 지도자로서 인기몰이를 하려는 이유도 있었다.

미국으로서는 1952년보다 더욱 골치 아픈 상황이었다. 미국의 '한반도 3대 정책목표' 가운데 "한반도 문제에 깊이 관여하지 않는다"는 부분을 이행하기 위해서라도 이승만을 제거해야 하는 상황에 놓인 것이다. 1953년 4월 24일 클라크 사령관이 "이승만 제거를 다시 추진해야 한다"는 보고를 워싱턴에 보낸 이후 이른바 '에버레디 계획'(Plan Everready)이 입안됐다.

'언제라도 결행할 준비가 되었다는' 뜻의 에버레디 계획은 △한국군이 휴전에 반발해 유엔군의 지시를 따르지 않거나 △독자 행동에 들어가거나 △심지어 유엔군에 적대 행위를 할 세 가지 경우에 대비한 군사적 대응 방안이었다. 최종적으로는 이승만 등 한국 정치인을 체포하고 유엔군이 군정을 선언하는 내용이 포함됐고, "비상 대기군은 서울과 서울~대전 간 철로를, 미1군단은 의정부를, 미9군단은 춘천을, 미10군단은 원주를 각각 점령한다"는 병력 배치 계획도 세워졌다. 그러나 에버레디 계획은 말 그대로 '준비 상태'에만 계속 머문 채, 상황이 바뀔 때마다 이리저리 수정만 거듭하다가 폐기됐다.

1950년대 초 미국은 이처럼 한국의 대통령을 제거하고 새 정권을 수립할 의지가 있었고 힘도 있었다. 한국 내 협력자도 있었다. 그런데 쿠데타 계획이 몇 차례나 검토되고서도 끝내 실행되지 않

이승만 정권 말기 반독재를 향한 시민들의 요구는 4·19혁명을 통해 나타났다. ⓒ한겨레

은 까닭은 무엇일까? 앞서 언급한 대로 사공이 너무 많은 까닭도 있었다. 유엔군 사령관으로서 누구보다 계획에 깊이 관여했던 클라크는 이렇게 말했다. "현실화되기 힘든 계획이었다. 이승만은 아주 완강했으며 한국 국민의 적극적 지지를 받고 있었다."

4·19 건너뛰고 5·16 일어난 셈

이승만 이후를 책임질 지도자도 마땅치 않았다. 미국이 염두에 뒀던 차기 지도자 후보에는 장면과 조병옥이 있었다. 조선왕조의 마지막 왕세자인 영친왕 이은도 물망에 올랐던 것으로 보인다(실제로 1946년 5월 "미국이 이승만 대신 이은을 대통령으로 내세우려 한다"는 기사가 《뉴욕타임스》에 실려 화제가 된 적도 있었다). 그러나 장면과 조병옥은 리더십과 미국과의 친밀성이 의문시되었고, 무엇보다 이승만에 비해 국민적 지지도가 약했다. 이은의 경우는 국민적 지지와 동시에 반발도 상당했다(일본인 부인을 두었다는 등의 이유였다). 그를 권좌에 앉힌다면 대통령으로 할지, 입헌군주로 할지, 대한민국과 옛 황실 사이의 관계를 어떻게 정할지 등의 문제도 복잡했다.

미국의 세 가지 목표 가운데 마지막 하나, 즉 "한반도에 강력한 친미 반공 정권을 세운다"는 목표에 이승만 제거가 부합하지 않은 것도 이승만으로서는 행운이었다. 한국전쟁을 치르며 세계는 급속히 냉전으로 빠져들었다. 미국에서도 매카시를 비롯한 이승만 지지자들이 속출했다. 이승만보다 다루기 쉬우면서 강력한 카리스마와 반공 이념을 가진 지도자가 있다면 모르되, 그런 적임자가 없었던 것이다. 굳이 그런 인물을 찾는다면 민간 정치인보다는 군인 중에서 찾는 것이 쉬웠을 것이다. 하지만 미국은 그때까지 친미 반공을 위해 군사정권을 세울 결심을 하지 못하고 있었다.

만약 1950년대 초 미국의 이승만 제거 계획이 실행됐다면 한반도 정세는 어떻게 변했을까? 두 가지 상황을 가정할 수 있다. 하나는 1953년 미국이 한반도에서 발을 빼는 데 급급해 한미동맹 없이 이승만을 제거했을 경우다. 아마 한미 주둔군지위협정(SOFA)도 없었을 테고 효순이·미선이 두 소녀가 장갑차에 치여 죽는 일도 없었겠지만, 그보다 중요한 사실은 그런 상황이 베트남전 당시 미국이 베트남에서 물러갈 때와 거의 흡사하다는 점이다. 이승만의 우려대로 얼마 뒤 북한과 중국, 소련이 다시 한 번 한반도 적화통일을 시도했을 수 있으며, 남한은 남베트남의 운명을 20년쯤 앞서 겪게 되었을 가능성을 배제할 수 없다.

또 하나는 이보다 일찍, 그러니까 1952년께 미국이 쿠데타를 주도하거나 용인했을 경우다. 그것은 4·19를 치르지 않고 5·16이 10년 정도 먼저 일어난다는 사실을 의미한다. 이는 어떤 차이를 가져왔을까? 4·19의 원동력에는 반독재 민주주의 의식뿐 아니라 경제문제 해결에 대한 열망도 있었다. 당시 야당의 정치구호 "못살겠다 갈아보자"에서 보듯, 이승만 정권 말기 미국의 원조가 급속히 줄어드는 한편 경기는 더욱 나빠지고 있었다. 국민의 경제 관련 불만이 극에 달했다. 5·16으로 정권을 잡은 군부가 단지 반공 이데올로기와 총칼의 힘만으로 정권을 유지하려 하지 않고 경제개발에 박차를 가한 이유도 여기에 있다.

미국의 망설임, 불행 중 다행

반면 1952년 이전까지는 국민의 힘으로 독재를 무너뜨린 경험이 아직 없었다. 더군다나 전쟁이 끝나지 않은 상태였다. '반공' '승전'이라는 명분만으로 권력을 유지하기가 훨씬 쉬웠을 것이란 이야기다. 물론 그처럼 강압 일변도의 정권이 장기 집권할 가능성은 낮다. 쿠데타·폭동·암살 등이 꼬리를 물었을 것이고, 민정이 회복되었다가 다시 군사정권이 들어서고 또 다른 군사 쿠데타가 나는 식의 정치 불안이 반복됐을 가능성이 농후하다. 이런 환경이라면 경제발전이나 중산층 형성의 기회도 좀체 오기 어렵다. 그것이 바로 아프리카·남미·동남아시아 등에서 익히 볼 수 있던 '제3세계 20세기 정치사'의 패턴이다.

어쩌면 이승만 제거 계획은 5·16으로 실현됐다고도 말할 수 있다. 다만 그사이 약 10년의 유예기간이 있었다. 이 유예기간을 가져오게 한 미국의 망설임, 그것은 한국 현대사에서 몇 안 되는 '불행 중 다행'이었다.

제네바 회담이 타결됐다면

대화 계기만 만들었어도 냉전적 적대 관계 상당히 완화됐을 것

한국전쟁이 일어난 지 60여 년이 지났다. 그러나 "잊지 말자 6·25" 등 냉전 시절 많이 접했던 풍경을 오늘의 시점에서 되짚을 필요는 없을 것이다. 왜 전쟁을 기억해야 하는가? 두 번 다시 되풀이하지 않기 위해서다. 전쟁이 남긴 상처는 평화의 미래를 위한 근거다.

그런 점에서 1954년 제네바 회담을 기억할 필요가 있다. 제네바 회담은 여러 가지 측면에서 흥미롭다. 휴전협정 이후 한국 문제를 둘러싼 첫 번째 회의이고, 대한민국이 주권국가로 참여한 첫 번째 국제회의다. 국제정치사에서도 의미 있는 회담이다. 영국이 세계 외교 무대에서 마지막으로 주연 역할을 했던 것이다. 이 회담을 기점으로 세계는 미국과 소련의 양극체제로 넘어갔다. 신생국 중국이 처음으로 국제 외교 무대에 등장한 회담이기도 하다.

1954년 제네바 회담은 휴전협정 이후 한국 문제를 다룬 첫 번째 국제회의였다. 4월 27일 회담에는 홍석현 중앙일보 회장의 아버지인 홍진기(앞에서 세 번째) 당시 법무부 차관이 한국 대표 자격으로 참석했다. ⓒ유민문화재단

대한민국이 주권국가로 참여한 첫 국제회의

제네바 회담은 또한 실패가 예고된 회담이었다. 1954년 4월 26일 시작되어 6월 15일까지 50여 일간 논쟁이 계속되었지만, 아무런 합의도 이루지 못한 채 막을 내렸다. 물론 참여국 누구도 처음부터 기대하지 않은 회담이었다. 그러나 거의 두 달 동안 한국의 통일 문제에 대해 나올 수 있는 모든 방안이 거론되었다. 평화체제의 실마리도 담겨 있고, 경제협력의 필요성도 거론되었다. 만약 당시의 제네바 회담에서 그중 몇 개라도 합의가 이루어졌다면 어떻게 되었을까?

제네바 회담의 소집 근거는 휴전협정이었다. 휴전협정 4조 60항에 휴전 뒤 3개월 내에 고위 정치회담을 열어 한국 문제를 평화적으로 해결할 것을 권고한다는 내용이 들어가 있다. 이 조항은 왜 들어갔을까? 휴전회담 초기 공산 진영은 "즉각적인 외국군 철수"를

1953년 8월 28일	유엔, 한국전쟁 휴전협정 승인
10월 8일	미국, 휴전협정 당사국들에 고위정치회담을 위한 준비회의 제안
10월 10일	판문점에서 준비회의 개최
12월 12일	고위정치회담 무기 휴회
1954년 2월 18일	미,영,프,소 등 4개국 외상, 아시아 문제를 다루기 위해 제네바에서 회의 열기로 합의
4월 16일	제네바 회담 개최

주장했다. 이에 유엔군 쪽은 "철군안은 정전 성립 이후에 다룰 정치 문제"라는 입장으로 맞섰다. 정치회담 개최는 양쪽 타협의 산물이었다.

1954년 1월 25일 베를린에서 독일과 오스트리아 문제를 논의하기 위해 미·영·불·소 4개국 외상회의가 열렸다. 여기서 한국 문제 해결을 위한 제네바 정치회담이 결정되었다. 이후 실제로 회담이 열릴 때까지 수많은 우여곡절을 겪어야 했다.

우선 당사자인 한국이 강력하게 반발했다. 변영태 외무장관은 그해 2월 20일 "무력으로 해결 안 된 것을 정치회의로 해결하겠다는 것은 언어도단"이라며 제네바 회담을 거부했다. 이승만 대통령은 여전히 북진통일을 주장하고 있었다. 협상이 안중에 있을 리 없었다. 회담 참여 문제를 둘러싸고 한·미 간의 갈등이 증폭되었다. 이승만 대통령의 3·1절 기념사는 소모적인 정치회담을 다시 개최하는 '소위 강대국'들에 대한 비판으로 가득 찼다. 회담 개최 8일 전까지도 회담을 거부하던 한국은 결국 미국과의 협의 과정에서 한국군 증강에 대한 미국의 원조 약속과 회담 운영에 관한 몇 가지 언질을 받고 참여를 결정했다. 이 대통령은 제네바 회담을 받아들이는 발표문에서도 "만약 회담이 실패할 경우 미국은 공산주의자들과의 협상은 무익하며 위험한 것이라는 점을 깨닫고 한국과 함께 공산주의자들을 한반도에서 내몰 것"을 희망한다고 말했다.

반대로 북한은 적극적이었다. '인물이 고운' 여자 수행원 5명을 포함해 대규모 대표단을 보냈고, 제네바 교외의 '호화로운 별장'을 본부로 사용했다.

참가국 선정을 둘러싼 갈등도 심각했다. 특히 인도의 참여 문제는 미국과 영국 사이에 심각한 외교 갈등을 불러왔다. 당시 보수당 정권이 들어선 영국은 중국에 유엔을 비롯한 국제사회에 등장할 기회를 마련해주고 싶었다. 영국은 소련과 한편이 되어 유엔에서 미국과 표 대결을 벌이기도 했다. 미국은 영국이 중립국, 즉 인도를 참가시켜 중국의 유엔 가입을 추진하려 한다는 의구심을 갖고 강력하게 반발했다. 결국 인도는 초청받지 못했다. 그렇지만 인도 외상 메논은 제네바로 갔고, 무대 밖에서 중재 역할을 했다.

참가국 선정 방식을 둘러싸고도 갈등이 심했다. 결국 최종적으로 미국이 유엔 쪽의 초청자가 되고, 소련이 북한과 중국을 초청하는 방식으로 결정되었다. 한국전쟁에 참전한 16개 유엔회원국 가운데 15개국이 참여했다. 남아프리카공화국은 더 이상 한국 문제에 간여하지 않겠다는 이유를 들며 불참했다. 그래서 모두 19개국이 모였다.

인도 참여 여부 놓고 미·영 갈등 빚기도

제네바 회담의 주요 의제는 한반도 통일을 위한 선거의 범위 및 국제 감독, 외국군 철수, 유엔의 권위 문제 등이었다. 국제 외교 무대에서 한반도 통일 문제를 다룬 처음이자 마지막 회의였다.

회담 초기에 한국은 유엔 감시 아래 북한만의 자유선거를 실시해야 한다고 주장했다. 게다가 선거 전에 중공군의 철수가 완료되어야 한다는 조건까지 달았다. 이에 대해 북한은 '외국군 동시 철수 및 남북한 동시 선거'를 주장했다. 차이가 컸다. 양쪽 주장 사이에는 38선처럼 건널 수 없는 장벽이 있었다. 상대방이 받을 수 없는 제안이었다. 하지만 다른 참여국의 공감을 얻을 필요는 있었다.

이미 연합국 내부의 입장 차이가 서서히 드러나기 시작했다. 오스트레일리아 외상은 코리아 문제의 최종 해결을 위해 필요하다면 대한민국 정부가 전체 코리아 선거에 찬성할 것을 희망한다고 언급했고, 뉴질랜드 대표 역시 남한의 입장을 이해하지만 북한과의 차이를 해결하기 위해 남한 정부가 양보해야 한다고 발언했다. 오스트레일리아와 뉴질랜드 등 영연방 국가는 한술 더 떠 총선거 이전에 중공군이 철수해야 한다는 한국 입장을 외면하고 양군 동시 철수 원칙으로 기울고 있었다.

결국 변영태 장관은 미국과의 협의를 통해 유엔 감시 아래 남북한이 토착인구 비례에 따라 자유 총선거를 실시한다는 내용이 포함된 14개 항목의 통일방안을 발표했다. 당시 이승만 대통령의 고문으로 제네바 회담에 참여했던 로버트 올리버에 따르면, 이 대통령은 이 방안을 승인하지 않았다. 그는 총선거 전에 '중공군의 철수' '북괴군의 철수나 항복'이 선행되어야 한다고 계속 주장했다. 올리버와 변영태 장관이 이 대통령의 승인을 받지 않고 이같은 방안을 발표한 이유는 한국이 국제적으로 고립될 수 있었기 때문이다. 그래서 우선 회의에서 발표하고, 사후에 이승만 대통령을 설득

하기로 했다. 그러
나 변영태 장관은
제네바 회담이 끝
난 뒤 바로 해임되
었다.

외교는 전쟁보
다 어려웠다. 미국
은 회담 막판에 종
결을 서둘렀다. 공
산 진영은 일사불
란하게 움직였지

50여 일간 이어진 제네바 회담에서는 한반도 평화체제에 대한 논의는
물론 경제협력 방안까지 폭넓게 다뤄졌지만 뚜렷한 성과를 내지는 못
했다. 한반도 평화체제 관련 논의는 그 뒤로도 오랫동안 없었다.
ⓒ유민문화재단

만, 연합국 쪽은 중구난방이었다. 미국이 연합국의 전략을 조정할
수 없는 상황이었다. 참가국 모두 한반도 통일 문제가 얼마나 어려
운지 잘 알고 있었다. 그러나 세계적 관심이 쏠린 중요한 국제회의
에서 저마다 비중 있는 역할을 맡고 싶어했다. 회담 안건인 통일이
나 평화는 얼마나 그럴싸한 명분인가. 물론 대부분의 제안은 당사
자인 남한이 받기 곤란한 것이었다.

1954년은 열전에서 냉전으로 가는 길목이었다. 미소 양극체제가
부상하고 있었다. 그런 상황인데 한반도 통일방안을 합의할 수 있
겠는가. 그렇지만 최소한 긴장을 관리할 수 있는 몇 가지 방안이라
도 합의가 되었다면 어떻게 되었을까?

그런 점에서 제네바 회담에 임하는 영국의 전략을 주목할 필요가
있다. 영국은 당시 상황에서 한반도 통일방안 논의가 '이상'이라고
판단했다. 중요한 것은 차선책이었다. 즉 한반도의 계속적인 분단

을 기반으로 평화를 정착시킬 수 있는 방안을 도출하는 것이 중요하다고 생각했다. 마침 북한 대표인 남일은 6월 15일 평화 확립 문제와 관련된 제안을 했다. 외국군을 철수하고, 남북의 병력을 10만 이하로 감축하며, 남북 정부 간 평화협정 체결을 위한 위원회를 구성하자는 제안이었다. 외국군 철수를 앞세운 것이기에 현실성이 의문시되는 주장이었다. 논의할 수 있는 시간도 없었다. 그날 제네바 회담이 종료되었기 때문이다. 한반도 최초의 평화 정착 방안은 그렇게 사라졌다.

교류·통일방안 논의 시작만 됐어도…

당시 어느 쪽도 전쟁을 원하지 않았다. 그렇다고 자신의 반쪽을 상대에게 넘겨주길 원하지도 않았다. 그렇지만 대화는 할 수 있는 게 아닌가. 냉전의 대립 상황에서 이 또한 합의가 어려웠겠지만, 그래도 대화를 하는 동안 총성은 멈춘다. 만약 남북이 휴전 상황에서 한반도 평화 정착 방안을 마련하기 위한 국제적 논의에 동의했다면 어떻게 되었을까? 국제 외교 무대에서 한반도 평화체제에 관련된 논의는 그 뒤로도 오랫동안 없었다. 20년이 넘게 흐른 뒤인 1975년 9월이 돼서야 유엔총회에서 키신저 미국 국무장관이 한반도 평화체제 논의를 위한 4자회담을 제안했다. 이후 한반도 평화체제 제안이 재론된 것은 그로부터 또 다른 20년이 흐른 뒤였다. 1996년 한·미 정상회담에서 공식 제안되었고, 1997년부터 휴전 이후 처음으로 4자회담이 열리게 된다.

휴전 직후부터 논의를 시작했다면 어떻게 되었을까? 전쟁만큼 치열했던 냉전의 추억은 정도가 덜했을 것이다. 미래에 대한 희망은 과거의 상처를 아물게 한다. 평화를 위한 논의는 전쟁이 남긴 적대의식을 조금이라도 완화시켰을 것이다. 그랬다면 베트남전쟁을 포함하는 동아시아 30년 전쟁의 역사에서 한반도는 일촉즉발의 전방초소에서 비켜날 수도 있었을 것이다. 설령 합의에 이르지 않았어도 괜찮다. 대화의 흔적은 언제나 이후의 협상에 근거가 된다. 1950년대에 평화 정착 방안에 대한 논의를 했다면, 1970년대 초 7·4남북공동성명 국면에서 좀더 구체적인 신뢰 구축 방안에 합의할 수 있었을 것이다.

통일방안도 마찬가지다. 제네바 회담 당시 수많은 제안 중에서 특히 필리핀 대표의 주장이 눈길을 끈다. 그는 남북대표로 '헌법제정회의'를 만들어 통일방안을 연구하도록 하자고 제의했다. 남북한의 통일방안이 워낙 큰 차이가 있어 조정이 어렵기 때문에, 최소한 지속적인 논의의 틀을 마련하자는 것이다. 아는가? 언제부터인가 우리 사회에서 통일 논의가 식상한 것으로 취급받지만, 1990년대 초 남북 기본합의서를 채택하기 전까지 남북관계의 유일한 현안은 통일방안이었다. 7·4남북공동성명도 통일의 원칙에 관한 합의이고, 1980년대 중반 전두환 정부에서 남북 정상회담을 논의할 때도 통일방안 문제를 어느 수준에서 합의할 것인지가 쟁점이었다. 휴전 직후부터 서로의 입장 차이가 크지만 통일방안을 논의했다면, 차이를 인정하면서 공통점을 찾아가는 노력을 게을리하지 않았다면, 적어도 우리는 통일 문제가 시대의 과제임을 잊지는 않았을 것이다.

그리고 1954년 제네바에 초대받지 못했지만 목소리는 높았던 인도의 제안 역시 새겨볼 만하다. 당시 인도의 네루 총리는 남북한이 한동안 공존하면서 교역 등과 같은 저차원의 관계를 갖는 것이 바람직하다고 했다. 1989년 7·7선언 이후 한반도가 걸었던 길을 그때 제시한 것이다. 이 점이 가장 아쉽다.

네루 총리 "교역 등 낮은 단계부터" 제안도

사실 1950년대는 경제적으로 우월하다고 생각하는 북한이 각종 대남 지원 의사를 표명한 시기다. 남쪽이 받을 수 없었던 상황이기에 우리는 이 시기를 '제안 경쟁'의 시대로 부른다. 북한의 관성적인 대남 지원 제안을 덜컥 받은 것은 1984년 전두환 정부 때였다. 만약 동·서독의 경우처럼 상징적인 경제 교류라도 이때 시작했다면 어떻게 되었을까? 정치·군사적으로 대립해도 경제 교류만큼은 지속했다면 한반도는 달라졌을 것이다. 어떻게 하면 서로 다를 수 있을까를 경쟁하던 두 개의 산업화 전략이 아니라, 서로 이익을 볼수 있는 호혜적 영역을 찾아갔을 것이다. 산업 격차가 벌어지기 전에 경제협력을 했다면 더 많은 영역에서 서로 이익을 볼 수 있었다. 1950년대에 경제협력을 시작했다면, 국제 환경이 변하는 1990년대 이후의 시점에서 한반도 경제공동체의 양과 질이 변했을 것이다. 그랬다면 지금처럼 북한의 대중국 경제 의존도가 너무 높아져 북한이 동북4성이 될 것이라는 우려는 없었을 것이다.

'사사오입 개헌' 실패했다면

법치주의 무너뜨린 사사오입 개헌
실패했다면 보수·혁신정당 공존 구도 일찍 자리잡았을 것

돈과 힘이 앞서는 정치, 악의 씨가 뿌려지다

1954년 11월 27일 오후 6시. 지금은 서울시의회가 들어서 있는 중구 태평로의 국회의사당에는 숨 막힐 듯한 긴장이 가득했다.

"재적의원 203명 중 가(可) 135표."

'135'라는 숫자를 듣자 야당 의석에서 환호성이 터졌다.

"부(否) 60표, 기권 6표, 무효 1표, 결석 1…. 이로써 개헌안은 부결되었음을 선포합니다."

여당인 자유당 소속의 최순주 국회부의장은 쓸쓸한 표정으로 이렇게 말하고, 의사봉을 들어 세 번 두들겼다. 기쁨을 감추지 못하는 야당 의원들 사이로 자유당 의원들은 굳은 표정으로 퇴장했으나, 항의는 한마디도 나오지 않았다. 4시 20분의 표결에 들어가기 직전 최순주 부의장은 가결선이 몇 표가 되는지 국회 의사국장에

사사오입 개헌 과정	
1954년 5월 20일	자유당, 국회의원 선거에서 원내 다수당 차지
9월 8일	자유당, 2차 헌법개정안 국회 제출. 이승만 종신 집권을 위해 "초대 대통령에 한해 중임 제한을 없앤다"는 것이 주요 골자
11월 27일	국회 표결 결과 찬성 135표:반대 60표:기권 7표
	당시 국회 부의장 최순주(자유당 소속)는 부결 선포
11월 29일	자유당, 사사오입의 원리를 내세워 표결 결과 번복
1956년 5월 15일	이승만 대통령 3선 재선

게 공개적으로 물었다. '136표'라는 답변이 있었다. 따라서 최 부의
장이든 누구든, 패배를 인정할 수밖에 없다고 생각했던 것이다.

"현 대통령에 한해 중임 제한을 폐지함"의 가결

헌정 사상 두 번째의 개헌안, 국민투표제 채택, 국무총리제 폐지,
참의원의 2부제화와 고위 공무원의 인준권 부여, 그리고 무엇보다
"현 대통령에 한해 중임 제한을 폐지함"을 골자로 했던 개헌안은
이로써 무산된 것으로 보였다. 경무대와 자유당은 실로 오랫동안
이 개헌안에 공을 들였다. 1954년 5월 20일의 제3대 국회의원 선거
는 그야말로 개헌을 위한 총선이나 다름없었다. 정부·여당은 처음
으로 후보공천제를 실시해 국회의원 출마자가 자신의 공천권을 쥔
당 지도부에게 충성하도록 만들었으며, "곧 있을 개헌에 찬성할
것"을 공천 조건으로 걸었다. 또한 야당 의원의 당선을 갖은 방법
으로 방해했는데, 이기붕에 맞서 서울 서대문구에 출마한 조봉암
의 경우 추천인 100명을 모아오면 그중 몇 사람을 뒤에서 협박해
추천을 철회하게 하고, 다시 모아오면 또 몇 사람을 철회시키는 수
를 써서 끝내 후보자 등록을 못하게 만들었다. 이리하여 선거 결과

이승만 대통령은 1948년 초대 대통령 취임 이후 12년간 장기집권하며 1954년 대통령 3선을 위해 '사사오입 개헌'까지 통과시켰다. ⓒ김을한

자유당 114석, 민주국민당 15석, 대한국민당 3석, 국민회 3석, 무소속 68석이 나왔다. 자유당은 거대 여당의 위치를 지켰지만 개헌선 확보에는 미흡했기에, 야당과 무소속 의원을 상대로 집요한 포섭·매수 공작에 들어갔다. 그래서 6월의 3대 국회 개원 직후에는 137석을 확보해 마침내 개헌선을 넘었다. 자유당에 포섭되지 않은 무소속 의원들은 한편으로 '무소속 동지회'를 결성해 31석을 가졌고, 그 밖의 무소속이 20석, 민국당이 15석이었다.

이러고도 불안을 삭이지 못한 이기붕 국회의장 등은 자유당 의원들의 반란표를 막기 위해 투표자가 누구인지 알아내는 수단을 개발했다가 발각됐으며, 무소속 의원을 계속 포섭해 투표 당일에는 12명의 지지표를 추가했다. 그러나 끝내 1표 차이로 부결된 것은 자유당 의원 14명이 반란표를 던졌기 때문이다.

모든 것이 끝난 27일 저녁, 이기붕 의장과 최순주 부의장은 고개를 푹 숙인 채 경무대로 향했다. 하지만 이기붕에게는 아직 속셈이

남아 있었다. 너무 어처구니없는 이야기라 가능할까 싶었지만….
마침내 두 사람은 이 개헌으로 기필코 3선을, 나아가 종신집권을
노린 이승만 대통령 앞에 섰다.

"각하, 정말 면목이 없습니다. 최선을 다했습니다만…."

"어쩌겠소. 그게 하늘의 뜻이고, 국민의 뜻이라면…. 수고들 했
소."

"각하, 하지만 아직 끝난 게 아닐지도 모릅니다. 반전의 묘수가
있습니다."

"이 의장, 그게 무슨 소리요?"

"사사오입이라는 말을 아시지요? 개헌 가결선인 재적의원 3분
의 2는 '135.333…'으로, 딱 떨어지지 않는 숫자입니다. 그런데 살
아 있는 사람을 소수점 이하 숫자로 쪼갤 수는 없잖습니까? 그러므
로 소수점 이하 오 이상은 올리고, 사 이하는 버린다는 사사오입의
원칙에 따라, 가결선은 136표가 아니라 135표가 되는 겁니다! 개
헌은 가결된 거지요!"

"'135.333…'이라면 135표를 넘어야 한다는 거지, 135표로 충분
하다는 뜻은 아닐 텐데?"

"서울대학교 수학과 최윤식 교수의 자문도 받은 상태입니다."

"그만두시오. 수학으로는 말이 될지 모르지만, 정치나 법률은 수
학이 아니지 않소. 이미 최 부의장이 부결을 선포했는데 이제 와서
사사오입이라며 가결로 뒤집으면 야당이 가만히 있겠소? 국민은
뭐라고 하겠소? 패배를 받아들입시다. 이미 개헌안 부결을 수용한
다는 담화문을 만들어놨어요."

"하지만 각하! 국가와 민족을 생각해주십시오! 지금 이 나라는

각하의 영도력을 필요로 하고 있습니다."

"아니요. 나는 너무 늙었소. 이제 물러날 때가 되었지. 임자들도 이제 나의 후광에서 벗어나 홀로서기를 할 때요. 내가 명예롭게 임기를 마칠 수 있도록 도와주기 바라오."

17명의 과반수는 10명이라던 이승만

경무대에서 이런 식의 대화가 오갔다면 얼마나 좋았겠는가. 하지만 실제는 정반대였다. 이기붕은 '사사오입'이라는 복안을 갖고 경무대에 들어서자 이승만이 먼저 그 이야기를 꺼내더라고 술회했다. "135표면 통과된 건데 왜 바보같이 부결이라고 했느냐"며 분통을 터트리더라는 것이다.

사실 이승만은 임시정부 시절에도 과반수를 들먹이며 무리한 주장을 한 적이 있다. 대표위원을 뽑는 투표에서 경쟁 후보가 17명 중 9표로 과반수 지지를 얻어 당선이 확정되자, "17명 중 과반수는 8.5명인데, 반올림으로 올린 9표는 부족하고 10표는 얻어야 한다"고 상당히 납득이 안 되는 고집을 부렸다는 것이다. 그때는 명백한 과반수보다 1표나 더 필요하다고 하고 이번에는 1표를 덜 받아도 된다고 했을 뿐, 어느 쪽이든 자신에게 유리하도록 원칙과 상식을 마음대로 주무르는 것이 이 프린스턴대 정치학 박사의 특기였다.

결국 긴급국무회의에서 사사오입 개헌안 통과가 추인됐고, 주말을 지나 29일 월요일에 열린 국회에서 최 부의장은 앞서의 선포를 번복하고 "개헌안 통과"를 선포했다. 당연히 난리가 났다. 야당 의원들은 고함을 지르며 의장석으로 돌진했고, 이철승 의원은 최 부의장의 멱살을 잡고 의장석에서 끌어내렸다. 아수라장 속에서 야

'사사오입 개헌이 실패했다면 신익회 중심의 야당 통합이 빨라질 수 있었다. 하지만 '못살겠다 갈아 보자'는 구호를 내걸고 민주당 대통령 후보로 나섰던 신익회는 1956년 5월 15일 대통령 선거를 앞두고 5월 5일 새벽 심장마비로 급서했다.

당 계열 국회부의장이던 곽상훈은 "나도 부의장이다. 개헌안 부결을 선포한다!"며 의사봉을 탕탕탕 두들겼다.

이어서 야당 의원과 일부 여당 의원이 퇴장한 가운데 125명의 '거수기' 의원들만 남아 개헌안 통과 확정을 의결했는데, 이 역시 재적의원 3분의 2에서 모자라는 숫자로 개헌을 최종 확정한 셈이라 위헌이라는 시비를 면치 못할 결정이었다.

이 사태를 계기로 민주국민당과 무소속 동지회는 합심해 '호헌동지회'를 결성해 정권을 규탄하는 한편, 야권 통합 운동을 벌여 결국 1955년 9월 민주당이 발족하게 된다. 김영삼·민관식·손권배 등 반대표를 던졌던 자유당 국회의원 14명이 탈당하고, 이들 중 일부가 민주당에 합류해 야당의 기세를 높였다. 1956년에는 조봉암·박기출 등의 진보당, 서상일·김철 등의 민혁당이 수립돼 한국전쟁 이후 자취를 감췄던 혁신 계열 정당의 재등장을 보게 되었다. 지나친 권력욕이 빚어낸 이승만 정권의 무리수가 견제 세력의 존재 이유를 국민에게 환기시킨 셈이다. 그 사실은 사사오입 개헌을 앞두고 실시된 여론조사에서 개헌 찬성 여론이 17퍼센트에 그쳤던 점, 개헌을 밀어붙인 결과 1956년의 제3대 대선에서 이승만은 대망의 3선을 이뤘으나 이기붕은 민주당의 장면에게 밀려 부통령이 되지 못한 점에서 입증된다. 역대 최악이라는 관권선거·부정선거가 행해지지 않았다면, 그리고 유력한 야당 대통령 후보이던 신익희가 돌연 사망하지 않았다면 이승만의 3선조차 불가능할 수도 있었다. 민심의 이반에 경악한 정권은 조봉암 '사법 살인',《경향신문》폐간 등 더욱 과격한 무리수를 거듭하며 폭주하다 끝내 4·19를 맞았다.

만약 135표가 나왔을 때 이 대통령과 여당이 결과를 받아들이기로 했다면 어떻게 되었을까? 또는 표결 직전 여당의 유혹을 받은 무소속 의원 중 한 명만 마음을 굳게 먹고 반대를 던져 134표의 찬성표가 나왔다면, 그래서 사사오입이라는 궁색한 변명의 여지도 없었다면 어땠을까?

정권은 다시 자유당에 돌아갔을지라도…

당연히 이승만은 2년 안에 경무대에서 물러나야 하는 상황에 처한다. 박정희의 유신과 같이 친위 쿠데타로 헌정을 중단시키고 정권을 연장하는 방법도 있었겠지만, 당시 미국이 이승만 정권을 못마땅히 여겼을 뿐 아니라 한국전쟁 당시 세운 '에버레디 계획', 즉 이승만 제거 계획을 계속 만지작거리며 가능하면 그를 실각시키려 했음을 미뤄보면 가능성이 희박하다.

이렇게 되면 당연히 '이승만 이후'를 노린 잠룡들의 활발한 꿈틀거림이 정국을 뜨겁게 달구었을 것이다. 특히 자유당에는 광풍이 몰아쳤을 가능성이 높다. 애초에 3대 국회의원 선거는 이승만을 위해 개헌선을 확보하려던 선거였던 동시에, 이기붕이 제2인자 자리를 굳힌 계기이기도 했다. 공천권을 무기로 3월 전당대회에서 이갑성·배은희 등 반대세력을 몰아낸 이기붕은 자유당을 장악해 바야흐로 그의 자택이 '서대문 경무대'로 불릴 정도의 권력을 누리게 되었다. 이에 반발한 당내 세력이 있었고, 그 일부가 개헌안 투표 때의 반란표로 이어졌을 것이다. 그러므로 개헌이 수포로 돌아갔다면 이기붕의 입지는 급격히 실추되고, 이에 따라 직전에 숙청된 이갑성·배은희, 대한국민당에서 넘어온 이재학 등이 대안세력으로 떠올랐을 것이다.

야당에는 조병옥·장택상·장면·조봉암 등이 있었지만 총선 이전부터 신익희에게 기대가 쏠리는 상태였다. 이승만 정권의 종식이 초읽기에 들어갔다면 그 추세가 더 급해짐에 따라 그를 중심으로 야당이 통합될 가능성이 높았겠지만, 신익희가 1956년 5월 5일에 사망해 야당의 제1후보가 갑자기 공석이 된 상황에서 정권은 다시 자유당에 돌아갔을 수도 있다.

정권 말기가 되면 '7룡'이니 '9룡'이니 하며 차기 대권 후보가 태동하고 정당이 이합집산하는 1987년 민주화 이후 한국 정치의 통상적인 모습이 1950년대 말에 이미 실현됐으리라는 것이다. 또한 제3대 대통령이 야당에서 나오든 자유당에서 나오든, 이후 정국은 1990년대 이후의 모습처럼 두 보수정당과 몇몇 혁신정당 중심으로 진행됐을 가능성이 높다. 사사오입에서 4·19까지 꾸준히 무리수를 둔 결과 자멸해버린 자유당이 평화적 정권교체를 거치며 살아남았을 것이고, 혁신정당 역시 이승만 정권 말기의 탄압이나 군사쿠데타를 겪지 않으며 뿌리를 내렸을 것이기 때문이다. 지금 우리가 보는 한국 정치의 모습이 결코 이상적인 것은 아니지만 그래도 형식적 민주주의의 원칙은 지켜지는 셈인데, 그런 틀이 수십 년 앞당겨 이뤄졌으리라는 것이다. 그랬다면 지금쯤은 훨씬 성숙한 민주주의를 볼 수 있게 되지 않았을까.

쿠데타 없는 헌정사, 진보정당의 오늘은 어땠을까

무엇보다 사사오입 개헌은 법치주의 원칙을 철저히 무너뜨렸다. 1952년의 발췌개헌도 원칙과 상식을 깨트린 것이었으나, 당시는 전시였고 대통령 선출권을 국회에 부여한 제헌헌법의 민주적 불충분성을 해소한다는 의미도 있었다. 그러나 사사오입 개헌은 변명의 여지가 없었다. 이후 이 땅에는 법이 아니라 사람이 다스리고, 정의가 아닌 권력이 말을 하는 것이 '상식'이 되고 만다. 권력자에게 유리하면 아무리 파렴치한 짓이라도 서슴지 않으며, 떳떳한 토론과 합의가 아니라 '돈'과 '총칼'이 앞서는 후진국형 정치 풍토는 이로써 악의 씨를 뿌리고야 말았다.

조봉암이 사형되지 않았다면

이승만 정권 민심 읽고 3·15부정선거 무리수 두지 않았을지도
진보당 지속해 한국 정치 외연 넓혔을 텐데

　　조봉암, 다시 울림으로 다가오는 이유는 무엇인가? 사법살인의
기억 때문인가? 혹은 평화를 말하면 친북좌파가 되는 세상 때문인
가? 아니면 진보 정치의 척박함 때문인가? 비운의 정치인 조봉암
은 1959년 7월 31일 형장의 이슬로 사라졌다. 4·19혁명이 일어나
기 겨우 9개월 전이었다. 비극적 시차다. 조금만 일찍 이승만 독재
가 무너졌다면, 또는 미국이 적극적으로 개입해 광기의 마녀사냥
을 중단시켰다면 어떻게 됐을까? 조봉암 같은 '실용적 진보'가 한
국 정치사에 존재했다면 많은 것이 달라지지 않았을까?

실용적 진보 앞세운 철저한 현실주의자

　　조봉암은 누구인가? 한때는 사회주의자였다. 일제 치하에서 모
스크바 동방노력자공산대학을 나온 엘리트 사회주의자였다. 조선

공산당 창건의 주역이기도 했다. 그러나 그는 해방 이후 공산당과 결별했다. 1946년 1차 미소공동위원회가 실패한 직후 그는 조선공산당의 실질적 지도자인 박헌영과 갈라섰다. 그해 6월 인천 공설운동장에서 열린 인천시민대회 때 조봉암은 "조선 민중은 공산당을 원치 않는다"는 성명서를 뿌렸다.

비운의 정치인 조봉암은 1959년 7월 31일 형장의 이슬로 사라졌다. 사법살인의 주역은 이승만 정권이었다.

박헌영이 참석한다는 소식을 듣고 공개적으로 전향 선언을 한 셈이다. 그는 당시 좌익도 우익도 아닌 통일정부 수립을 촉구했다.

조봉암은 제도 밖의 급진주의자가 아니라, 제도 안에서 개혁을 추구한 사람이었다. 좌익은 말할 것도 없고 민족주의자들이 단독정부 수립에 불참했을 때, 그는 참여했다. 그리고 결정적으로 이승만이 임명한 농림부 장관이었다. 1948년 8월 이승만은 좌익계의 농지개혁 요구를 무마하고, 자신의 개혁 의지를 표명하며, 지주정당인 한민당을 견제하기 위해 그를 발탁했다. 물론 그의 장관 재임은 오래가지 않았다. 농지개혁 저지에 사활을 건 한민당은 그를 끌어내리려 했고, 이승만은 이를 방조했다.

조봉암은 대한민국의 정통성을 부정하지 않았다. 그가 진보당을 만들고 강령을 발표할 때 제일 먼저 비판한 것은 '크렘린의 충실한 앞잡이 공산 역도'였다. 공산주의의 본질을 파악하지 못하고 '공산

1948년 5월	제헌국회의원 당선
7월 22일	초대 농림부 장관 임명
1949년 2월	관사 문제로 농림부장관직 사퇴
1950년 6월	제2대 국회부의장 선임
1952년 8월	제2대 대통령 선거 입후보, 차점으로 낙선
1956년 5월 15일	제3대 대통령 선거 출마, 낙선
11월	진보당 창당, 위원장 선임
1957년 9월	정우갑 사건으로 체포, 무협의로 석방
1958년 1월	간첩죄 및 국가보안법 위반 혐의로 검거
7월 2일	1심 재판에서 징역 5년 언도
9월 4일	2심 재판에서 사형 선고
1959년 2월	대법원 사형 선고
7월 31일	사형 집행
2011년 1월 20일	국가변란과 간첩 혐의에 대해 무죄 선고, 신원 복권

도당'에 이용당한 중간파 세력에 대해서도 비판적이었다. 조봉암에게 대한민국은 남북통일의 모체이며 통일 독립자유국가 건설의 기본이었다. 그런 점에서 그는 근본적 이념주의자가 아니었다. 철저한 현실주의자였고, 실용적 진보주의자였다.

조봉암은 또한 책임감이 강한 사람이다. 한국전쟁이 일어났을 때 자기들만 살겠다고 야반도주한 이승만 정권과 달랐다. 가장 앞장서서 전쟁을 주장하다 막상 전쟁이 일어나자 가장 먼저 도망간 '무늬만 보수'인 사람들과 달랐다. 전쟁이 일어났을 때 그는 국회 부의장이었다. 당연히 국회의 중요 문서를 챙겨가야 한다는 책임감으로 지체할 수밖에 없었다. 그는 한강철교 폭파 직전에야 서울을 빠져나갈 수 있었다. 그래서 홀로 남겨진 그의 아내는 한강 다리를 건너지 못했고, 서울에 남아 있다 납북되고 말았다.

평화통일론, 금기를 넘어서는 상상력

이승만은 그런 조봉암을 간첩으로 몰아서 죽였다. 왜 그랬을까? 그가 이승만 정부에 도전할 수 있는 경쟁자였기 때문이다. 이승만은 정적을 제거한 것이다. 이것이 진보당 사건의 본질이다. 조봉암은 1952년 대통령 선거에서 80만여 표를 얻었다. 1956년 5월 3대 대통령 선거에서는 216만여 표를 얻었다. 신생 정당의 돌풍이었다. 보수 야당인 민주당은 대통령 후보였던 신익희가 사망한 상황임에도 조봉암에게 표를 몰아주지 않았다. 무효표가 됐던 이른바 '신익희 추모표'는 185만여 표에 달했다. 당시 이승만은 500만여 표를 얻었다. 관권과 금권, 언론을 모두 동원한 선거에서 조봉암이 얻은 표는 이승만을 긴장시키기에 충분했다.

조봉암은 또한 평화통일론을 주장했기 때문에 죽었다. 그의 평화통일론은 다시는 피를 흘리지 않아야 한다는 의지의 표현이다. 한국전쟁이 남긴 증오의 시대에, 반공이 국가의 존재 이유였던 시대에, 그는 어떻게 평화통일을 주장할 수 있었을까? 그는 국제정세에 밝았다. 시대의 흐름을 읽을 수 있었다. 첫 번째 계기는 1954년 제네바 회담이었다. 국제사회가 한반도의 통일 문제를 최초로, 그러나 마지막으로 논의한 회담이다. 1953년 휴전협정에서 3개월 내에 정치협상을 시작한다는 조항 때문에 열렸다. 참여 국가들은 아무도 성과를 기대하지 않았다. 무력 북진통일을 주장하던 이승만은 회담 자체에 소극적이었다. 그러나 제네바 회담은 통일논의에 물꼬를 텄다.

그리고 1955년 반둥회의가 열렸다. 아시아·아프리카 국가가 중심이 된 비동맹 세력이 새로운 세계 정치의 흐름으로 등장했다.

1956년 소련 공산당 20차 대회에서 흐루쇼프가 '평화공존'을 들고 나온 것도 주목할 만하다. 당시 소련과 중국은 제2차 세계대전과 한국전쟁 때문에 소홀했던 국내 경제 재건을 위해 평화가 필요했다. 조봉암은 그런 점에서 시대의 물결 앞에 섰다. 그리고 평화통일이라는 흐름을 탔다. 그러나 냉전반공체제는 시대의 흐름을 보지 않는다. 그들에게는 전쟁불사가 존재의 기반이었다. 민주당의 조병옥은 1956년 9월 민주당 전당대회에서 제3차 세계대전의 발발을 기정사실화했다. 이승만은 어떤가? 일관성 있게 북진 무력통일을 고수했다. '중공과의 즉시 결전'을 주장하는가 하면, 1954년에는 "원자전만이 공산주의자를 굴복시킬 수 있는 유일한 방도"라고 떠들고 있었다.

암흑의 반도에서 조봉암의 평화통일론은 빛이 났다. 대단한 논리도 아니었다. 그는 남북이 평화적으로 통일돼야 하는 이유를 세 가지 들었다. 수천 년 동안 단일민족이었고, 분단 상태로는 민족경제의 정상적 발전이 어려우며, 한반도의 평화통일이 인류 평화에 기여할 것이라는 주장이다. 현재의 관점에서 보면 허술하다. 그가 주장한 평화통일론의 주요 내용 역시 1954년 제네바 회담에서 미국이 제안한 통일방안의 형식을 유지하면서 평화통일의 중요성을 강조한 것이다. 다만 그는 북한과의 협상을 염두에 두고, 외국군 철수와 같은 북한의 통일방안을 절충했다. 무력 북진통일론만이 허용된 세상에서 '평화'라는 개념 자체가 진보적 가치였고, 평화통일론은 금기를 넘어서는 상상력이었다.

미국도 놀란 '마녀사냥'

사법살인의 주역은 이승만 정부였다. 그러나 그때도 또 다른 주역이 있었다. 하나는 언론이고, 다른 하나는 권력의 시녀로 전락한 사법부였다. 언론은 사법적 판단에 앞서 인격 살인을 서슴지 않았다. 왜곡 보도를 남발하고 여론 재판을 주도했다. 조봉암이 '북괴'로부터 공작금 성격의 인삼이 든 상자를 받을 때, 그 속에 든 '괴뢰'의 지령문을 보고 불태워버렸다느니, 조봉암 집에서 그의 자필로 된 '김일성에게 보내는 편지'를 발견했다든지 하는, 사실이 아닌 소설을 썼다. '빨갱이 사냥'이었다.

사법부 역시 마찬가지다. 1958년 7월 1심 재판이 있었다. 당시 유병진 재판장은 간첩죄를 인정하지 않았고, 단지 불법 무기 소지 등을 근거로 조봉암에게 5년형을 선고했다. 7월 5일 자칭 반공청년이라 부르는 괴한 수백 명이 법원에 난입했다. 그들은 "친공 판사 유병진을 타도하자", "조봉암을 간첩죄로 처단하라" 등의 구호를 외치며 시위를 벌였다. 그들은 누구인가? 이들은 훗날 밝혀졌지만, 일부는 경찰기동대 사람들이었고 일부는 자유당의 직속 조직인 반공청년단 소속이었다.

1심 재판에 놀란 이승만 정부는 적극적으로 재판에 개입했다. 권력의 시녀들이 법의 이름으로 살인에 적극 가담했다. 2심 재판은 1·4후퇴 때 월남해 대검찰청 오제도 검사의 주선으로 판사로 복직한 김용진이 맡았다. 그는 종범의 자백, 그것도 고문에 의한 것을 인정했고, 검찰의 기소 내용 대부분을 수용했으며, 핵심적으로 평화통일론 자체를 북한의 주장과 동일한 것으로 문제시했다. 결국 조봉암에게 사형선고가 내려졌다. 3심 판결 역시 정권에 가까웠던 김갑

수 대법관에게 배정됐다. 광기의 질주에서 사법부가 앞장을 섰다.

당시 대한민국에서 벌어진 '마녀사냥'을 중단할 수 있는 존재는 미국이었다. 미국은 진실을 알고 있었다. 주한 미국대사관은 "이 승만 정부가 평화통일론을 정부 전복 혐의로 규정하는 것은 나약 함을 보여주는 것"이라고 규정했고, 조봉암이 사형선고를 받았을 때 주한 미국대사가 직접 이기붕을 찾아가 "미국이 대한민국에서 이룩한 정치적 발전을 상당히 훼손시킬 것"이라고 경고하기도 했 다. 1959년 7월 31일 사법살인이 벌어졌을 때, 주한 미국대사관은 "놀람과 비통으로 쇼크를 받았다"고 본국에 보고했다.

그러나 미국은 한국 민주주의의 퇴행을 우려했지만, 적극적으로 막지 않았다. 그들은 냉전체제가 흔들거리는 것을 원치 않았다. 한 국전쟁 당시부터 사사건건 이승만과 갈등했지만, 그래서 한때는 강압적으로 이승만을 교체할 계획도 세웠지만, 미국은 그렇게 하 지 않았다. 그들은 냉전의 전방초소가 필요했다. 한국의 민주화보 다는 자신의 전략적 이익을 우선적으로 판단했다.

조봉암은 시대를 앞서 살았다. 그가 죽지 않았다면, 진보당이 해 체되지 않았다면, 한국의 민주주의는 달라졌을 것이다. 우선적으 로 조봉암을 죽이지 않았다면, 이승만 체제도 그렇게 한 방에 무너 지지 않았을 것이다. 어이없는 사법살인으로 이 대통령은 자신의 정적을 제거했다. 광기가 무덤을 팠다. 권력에 대한 욕심이 화를 불렀다. 4·19혁명의 도화선이 된 3·15부정선거는 결국 1956년 선 거에서 놀란 이승만 체제의 과잉 대응이었다. 그런 점에서 죽은 조 봉암이 살아 있는 이승만에게 복수를 했다고 할 수 있다.

이 대통령이 진보당의 등장에서 민심 변화를 읽었다면 그렇게 무

1956년 5월 15일 제3대 대통령 선거에서 조봉암은 216만여 표를 얻었다. 이승만이 얻은 표는 500만여 표였다. 관권과 금권이 동원된 총체적 부정선거에서 조봉암이 얻은 성과는 이승만을 긴장시키기에 충분했다. 사진은 이승만·이기붕 후보 유세차량.

리수를 두지 않았을 것이다. 그랬다면 선거 혁명으로 정권이 교체될 수 있는 것이고, 그랬다면 4·19혁명도 없었을 것이다. 군인들이 쿠데타를 일으킬 명분도 주지 않았을 것이다. 민주주의는 혼돈 속에서 자란다.

진보당이 지속되었다면 한국 정치의 구도도 새롭게 정립됐을 것이다. 조봉암은 왜 진보당을 만들었을까? 보수 야당인 민주당이 민주 세력의 연합을 거부했기에 나온 불가피한 차선책이었다. 1956년 선거에서 "못 살겠다 갈아보자"는 민주당의 구호에 자유당은 '갈아봤자, 더 못 산다'는 논리로 대응했다. 깨어 있는 시민은 진보당에 표를 주었다. 민주당이 반이승만 세력의 대동단결을 선택했다면, 조봉암은 진보당을 만들지 않았을 것이다. 조금이라도 민심을 대변할 수 있는 새로운 야당이 만들어졌다면, 조봉암은 시대의 순교자가 되지 않았을 것이다. 분단국인 서독에서도 1960년대 빌리 브란트의 사민당이 집권하지 않았는가? 그리고 '접근을 통한 변화'를 내걸고 동방정책을 추진하지 않았는가? 조봉암이 살아 있었다면, 그 또한 한국의 빌리 브란트가 되지 말라는 법은 없다.

색깔론, 민주주의 탄압 도구 되지 않았을 것

물론 반공의 시대에 사회민주주의와 평화통일을 주장했던 진보당이 집권할 가능성은 크지 않았을 것이다. 그러나 꿈과 희망을 줄 수 있는 정당의 존재는 한국 정치의 외연을 넓히고 이데올로기 지형을 조금 더 균형 있게 만들었을 것이다. 냉전 반공주의라는 닫힌 사회에서 사회민주주의 가치들이 얼마나 대중에게 호소력을 가졌을지는 의문이다. 하지만 개발독재 시대에 인민대중의 복리를 중시하는 정당의 존재는 열린 가능성이다. 1950년대부터 진보정치의 실험이 시작됐다면, 한국의 민주화는 '운동에 의한 정치'가 아니라 정당정치의 발전으로 나타났을 것이다.

그리고 진보당이 존재했다면, 색깔론이 민주주의를 탄압하는 유용한 도구로 기능하지 않았을 것이다. 조봉암은 색깔론이라는 마녀사냥으로 희생됐다. 그 뒤로도 오랫동안 색깔론은 탄압의 도구였다. 정적을 제거하는 데는 간첩 혐의를 씌우고 친북이라는 딱지를 붙이면 됐다. 진보당이 다수파는 아니라도 한국 정당사의 한축을 차지했다면, 그렇게는 하지 못했을 것이다. 아직도 냉전반공주의자들은 자신의 무능을 덮기 위해, 기득권을 지키기 위해 색깔론을 활용한다. 논리가 부족하면 무조건 친북좌파란다. 맨 오른쪽에 서서, 자신을 제외하고 모두 좌파란다. 조봉암을 죽인 세력들이 아직도 새로운 희생자를 찾고 있는 현실은 참으로 씁쓸하다. 21세기 한반도에서 아직도 색깔론이라는 유령이 배회한다. 이 씁쓸한 시대착오는 언제쯤 끝날까?

5·16군사쿠데타가 불발되었다면

박정희가 아니어도 쿠데타 났을 가능성 높아
미국의 노골적 개입과 국정 혼란 장기화됐을 수도

"탕, 탕, 타당, 탕! 탕!"

1961년 5월 16일, 새벽 3시 반이 좀 넘은 시각. 한강 인도교에서는 총소리와 총알이 교각에 부딪쳐 쨍쨍 튀는 소리가 깊은 어둠 속에 울려 퍼지고 있었다.

"……."

차에서 내려 총알이 쌩쌩 스쳐 가는 다리 위로 대담하게 내려선 남쪽 병력의 지휘자, 박정희는 의연해 보였다. 하지만 바로 옆에 있던 장교들에게마저 동요를 숨길 수 없었다. 얼마나 건곤일척의 심정으로 준비해온 거사인가. 하지만 계획대로라면 이미 3시에 남산의 KBS 방송국을 점령하고 '혁명공약'을 전국에 보도했어야 했다. "혁명에 동참할 수는 없으나 묵인은 하겠다"는 뜻을 비쳤던 장도영 육군참모총장은 막판에 쿠데타 저지 명령을 내렸고, 병력을 차출하려던 6관구사령부에 가보니 그곳 지휘관들은 자신을 체포하려 들었다. 간신히 설득해서 해병대 병력 3천 5백 명만 이끌고 부랴부랴 한강을 건너기 시작했으나, 이제 북쪽을 트럭으로 막아선 헌병대와 이렇게 총격전을 벌이게 된 것이다.

실제로 헌병대 병력은 불과 수십 명이었고 총격전으로 부상자 몇 명만 나왔을 뿐이었으나, 처음부터 끝까지 무혈 쿠데타를 구상했던 박정희로서는 낙심했을 것이다. 앞으로 이런 총격전을 몇 차례나 거듭해야 할지 모르는데, 이미 늦어 버린 H아워가 계속 늦어져 버리면 KBS 방송을 신호로 전국 각지에서 움직이려던 2단계 계획도 틀어진다. 그리고 한강 이북에서 병력을 추가 동원하는 것도 무산되어, 이 3천 5백 명만으로 끝까지 가야 할지도 모른다! 곧 날이 밝고, 주한미군을 포함한 10만여 진압 병력이 몰려오는 상황에서!

당초 계획은 5월 16일이 아닌 5월 12일

사실 일이 틀어질 조짐은 진작부터 있었다. 원래는 D데이가 5월 16일이 아니라 12일이었다. 그런데 공교롭게도 쿠데타의 주력부대로 계획되어 있었던 공수특전단이 12일 당일에 안성으로 내려가 훈련을 실시하게 되어버렸다. 그 전에는 4월 19일을 염두에 두었다. 4·19혁명 1주년을 맞아 학생들과 기타 불만세력들이 장면 정권의 무능함을 지난하며 대규모 시위를 벌일 것으로 짐작했고, 이를 빌미로 '질서 유지'를 위해 거사하려고 했다. 하지만 의외로 4·19 1주년은 평온하게 지나갔고, 거사는 미뤄졌다. 여기에 쿠데타 세력의 일원인 이종태 대령이 쿠데타 이야기를 하다가 방첩대에 구속되는 일까지 벌어졌다. 이때 심문이 철저하게 이루어졌다면

1960년 9월	소장 박정희, 중령 김종필 등 육군사관학교 8기생 군사정변 계획
1961년 5월 16일	새벽 3시 제2군사령부 부사령관인 소장 박정희와 육사 8기생, 장교 350여 명 및 사병 3,500여 명과 함께 한강을 건너 서울 주요기관 점령. 문제준 대령 제6군단 포병단 지휘관과 박치옥 대령 등 군사혁명위원회 구성, 전권 장악. 정변 성공과 6개항의 혁명공약 발표
5월 18일	윤보선 대통령 군사정변 수용. 장면 국무총리 하야 선언
5월 20일	군사혁명위원회, 국가재건최고회의로 개편 장도영을 내각 수반으로 임명하는 등 첫번째 군사내각 발표
6월 6일	국가재건비상조치법 제정, 공포
7월 3일	장도영 축출, 박정희 국가재건최고회의 의장 추대

쿠데타는 시작도 못해보고 일망타진될 상황이었으나, 담당자들의 안일함과 장도영의 뜨뜻미지근한 태도(적어도 그때까지는 쿠데타에 동조하는 것으로 읽힌) 덕분에 오늘이 있을 수 있었던 것이다.

총격전이 계속되던 중, 박정희는 옆에 있던 이석제 중령에게 이렇게 말했다.

"2안으로 갈까?"

2안이란 당초 계획대로 정해진 시간까지 방송국과 기타 주요 시설들을 점령하는 게 어려울 경우, 서울의 일부 지역만 점령하고 그곳을 본거지로 해서 정부와 타협한다는 안이었다. 그러나 그럴 경우 일이 잘 풀릴 가능성은 희박했다. 아무튼 절대 복종을 철칙으로 삼는 군대다. 쿠데타에 나선 이상 목숨을 저승 문턱에 저당잡힌 것이나 다름없는데, 옛 군벌들처럼 특정 지역을 기반으로 중앙에 대항하는 것도 아니고 수도 한복판에서 소수 병력으로 농성한다면 얼마 못 가 처절하게 진압될 것이 불 보듯 했다.

그러므로 2안으로 간다면 이미 거사는 실패한 것이나 다름없었다. 이 점을 이석제가 다시 확인시키자, 박정희는 고개를 끄덕이고는 인도교 난간에 기대어 칠흑 같은 한강물을 한동안 내려다보고 있었다고 한다. 그리고 일본말로 중얼거렸다. "주사위는 던져졌다."

"주사위는 던져졌다"

결국 이때의 위기가 5월 16일의, 그리고 군사쿠데타의 마지막 위기가 되었다. 4시 15분쯤 헌병대를 물리치고 한강을 건넌 박정희는 늦게나마 KBS에서 혁명 방송을 했고, 윤보선은 청와대에서 움직이지 않았고, 장면은 수녀원으로 도망쳐 숨었고, 장도영은 다시 태도를 바꿔 박정희에게 숙청되기까지 '국가재건최고회의' 의장을 맡았다. 유엔군사령관 매그루더는 처음에 쿠데타에 반대했으나, 얼마 후 미국 정부의 지침을 받고 쿠데타를 기정사실화해준다. 결국 인도교 위에서 9명의 부상자만을 낸 채, 고려 무신정권 이후 약 7백년만의 군사정부는 거짓말처럼 순조롭게 들어설 수 있었다.

하지만 한강 인도교 위에서 박정희가 조금만 마음을 약하게 먹었더라면, 5·16은 하나의 해프닝으로 끝났을지 모른다. 앞서 4·19 계획이 무산되었을 때나 이종태가 체포되었을 때도 "거사를 무기한 연기해야 한다"는 주장이 쿠데타 주도세력 사이에서 강하게 불거져 갑론을박이 이어졌다고 한다. 5·16은 그 주모자들의 의지와 뚝심이 두려움과 불안을 아슬아슬하게 이겨냄으로써 성사될 수 있었다.

하지만 한편으로, 그것은 주도세력의 의지를 넘어서서 참으로 어이없이, 너무도 쉽게 성공한 정변이기도 했다. 기본적으로 정변은 강력한 명분을 걸고, 든든한 지지기반을 두며, 정보력의 우위를

쿠데타 직후 박정희 소장. 왼쪽은 박종규 소령, 오른쪽은 차지철 대위. 쿠데타를 알리는 《동아일보》 조간.

지키는 가운데 기습적으로 일을 진행함으로써 성공한다. 하지만 당시의 박정희에게는 그런 요인이 아무 것도 없었다. 4·19 덕분에 얼떨결에 집권한 민주당 정부가 신구파의 갈등에 시달리면서 구세력 척결과 경제난 해결에 뚜렷한 비전을 보여주지 못하고 있었고, 국민 다수의 눈으로는 참으로 위험한 "친북적" 주장까지 서슴지 않는 학생들과 사회 각계각층의 끊이지 않는 시위는 사회적 불안을 조성했다. "이런 혼란을 노려 북에서 밀고 내려오는 것 아닌가" 하는 우려의 목소리가 상당한 설득력을 얻으며 퍼지는 중이었다. 그래도 4·19 1주년이 무사히 지나간 것에서 보듯 전환기의 혼란은 차차 진정되고 있었고, 무엇보다 오랜 문민 우위의 전통에다 최근 민주혁명의 경험을 가진 대한민국 국민이 과연 군사쿠데타를 곱게 볼 것인지가 의문이었다. 가장 강력한 변수가 될 미국 역시, 적어도 기본적으로는 민주헌정질서를 옹호했다.

박정희는 이미 1952년에 이승만을 제거하고 정권을 잡으려던 이종찬의 계획에 동참했고, 1961년에도 독자적으로 포항의 해병대 병력을 움직여 쿠데타를 벌일 모의를 했으나 4·19가 일어나면서 무산된 적이 있었다. 해방 직후에는 좌익 활동을 했다는 꼬리표도 좀처럼 떨어지지 않았다. 그런 만큼 그가 요주의 인물이라는 생각은 청와대에서 백악관까지 두루 퍼져 있었다. 1960년 8월에는 박정희를 따르던 김종필, 석정선 등 육사 8기 장교들이 강제예편되고, 11월에는 박정희 본인마저 수도에서 멀리 떨어지고 병력 동원 권한도 없는 대구 제2군 부사령관으로 좌천되어 버렸다. 그것도 불충분해 보였는지 1961년 5월 말에는 박정희를 예편시켜 군복을 벗겨버리기로 예정된 상황이었다. 나중의 12·12쿠데타처럼 주모자들이 군의 핵심을 장악하고 수도권의 대규모 병력을 동원할 수 있는 상황에서 치러진 쿠데타가 아니었던 것이다.

5·16은 쿠데타의 기본 중 기본이라 할 수 있는 기밀 유지조차 제대로 되지 않았다. 아니, 박정희 등이 반은 의도적으로 쿠데타 모의 사실을 흘리고 다녔다고 한다. "소문만 무성하지 별일 없을 것"이라는 생각을 심어주려는 '양치기의 늑대 타령'이었는지 몰라도, 윤보선 대통령에게도 보고가 들어갔고 장도영 총장에게는 박정희가 직접 쿠데타 의사를 전달했는데도 결국 거사 직전까지 결정적인 예방 조치는 취해지지 않았기 때문에 성공이 가능했다. 쿠데타가 벌어진 이후라도 윤보선, 장면, 장도영 등이 원칙대로 움직였다면 처음에는 3천 5백, 전부 통틀어야 1만에도 못 미쳤던 반란군을 진압하는 일은 손쉬웠다.

원하지는 않았으나 반대하지도 않은 혁명

그러면 어째서 그렇게 어이없는 정변이 가능했던가. 쿠데타 소식을 듣자마자 윤보선의 입에서 나왔다는 "올 것이 왔다"는 말, 그

1961년 5월 18일 육군사관학교 생도들의 5·16 지지 시가행진.

리고 5·16 직후, 나중에는 가장 맹렬한 반 박정희 투쟁에 나서게 되는 《사상계》 대표 장준하의 "우리는 혁명에 임하여 반성해야 하고, 새로운 질서를 마련하도록 힘써야 한다"는 말에서 까닭을 찾을 수 있다. 결국 당시 민주당 정부에 참여하고 있었던 사람들조차 "뭔가 이대로는 안 된다"는 인식을 공유하고 있었던 것이다. 하지만 중이 제 머리 못 깎듯이, 공공장소에서 소란을 피우는 취객을 몰래 째려보며 "빨리 누가 나서서 진정시켰으면"하고 생각만 하듯이, 차마 군사쿠데타를 민주혁명의 결론으로 이어가자는 주장을 할 처지는 아니었다. 그래서 마침내 "올 것이 오자" 머쓱해 하면서도 마지못하는 듯 순응했던 것이다. 이 점은 민주헌정질서를 지지한다는 명분과 한반도 정세 안정이라는 실리 사이에서 고민하던 미국도 비슷한 입장이었다. 그래서 박정희 등은 '혁명공약'으로 "반공을 국시로 삼고" "미국 등과의 유대를 더욱 공고히 한다"는 점부터 내세워 미국을 안심시키고, "부정부패를 철저히 일소하

만약에 한국사

고", "경제발전에 매진한다"고 하여 국민의 환심을 사려 했던 것이다. 4·19를 이뤄낸 대한민국은 5·16을 원하지는 않았으나 반대하지도 않음으로써 이후 수십년 간 군사독재가 이어지는 문을 열어주었다.

그러면 만약 5·16이 무산되었다면 어떻게 되었을까? 거사 이전에 전말이 드러나거나 주모자들이 실행을 포기했다면? 거사 당일에 박정희가 용기를 잃었다면? 거사 직후 제2공화국의 핵심 인사들이 원칙대로 움직여서 반란을 조기에 진압하도록 했다면?

박정희 없는 쿠데타는?

박정희가 이후에 다시 쿠데타를 시도하고, 성공했을 가능성은 거의 없다. 5·16 자체가 불발되었다면 어렵사리 확보한 군부 내 지지세력이 빠르게 이탈했을 것이며, 예정대로 5월 말이면 군복을 벗었을 박정희에게 김종필이나 김형욱조차도 더 이상 기대를 걸지 않았을 것이다. 그래도 다른 누군가에 의해 쿠데타가 났을 가능성은 상당히 높다. 군은 당시의 혼란스런 정치·사회질서에 대해 조직력과 파괴력을 발휘할 수 있는 유일한 집단이었으며, "혼란은 남침을 부른다"는 주장과 미국의 동북아 이해관계 등은 박정희가 아니더라도 군부의 역할을 기대하기 쉬운 조건이었다.

그러나 그것은 박정희가 없는 상태의 쿠데타다. 그것이 어떤 차이를 지니는가? 박정희의 열렬한 지지자들은 "5·16으로 결국 박대통령이 집권하지 않았다면, 경제발전은 없었을 것"이라고 주장하겠지만, 한 개인의 영향이 그렇게까지 역사의 흐름에 큰 변화를 주었으리라고는 단언하기 힘들다. 그러나 단언해도 괜찮은 점은,

당시 박정희만큼 군 내부에서 강력한 지지세력을 모으고 민간정치인들과의 교묘한 협력관계를 가져갈 역량이 있는 인물이 없었다는 사실이다. 따라서 박정희 없는 군사쿠데타는 5·16처럼 빠르게 수용되고, 안정을 찾기 어려웠을 것이다. 쿠데타와 역쿠데타가 꼬리를 물고, 정국은 한치 앞을 내다보기 어려울 정도로 엉망이 되는 가운데 제2공화국은 임오군란과 갑신정변을 치르고 난 뒤의 조선 정부처럼 되었을 가능성이 높다. 즉, 정국 주도권을 잃고 여러 정치세력의 충성도 잃어버린 상태로 외세의 노골적인 개입에 속수무책인 상황. 남한의 불안이 장기화되면 북한도 정말로 어떤 계획을 세웠을지 모르며, 나중에 베트남에서 그랬듯 미국은 공산화를 막기 위해 '고문단' 같은 것을 파견해 사실상 대한민국 정부를 괴뢰정부로 만들고 남한을 '간접통치'하려 했을지 모른다. 그렇다면 결국 쿠데타 주역이 일단 군복을 벗고 '정상적인 정치'를 했던 제3공화국과는 다른 모습, 당시의 많은 제3세계 나라들처럼 군사정부와 민간정부가 잦은 정변에 의해 뻔질나게 교차되는 것이 한국 정치의 기본 모습으로 굳어졌겠고, 그런 속에서 경제발전 등은 꿈도 못 꾸게 되었으리라. 그런 점에서는, 다름 아닌 박정희가 5·16을 일으키고 그것이 '운 좋게' 성공함으로써 경제발전과 장기적인 민주주의 발전의 잠재력이 확보되었다고도 말할 수 있다. 그것이 결코 군사쿠데타를 정당화하지도, 박정희를 정당화하지도 않지만 말이다.

베트남에 파병하지 않았다면

박정희 정권은 파병 통해 얻은 사회 장악력을 바탕으로 유신체제로…
파병 없었다면 평화적 정권 교체 이루어졌을 텐데

대한민국은 1948년에 어엿한 독립국가로 출범했으나, 이런저런 이유로 미국의 영향을 크게 받을 수밖에 없었다. 주한미군과 한미동맹이 없다면 북한뿐 아니라 그 뒤에 늘어선 사회주의국가들의 군사력에 한시도 마음을 놓을 수 없고 1960년대까지도 경제의 절반이 미국의 원조에 기대고 있던 상황에서 '자주'를 부르짖는 일은 사치일지도 몰랐다. 그러나 1964년의 베트남전 파병 결정은 미국의 강요에 마지못해 이루어진 일이 아니라 우리가 자청해서 이루어진 일이라는 점에서 예전의 해외 파병과 달랐다.

동맹국들도 거부한 파병을 자청

게다가 그것은 첫 번째 자청도 아니었다. 1954년 7월 , 이승만 대통령은 프랑스의 식민지배에서 벗어나기 위해 싸우고 있던 베트남

베트남 파병 일지	
1955년 11월 1일	베트남전쟁 발발
1961년	박정희 대통령, 미국 정부에 한국 파병 제안 당초 미국은 북한 도발 가능성과 공산권 국가 자극을 우려해 제안 거절
1964년 5월	미국, 한국을 비롯한 우방국에 남베트남 지원을 호소하는 서한 발송 박정희 대통령, 파병 수용
9월 11일	1차 파병. 의무 요원과 태권도 교관 요원 파견
12월 28일	브라운 주한 미국 대사, 한국군 증파 요청
1965년~1973년	전투부대 파병
1975년 4월 30일	공산군, 사이공 함락

인들을 진압하기 위해 한국군 3개 사단을 파병할 용의가 있다고 밝혔다. 또한 1956년 남베트남의 응오딘지엠 대통령이 방한했을 때는 "베트남의 공산 게릴라를 소탕하기 위해 한국군을 파병해줄 수 있다"고 공언했다. 이후 베트남전쟁이 일어나자, 1961년 11월 대통령 당선자 자격으로 미국을 방문한 박정희는 케네디 미국 대통령에게 한국군을 파병할 수 있다고 밝혔다. 당시 베트남에 대한 본격적 개입은 꺼리는 입장이었던 케네디는 부정적으로 대답했지만, 베트남의 상황이 점점 진흙탕으로 변해가자 미국 쪽에서도 외국에서 병력을 지원받는 방안을 진지하게 검토하게 된다.

마침내 1964년 5월 존슨 미국 대통령은 한국에 파병을 정식 요청했고, 박정희 대통령은 이를 받아들였다. 당시 미국은 한국뿐 아니라 총 25개국에 파병을 요청했으나 이에 응해 병력을 파견한 국가는 한국 이외에는 오스트레일리아, 뉴질랜드, 필리핀, 태국 정도였으며 그나마 상징적 의미만 있는 소수 병력에 그쳤다. 그러나 동남아시아와 직접적 연관성이 없고 유엔 회원국도 아니었던 한국은 1973년 3월까지 총 32만 5천 명의 한국군을 파병해, 55만 명이 참전한 미군에 이어 두 번째로 많은 병력을 투입한 국가가 되었다.

박정희 대통령은 1965년 당정 연석회의에서 베트남 파병의 명분을 "한국전쟁 때 피를 흘려준 미국의 은혜를 갚기 위한 것"이라고 했으며, 1970년에는 파병 성과를 다음의 네 가지로 꼽았다. "첫째, 동맹국의 일원으로 군사적 기여를 하며 자유를 사랑하는 국가로 국제적 입지를 강화한다. 둘째, 베트남과 미국 두 나라와 우호를 증진한다. 셋째, 국군을 현대화하고 실전 경험을 축적하며 국군의 위용을 과시해 북괴의 침략 야욕을 억제한다. 넷째, 국내 산업 발전에 기여하고 외국과의 교류를 통해 서비스업과 건축 분야를 비롯한 국내 산업기술을 향상시킨다."

이런 성과는 과연 실제로 나타났을까? 먼저 '동맹국의 일원'이라는 표현은 생각해봐야 한다. 냉전체제에서 크게 동서로 갈라져 있던 세계에서 자유 진영에 속한다는 뜻이라면 모르지만, 한미동맹을 말하는 것이라면 아귀가 맞지 않는다. 한·미 상호방위조약상의 동맹의 의무는 기본적으로 한반도에 국한되며, 한국은 미국이 제3국의 침략을 받는 상황이 아닌 한 한반도 밖으로 병력을 보낼 의무가 없기 때문이다.

또한 '국제적 입지 강화' 부분은 실제와 동떨어졌다고 할 수 있다. 이미 보았듯 베트남전에는 미국의 가까운 동맹국들조차 참여를 꺼렸으며, 부패하고 무능하며 수립 과정의 정당성조차 의심받던 남베트남을 위해 무고한 양민을 포함한 베트남인들을 학살하는 일에 대한 강력한 반대 여론이 국제적으로 형성되었기 때문이다. 특히 서구의 진보적 지식인들이나 '비동맹 노선'을 내세우던 제3세계 국가들은 베트남전을 계기로 한국을 '미국의 개'로 인식하고 냉

베트남 파병은 경제적 효과와 우리 군의 현대화 등 성과를 가져왔지만 한국군 5천 명 사망, 1만 6천 명 부상 등 심각한 부작용도 동반했다. 1964년 제1차 베트남 파병 때 파월 장병을 환송하는 부산 시민. 대한민국 정부 기록사진집

대하는 태도를 보임으로써, 한국은 오랫동안 국제사회에서 미국과 일본 외의 우호세력을 확보하기 어려웠다.

'베트남과 미국 두 나라와의 우호 증진' 역시 수긍하기 어렵다. 우선 남베트남은 패망해버렸고, 통일 베트남과는 오히려 앙금이 남게 된 셈이다. 베트남전 참전으로 한·미 관계는 일단 강화되었다고 볼 수 있지만, 얼마 뒤 미국 내에서도 반전 여론이 팽배하고 사회주의 진영과의 정면 대결보다 평화 공존을 모색하려는 분위기가 잡히면서 빛을 잃었다. 이승만과 박정희가 한사코 베트남에 파병하려던 숨은 이유 중 하나가 주한미군 철수를 막고 미국과의 안보관계를 더욱 튼튼히 하려는 것이었는데, 이후 베트남에서의 철수를 결정한 닉슨은 한국과 아무런 상의도 없이 주한미군 철수를 결정하는 모습을 보여주었다.

준전시체제로 국민 반감 돌리려

'국군 현대화와 실전 경험 축적'에는 수긍하는 사람이 많다. 1966년에 비밀로 맺어진 '브라운 각서'에 따라 미국은 한국군 장비의 현대화와 첩보장비 개선에 도움을 주었다. 한국군의 기본 개인 화기가 세계대전 때의 카빈이나 M1 소총에서 M16 소총으로 교체된 것도 이때였다. 당시 육사 출신 장교들의 참전이 의무화됨으로써 군 지휘부가 실전 경험을 톡톡히 쌓을 수 있었던 것도 군사적으로는 상당한 소득이었다.

그러나 '북괴의 침략 야욕 억제' 부분은 미묘하다. 당시 북한은 남한의 파병에 극히 부정적인 반응을 보였으며, 한때 북베트남 편에 서서 참전할 것을 진지하게 고려하기도 했다. 국방력 증강이라는 성과도 긍정적 결과만 가져온 것이 아니었다. 이로써 한국 군부가 더 강해지고 비대해졌을 뿐 아니라 베트남전에 참전해 전공을 세운 장교들이 새로운 정치 실세로 떠오르게 됐다. 전두환과 노태우가 대표적이다.

마지막으로 경제적인 성과는 아마도 가장 많은 사람들이 동의하는 베트남 파병의 긍정적 효과일 것이다. 미국은 참전의 대가로 감축 예정이던 차관을 오히려 증액해주었고, 군수용품 납품과 베트남 수출, 재건사업 참여 등의 기회를 얻은 한국 기업들은 '재벌'로 도약할 발판을 마련했다. 여기에 당시 한국의 임금 수준에 비하면 현저히 높았던 병사들의 봉급과 수당은 허덕이고 있던 한국 경제와 민생에 젖줄이 되었다. 참전 직전까지 엄청난 반대를 무릅쓰며 성사시킨 한·일 국교 정상화 결과 8억 달러의 자금을 일본에서 얻을 수 있었는데, 베트남전으로 국내에 유입된 자금은 약 50억 달러에 이르렀음을 볼 때 그 경제적 효과가 어느 정도였을지 짐작할 수 있다.

그러나 과연 그런 금전적 성과가 한국군 5천 명 사망, 1만 6천 명 부상, 고엽제 등 장기적인 후유증, 민간인을 포함한 베트남 인명 손실 등의 대가로 충분한 것일까? 게다가 국내에 들어온 자금이 효과적으로 쓰이지 않고 정치자금이나 검은돈으로 많이 전용되었다는 최근의 분석도 있다.

이는 파병의 의도에 '국익'만이 아니라 정권의 이해관계도 있었다는 의심으로 이어진다. 당시 정권은 군사 쿠데타로 집권한 다음 경제발전으로 정당성을 얻으려 부심해왔지만 이렇다 할 성과를 내지 못하고 있었다. 그래서 경제 발전의 밑천을 얻으려고 국민 감정을 무시해가며 한·일 국교 정상화를 한 결과, 광범위한 국민적 반대에 부딪쳤다. 그리하여 새로운 재원을 확보하는 한편 미국의 신임을 높이고, 국가를 준전시체제로 편성해 사회 장악력을 높이려는 뜻에서 파병을 결정했다는 것이다. 그러나 파병에서 기대한 외교적 성과는 없었고, 국내외 정세는 반공을 표방하는 권위주의 정권을 더 이상 용납하지 않는 쪽으로 흘러갔다. 이에 박정희의 다음 선택은 유신체제였다.

압축성장 없었겠지만 남북 대화는 결실

결국 베트남전 파병은 전혀 불가피하지 않았다. 우리는 미국에 대항할 수 없는 입장이었지만, 미국은 우리에게 파병을 강요하지 않았다. 당시 박정희 정권이 국익 내지는 정권의 이익을 고려해 파병하지 않았다면 어떻게 되었을까?

만약에 한국사

1969년 5월 27일 한국을 방문한 응우옌반티에우 남베트남 대통령 환영식 모습. 이후 남베트남이 패망하며 한국은 통일 베트남과 한동안 냉랭한 관계를 유지할 수밖에 없었다. 대한민국 정부 기록사진집

한마디로 이후의 대한민국은 '좀더 정상적인 과정'을 거쳐 발전했을 가능성이 높다. 박정희 정권은 베트남전 파병으로 막대한 자금을 획득하고, 군부 세력의 강화와 군부 통제력 강화를 달성했다(사실 베트남 파병 이전까지는 '제2의 5·16'이라고 할 수 있는 군사 쿠데타 가능성이 계속 점쳐지는 상황이었다. 그러나 파병을 계기로 박정희는 군부에 대한 통제력을 확실히 장악했다. 그리고 군부 내에서 자신의 친위세력이 될 만한 '하나회' 등의 장교 집단을 베트남 참전 유공자 중심으로 구축했다). 대중적으로도 반공 이데올로기를 앞세운 '정의의 전쟁' '미국에의 은혜 갚기' 명분은 웬만큼 먹혀들었으며, 그것은 당시 야당이 기본적으로 파병에 부정적이었음에도 한·일 회담 때만큼 적극적인 반대 투쟁에 나서지는 못한 데서 입증된다.

박정희는 이렇게 얻은 새로운 힘을 믿고 유신체제에 돌입할 수 있었다. 따라서 베트남 파병이 없었다면, 형식적 민주주의를 압살할

만큼의 힘을 얻지 못했을 박정희 정권은 적어도 1970년대 후반에는 평화적으로 교체되었을 것이다('카리스마적 지도자'가 사라져도 다시 뛰쳐나와 정권을 잡는 신군부 역시 형성되지 못했을 것이다). 따라서 민주주의의 제도화가 일찌감치 이루어지고, 오늘날까지 뿌리 깊게 남은 색깔론이나 지역감정 등 한국 정치의 병폐도 훨씬 빨리 사라졌을 것이다.

경제발전은 '사상 유례없는 압축성장'을 이루지는 못했을지 모른다. 그러나 한편으로 대기업, 중공업, 특정 지역 중심 등의 불균등 성장 역시 없었을 것이다. 파병이 아니더라도 일본처럼 군수 지원을 통해 어느 정도의 경제적 소득을 볼 수는 있었을 것이며, 따라서 견고한 경제성장이 꾸준히 이루어졌을 가능성이 높다. 파병으로 크게 인심을 잃고 만 유럽과 제3세계와의 경제교류 증진을 노려볼 수도 있었다.

외교·국방에서는 북한과의 대립이 극으로 치닫지 않았을 것이며, 이후 나타난 데탕트 분위기에 편승해 남북 대화가 훨씬 일찍부터 결실을 보았을 수도 있다. 외교관계가 미국과 일본 중심으로만 획일화되지도 않았을 것이다.

반공 이데올로기도 베트남 파병이 없었다면, 그리고 그에 이은 유신체제가 없었다면 그렇게까지 극단적으로 우리 사회를 얽어매지 못했을 것이다. 전쟁은 '아군과 적군'을 가장 뚜렷하게 나누는 계기가 되며, "조금이라도 틈을 보이면 저들에게 죽는다"는 피해망상을 키우는 계기도 된다. 이런 사회적 트라우마는 한국전쟁으로 이 땅에 씨앗이 뿌려졌지만, 베트남전 파병으로 더욱 강화되었다고 보아야 한다. 이미 냉전이 끝난 지금까지도 대한민국의 사상과 문화에 족쇄를 채우고 있는 국가보안법과 '빨갱이' 담론은 베트남 파병만 없었다면 1980년대 정도에 마감되었을지 모른다.

파병의 대가, 획일성·황금만능주의

무엇보다 "돈이면 다 된다. 아무리 지저분한 짓을 해서라도 돈을 벌고 보자"는 인식이 폭넓게 퍼지지는 않았을 것이다. 돈 때문에 목숨도 버리는데, 아무 상관없는 나라에 가서 아무 상관없는 민간인을 죽이기도 하는데, 다른 무엇을 못하겠는가. 본래 급속한 경제 성장에는 황금만능주의와 도덕성 상실이 따르기 마련이다. 한국의 경우에는 그런 성장의 계기가 '용병' 경험이었기에 더욱 심하고 악랄하게 나타나게 되었을지 모른다.

그렇게 보자면 오늘날 대한민국이 안고 있는 여러 병폐들, '정상적인 민주사회'에서는 찾아보기 어려운 극단적으로 좁은 이념 지형과 문화적 획일성, 외교·안보·경제·문화적으로 오직 미국만을 바라보는 국가 전략, 황금만능주의에 찌든 품격 없는 사회, 그리고 광적인 사교육·부동산 열풍까지도 베트남 파병 결정의 대가라고 할 수 있다.

15세기의 정치사상가 마키아벨리는 용병 제도를 강력히 비판하면서 이렇게 말했다. "용병이란 돈만을 바라보고 사람을 죽이는 자들이며, 돈과 상관없다면 신의도 충성도 없다. 스스로를 제대로 지키려면 용병이 아니라 자기 나라, 자기 이웃을 자기 손으로 지키겠다는 정신에 불타는 군대가 필요하다." 돈만을 위해 무슨 짓이든 하는 용병의 폐해는 그 용병을 쓰는 사람뿐 아니라, 용병 스스로에게도 미치는 게 아닐까.

무장공비 침투 등
북한 도발 없었다면

남북의 독재체제 완화되고 남쪽 보수 세력도 '계몽'됐을 것

군사 충돌에 짓밟힌 민주주의의 봄

2010년 11월 23일 오후 2시 30분경. 북한이 연평도를 포격했다. 한반도에서 전쟁의 공포를 다시 실감하리라 상상이나 했겠는가? 평화는 산소와 같아서, 결국 사라지니 귀중함을 알 것 같다. 북한은 해서는 안 될 영토 폭격을 했고, 이명박 정부는 위기를 관리하기는커녕 증폭시키고 있다. 국민이 정부를 불안해하는 시대에 우리는 살고 있다. 지금은 21세기 아닌가? 세계는 변화하고 있는데, 우리만 20세기적 전쟁의 공포에 떠는 현실이다. 잠깐의 악몽이었으면 좋겠다. 1968년에도 그랬다. 세계적 격변의 해에 한반도는 거꾸로 가고 있었다. 반복하기에는 너무 끔찍한 역사의 의미를 생각해 본다.

1968년 1월 21일 김신조 등 31명의 북한 무장 게릴라가 청와대 습격을 시도하는 사건이 발생했다. 박정희 정권은 북한 도발이라는 변수를 반공체제 강화의 계기로 활용했다.

북한 모험주의자들이 꾀한 '남조선 혁명'

1968년은 타리크 알리(파키스탄 출신의 영국 좌파 활동가이자 저술가)의 표현대로 '세계를 바꾼 해'였다. 존재하는 모든 것의 전복이라고 할까. 근대를 지탱해온 가치들이 무너지고, 탈근대가 시작되는 전환의 해였다. 베트남전쟁은 북베트남군의 구정 대공세로 절정으로 치달았고, 2월 베를린, 3월 런던, 그리고 마침내 5월 파리에서 반전 평화의 불길이 들불처럼 번져갔다. 체 게바라가 새로운 대중적 진보의 상징으로 떠올랐고, 존 레넌은 그해 「혁명」이라는 음반을 발표했다.

그리고 그해 8월 21일 소련의 탱크가 프라하의 봄을 짓밟았다. 현실 사회주의가 더 이상 진보가 아님을, 단지 극복돼야 할 낡은 질서임을 확인시켜준 사건이었다. 서구 좌파는 이 사건을 계기로

1968년 청와대 습격과 무장공비 침투 사건 일지	

청와대 습격 사건

1968년 1월 13일	북한 특수부대인 124부대 소속 31명, 청와대 습격 및 정부요인 암살 지령을 받고 한국군 복장과 수류탄 및 기관단총으로 무장
1월 18일	자정을 기해 휴전선 군사분계선을 넘어 수도권 잠입 성공
1월 20일	밤 10시 서울 세검정고개에서 비상근무중이던 경찰의 불심검문으로 정체가 드러나자 검문경찰들에게 수류탄을 던지고 기관총 무차별 난사
1월 21일 ~31일	군경은 비상경계태세를 확립하고 현장으로 출동, 28명을 사살하고 김신조만 유일하게 생포

울진·삼척 무장공비 침투 사건

1968년 10월 30일 ~11월 2일	북한, 세 차례에 걸쳐 무장공비 120명을 15명씩 조 편성해 울진·삼척 지구에 침투
11월 3일	무장공비들, 지역 주민들에게 남자는 남로당, 여자는 여성동맹에 가입하라고 위협
11월 4일	주민들의 죽음을 무릅쓴 신고로 대간첩대책본부, 정선·영월·삼척지구에 을종사태 선포. 이후 12월 28일까지 군경과 예비군은 토벌작전으로 공비 113명 사살, 7명 생포

현실 사회주의와 결별했다. '신좌파'는 이런 시대적 배경에서 탄생했다.

세계가 알을 깨는 진통을 겪을 때, 한반도에서도 차가운 평화, 즉 냉전이 요동쳤다. 그러나 전후 질서에서 벗어나려는, 새로운 질서를 향한 몸부림은 아니었다. 오히려 구질서로 돌아가고 있었다. 평화가 아니라, 전쟁의 질서 말이다. 1968년은 한국전쟁 이후 가장 위험한 해였다. 북한은 군사국가의 절정으로 치달았고, 남한 역시 냉전반공주의를 내면화했다. 지구 곳곳에서 설 땅을 잃은 냉전의 광풍들이 마치 한반도로 한꺼번에 모여들어 한풀이를 하는 듯했다. 세계적 격변기인 1968년에, 한반도는 다른 선택을 할 수 없었을까?

1968년은 한국전쟁 이후 북한의 대남 도발이 가장 빈번했던 해다. 간첩 침투나 쌍방 교전의 빈도수를 비교해보면, 그 이전과 이후 유례를 찾아보기 어려울 정도로 많았다. 그중에서도 세 가지가 그해를 상징하는 대표적 사건으로 역사에 남아 있다. 바로 1·21청와대 습격 사건, 1월 23일 푸에블로호 나포 사건, 그리고 11월 거의 두 달 동안 계속됐던 울진·삼척지구 무장공비 침투 사건이다.

북한은 당시 왜 이런 모험주의를 채택했을까? 국제 정세가 북한에 유리하지도 않았다. 사회주의권은 중·소 분쟁으로 분열됐다. 북·중 관계 역시 최악이었다. 이미 1967년 문화혁명 당시 홍위병들이 김일성 체제를 관료주의로 비판하면서 갈등을 겪었고, 북·중 양국의 국경 지역에서 군사적 충돌이 벌어졌다.

그러나 북한 내부 정세는 모험주의로 흐르고 있었다. 1967년 4기 15차 전원회의에서 갑산파가 숙청됐다. 이미 국내에서 경쟁 세력이 부재한 김일성 체제는 유일 체제로 가고 있었다. 북한의 군사화 경향은 이미 1962년 4대 군사노선을 발표하며 구체화됐지만, 이 시기에 들어오면서 군사적 행동주의로 전환하게 된다. 특히 베트남전쟁 양상은 북한의 모험주의자들이 오판할 수 있는 계기로 작용했다. 북한은 이미 1966년 전투기 조종사 50여 명과 군사고문단 300여 명을 베트남에 파견하고 있었다. 베트남전쟁은 북한 내에서 일종의 제국주의에 대항하는 '대리전쟁'으로 인식됐고, 《노동신문》을 비롯한 관영매체는 애국주의를 연일 선동하고 있었다.

당시 북한의 모험주의자들은 미국이 베트남전쟁에 발목이 잡혀 있고, 힘이 분산돼 있으며, 그래서 한반도에서 새로운 전쟁에 개입하기 어려울 것이라고 판단했다. 동시에 한국 또한 베트남전쟁에 참여하고 있기 때문에 그 시기를 '약한 고리'라고 계산했을 것이다.

그들만의 세계정세 분석에 따라, 이른바 '남조선 혁명'의 시기가 도래했다는 오판을 한 것이다. 통혁당 사건에서 드러났듯이 북한은 남한에서 이른바 '지하당'의 구축에도 적극적으로 나섰다.

예비군 창설, 주민등록 강화, 고교 군사훈련 시작

북한의 도발은 다양한 방식으로 벌어졌고, 실제 울진·삼척지구 무장공비 침투 사건처럼 현실적 공포로 작동했다. 당시 120여 명에 달하는 무장 게릴라들은 두 달여 동안 태백산맥을 휘저으며 '제한전쟁'을 치르기도 했다.

물론 북한의 도발은 모두 실패했다. 그렇지만 의도하지 않은 결과라고나 할까. 남한 사회를 질적으로 변화시키는 계기를 제공했다. 한국전쟁 이후 남한의 냉전반공주의는 국가이념으로 자리잡았지만, 북한의 직접적인 군사 도발은 그것이 강화되고 일상화되는 동력으로 작용했다. 무엇보다 중요한 것은 북한의 도발이 박정희 정권을 살렸다는 점이다.

당시 남한의 정치는 혼란스러웠다. 1967년 6·8선거는 부정으로 얼룩져 있었다. 목포에서는 대리투표를 하다 잡힌 사례가 수도 없이 많았고 전북 진안의 투표율은 101.4퍼센트였다. 전국적으로 부정선거를 규탄하는 학생 시위가 벌어졌고, 마침내 6월 12일 서울대를 시작으로 휴교령이 내려졌다. 야당인 신민당은 강력하게 반발했고, 1967년 말까지 부정선거를 규탄하는 정치투쟁이 계속됐다. 마침내 부정이 심한 지역을 대상으로 재선거를 한다는 양보를 여당인 공화당으로부터 얻어내기도 했다.

그러나 1968년 1월 21일 김신조를 비롯한 북한의 무장 게릴라들이 청와대를 습격하면서 상황이 일순간에 변화했다. '북한 도발'이라는 외부적 상황 변화가 국내 정치의 대립을 해소해버린 것이다. 곧이어 벌어진 북한의 푸에블로호 나포 사건으로 한반도의 군사적 긴장 수준이 높아졌다. 미국은 사건 초기에 억류된 인질들을 구출하기 위해 실제로 군사작전을 검토했다. 이후 미국은 인질 석방을 위해 북한과의 협상을 선택했지만, 박정희 정부는 이런 미국의 태도에 강력하게 반발하면서 군사적 보복을 강조했다.

박정희 정부는 북한의 도발이라는 공포심을 자극해 국내 반공체제를 강화하는 계기로 활용했다. 1월 22일 대간첩 대책본부가 발족했고, 4월 1일 향토예비군이 창설됐으며, 5월 10일에는 주민등록법 개정안이 통과됐다. 이전의 주민등록제도는 상대적으로 미비해서 자진 신고가 부실하고, 호적과의 관련 또한 미흡해 국민 통제에 허점이 많았다. 북한의 도발은 주민등록제 강화에 결정적으로 기여했다. 동시에 중·고등학교에 반공 도덕 전담교사를 두게 하는 등 반공교육도 강화됐다. 9월 19일에는 서울의 성동고를 시작으로 고교 군사훈련이 시작됐다.

남북관계를 설명하는 개념에 '적대적 상호의존'이라는 말이 있다. 두 개의 분단국가 각각에서 강경파들이 적대적 관계를 활용해 자신들의 기득권을 유지하는 것을 설명하는 개념이다. 1968년은 적대적 의존 관계를 가장 잘 설명하는 사례라고 할 수 있다. 결국 북한의 도발이 박정희 정권을 살렸다. 그리고 적대의식은 남과 북 모두에 군사국가로 전환할 수 있는 계기를 제공했다. 그 과정에 북한 내부에서 개혁의 목소리는 사라지고, 남한에서는 민주주의가 고통 받을 수밖에 없었다.

더 견고해진 유신체제와 유일체제

만약 1968년 남과 북이 다른 선택을 했으면 어떻게 되었을까? 북한에서 모험주의 노선이 아니라 다른 노선을 선택할 수는 없었을까? 체코처럼 말이다. 당시 체코의 두브체크 체제는 '인간의 얼굴을 가진 사회주의'라는 개념을 통해 개혁정책을 추진했다. 사회주의는 중·소 분쟁이라는 대격변에 진입했고, 친소국가와 친중국가로 갈라졌으며, 유고슬라비아를 비롯한 몇몇 국가는 독자노선을 선포했다. 체코는 사회주의권의 질서 변화기에 새로운 노선을 선택한 것이다. 물론 소련군의 탱크가 프라하의 봄을 앗아갔다. 그러나 만약 북한에서 새로운 개혁정책을 추진했다면, 지리적으로나 중국과의 관계에서 보나, 소련이 쉽게 개입하지는 못했을 것이다.

북한은 중·소 분쟁 국면에서, 스탈린 체제와 유사한 전통 노선을 선택했다. 베트남전쟁 과정에서 군사적 긴장이 높아가던 한반도에서 그들의 선택은 상황의 산물이라는 측면이 있다. 그렇지만 독자노선으로 군사모험주의가 아니라 '교류협력 정책'을 선택할 수는 없었을까? 세계적인 냉전 상황 속에서도 교류협력을 추진한 동독과 서독의 관계처럼 말이다. 그렇게 했다면 남한의 냉전반공주의도 형성되지 못했을 것이다.

1968년의 도발이 없었다면 1972년 7·4남북공동성명이 실질적인 남북관계 개선으로 이어졌을 수도 있다. 1968년 전쟁 직전까지 갔던 남북관계가 1972년 극적인 대화 국면으로 전환된 것은 미국 닉슨 행정부가 추진한 데탕트 정책의 영향 때문이었다. 그러나 증오가 멈추어야 평화가 온다고 했던가. 증오심을 갖고 대화를 한다면 당연히 성과를 보장하기 어렵다. 7·4남북공동성명에서 남북한이 합의한 상호 인정과 비방 중단의 원칙들은 결국 '1968년 체제'가 만들어놓은 국내 냉전의 두꺼운 벽을 넘어서지 못했다. 짧은 대화 국면이 끝나갈 때, 남북한은 다시 한 번 이 국면을 국내 정치적으로 활용했다. 1972년 북한에서는 주석제 신설을 내용으로 하는 헌법 개정이 있었고, 박정희 정부는 유신체제를 선포했다. 유일체제와 유신체제, 두 개의 분단국가는 결국 적대관계를 자신에게 유리한 국내 정치의 도구로 활용했다.

또한 1968년은 한국 보수의 성격을 규정해버렸다. 냉전반공주의로 말이다. 서구에서 68혁명은 진보의 진보를 의미하지만, 보수 개혁의 계기로도 작용했다. 대표적으로 미국에서 반공주의의 상징으로 평가받던 닉슨이 대통령이 되어 세계적인 데탕트를 추구하지 않았던가. 유럽의 보수당들도 전후 보수의 가치였던 반공이 아니라, 현대적 개념의 보수적 정체성을 새롭게 성찰했다.

그러나 1968년은 한국 보수의 이념을 급속냉동시켰다. 아직도 논리가 막히면 '친북좌파'라는 딱지 붙이기가 횡행하고, 과학과 이성이 아니라 이념을 앞세우는 보수 같지 않은 사람들이 보수의 위치를 오랫동안 차지하게 한 심층의 기억으로 작용하고 있다. 여전히 반공을 위해 민주주의를 희생해도 괜찮다고 생각하는 반근대적 사고들이 존재할 수 있는 것도 1968년과 같은 적대적 의존이 남겨놓은 유산 때문이 아니겠는가?

적대적 의존 관계가 없었다면 한국 보수도 서구의 계몽된 보수처럼 현대화할 수 있었을 것이다. 그렇게 되었다면 한국의 민주주의도 달라졌을 것이다. 보수가 정상화돼야 현대적 민주주의가 가능하다. 부패와 무능을 '반공'이라는 이념으로 덮어버리는 보수가 아니라, 국익을 우선하고 민족을 생각하는 서구적 의미의 보수가 존재해야 참다운 민주주의의 경쟁이 가능해질 것이다.

적대적 의존의 시대는 지났다. 현 시점에서 다시 1968년을 꿈꾸는 사람들이 있다면 그것은 시대착오다. 너무 많이 변한 세월만큼이나 한국이 처한 상황도 달라졌다. 우선 개방경제에서 대책 없는 냉전반공주의를 지속하기 어렵다. 경제에 미치는 부정적 영향을 고려한다면, 그렇게 무책임하게 '일전불사'를 외칠 시대가 아니다.

공포와 불안의 안보는 지지받을 수 없다

이제 시민들도 적대적 의존 구조를 정확하게 이해한다. 1968년에 남북한의 강경파들은 권력을 얻었고, 시민들은 민주주의를 잃었다. 지금도 마찬가지다. 여전히 냉전반공주의로 기득권을 유지하는 사람들은 무책임하게 일전불사를 선동하지만, 설득력이 없다. 시민들은 북한의 도발이 나쁘다고 생각한다. 누가 북한 체제를 호의적으로 보겠는가. 그러나 동시에 전쟁의 공포를 실감하는 현재의 불안을 절대로 지지하지 않는다. 경제적 수단도 있고 외교적 수단도 있는데, 1968년처럼 군사적 대응에만 집착하는 정부의 안보 능력을 누가 지지하겠는가. 그리고 냉전시대와 달리, 우리는 너무 많은 것을 성취했고 군사적 충돌이 발생하면 잃을 것이 너무 많아졌다. 누구든지 '글로벌 시대'를 말한다. 뒤처지지 않아야 한다고 주장한다. 그러나 아는가? 1968년 같은 적대적 의존 관계에서 벗어나지 못하면, 우리는 여전히 '냉전의 섬'으로 남아 있을 수밖에 없다. 평화 없이 우리는 미래로 가기 어렵다.

만약에 한국사

경부고속도로 건설이 늦춰졌다면

국토 불균형 발전, 부동산 투기, 불통 정치, '일단 하고 보자'주의 등
압축성장의 병폐 한층 줄어들었을 것

1970년은 한국 현대사, 특히 경제사에서 뜻깊은 해였다. 그해에 포항제철이 기공식을 열었고, 경부고속도로가 개통됐다. 그리고 전태일이 분신했다. 1968년 2월 1일 착공해 2년 5개월 만인 1970년 7월 7일 준공된 경부고속도로는 오늘날까지 퇴색하지 않는 '신화'를 낳았다. 이를 건설함으로써 "한국 경제는 오랜 침체의 늪에서 벗어나 눈부신 발전의 길에 접어들었고" "우리 힘과 우리 기술로 이루어낸 하나의 기적과도 같은 대역사였으며" "당시 야당은 반대를 위한 반대를 하였으나 박정희 대통령의 영단으로 관철한 결과 이제는 아무도 그 타당성을 의심하지 않는다"는 신화다.

1964년 서독 아우토반 보고 구상 착수

경부고속도로 착공 당시 건설부 장관이었던 주원은 박정희 대통

경부고속도로 건설 일지	
1967년 4월 29일	박정희 대통령, 제2차 경제개발5개년계획 기간 중 국가기간고속도로 착공을 포함한 대국토건설계획(안) 발표
1968년 2월 1일	서울~수원 간 공사 착공
12월 21일	서울~인천간 및 서울~수원간 고속도로 개통
12월 30일	수원~오산간(14.2km) 고속도로 개통
1969년 9월 29일	오산~천안간(37.4km) 개통
12월 10일	천안~대전간(69.2km) 개통
12월 29일	대구~부산간(123km) 및 언양~울산간 고속도로 개통
1970년 7월 7일	대전~대구간(152.8km) 개통으로 서울~부산간 428km 전구간 개통

령이 1962년 대통령 당선자 신분으로 미국을 방문했을 때 그곳의 고속도로를 보고 처음 경부고속도로를 건설할 뜻을 가졌다고 전한다. 하지만 대부분의 자료에 따르면, 1964년에 서독을 방문해 히틀러가 건설한 아우토반을 보고 나서 그런 구상에 들어갔다고 본다.

이후 박정희는 세계 각국의 고속도로 자료를 틈나는 대로 들여다보며 고속도로 건설 구상을 가다듬었다고 하지만, 일반은 물론 정부와 여당에도 그런 구상을 일절 내비치지 않았다. 그리하여 1967년 시작된 제2차 경제개발5개년계획안에는 고속도로에 관한 계획이나 예산이 전혀 포함되지 않았다.

경부고속도로 건설 계획이 비로소 빛을 본 것은 1967년 제7대 대통령 선거 때였다. 당시 건설부에서 일한 김의원 전 국토개발연구원장은 이렇게 회상한다. "1967년 4월 말, 청와대가 느닷없이 김용희 국토계획국장을 호출했다. '국토계획에 포함시킬 사업을 빨리 적어 내라'는 것이었다. 김 국장은 생각나는 대로 4대강 개발, 10대 항 개발, 고속도로 건설 등을 메모에 갈겨썼고, 며칠 후 대통령 선거 유세장에서 메모 내용이 그대로 공약으로 발표됐다."

하지만 박정희가 고속도로 건설안을 마냥 묵혀두었다가 대통령 선거 공약으로 서둘러 다시 꺼내든 것은 아니었다. 이에 앞서 국제부흥개발은행(IBRD)에 의뢰해 1965년 11월부터 1966년 6월까지 한국의 교통 실태를 조사하게 한 것이다. IBRD는 당시 한국의 교통망이 철도에 지나치게 의존하고 있으며, 앞으로의 교통량 증가 예측치를 볼 때 제2차 경제개발5개

1967년 '대(大)국토건설계획'이라는 이름 아래 국가기간고속도로 건설추진위원회와 건설계획조사단이 서울 한강대교 남단에서부터 부산 금정구 구서동까지 428km의 구간을 설계하며 경부고속도로 건설은 본격화됐다. 사진은 국가기간고속도로추진계획조사단 현판식. ⓒ국가기록원

년계획 기간 동안 3,300킬로미터의 도로를 추가로 포장해야 한다고 진단했다. 또한 서울과 강릉, 포항과 광주를 잇는 국토 횡단도로와 삼척과 속초, 대전과 목포를 잇는 지역 연결 도로가 가장 빨리 건설돼야 한다고도 덧붙였다.

아무튼 1967년 대통령 선거에서 승리한 박정희는 본격적으로 경부고속도로 건설 계획에 착수했다. 정부에서는 주원 건설부 장관, 민간에서는 정주영 현대건설 회장이 '투톱'이 되어 실무를 맡고, 청와대가 최고 사령탑이 되어 계획 수립, 진행, 점검 등을 두루 지휘했다. 당시 박정희는 집무실에 온통 지도를 펼쳐놓고 직접 자를 대고 선을 그리면서 계획에 몰두했고, 정주영 역시 건설 현장에서 살다시피 하며 공사를 독려했다고 한다. 그리하여 착공 뒤 불과 2년 5

개월 이라는 '기적적인' 속도로 공사가 완료됐고(본래 일정보다 1년을 단축한 것이다), 총길이 428킬로미터, 총공사비 429억 원, 동원 인력 900만 명, 중장비 165만 대, 철근 5만 톤, 공사 중 사망자 77명이라는 '기록'을 남겼다.

이렇게 경부고속도로는 건설됐으나, 그 직후 만들어지기 시작한 신화에는 허점이 많다. 먼저 "경부고속도로가 비약적인 경제성장의 계기가 됐다"는 신화를 보자. 경부고속도로가 이후의 경제성장에 어느 정도 기여를 한 점은 분명하다. 그러나 그 기여가 과연 얼마나 중대한 것이었는지는 의문이다. IBRD 보고서에서도 볼 수 있듯 당시 예상된 물동량 수요 증대는 기존 도로를 포장하는 것으로 충분히 해결할 수 있었고, 굳이 국토를 종단하는 고속도로를 건설할 필요는 없었다. 또한 경부고속도로는 개통된 뒤 한동안은 신설된 고속버스를 이용한 개인 여행용으로 주로 쓰였으며, 생각보다 화물 운송로 기능은 많이 하지 못했다. 경부고속도로로 전국이 '일일생활권'이 됨으로써 장기적으로 자동차 구매 수요를 높여 경제발전에 기여했을지 모르지만, '마이카 시대'가 본격적으로 시작된 것은 1980년대 후반이다. 그다지 표가 나지 않는 기존 도로 포장 대신 거대한 고속도로 건설을 선택한 건 선전 효과를 노린 것이 아니었을까 하는 의구심이 든다.

당시 정부·여당에서도 반대론 비등

또한 "우리 힘과 기술로 이뤄낸 대역사"라는 신화는 어떤가? '우리 힘과 기술'이 사용된 점은 사실이지만 그만큼 부실함과 희생도 따랐다. 부족한 예산과 공기 단축이 가져오는 선전 효과 때문에,

만약에 한국사

청와대와 현대건설 회장실에서는 매일처럼 "더 빨리, 빨리!"라는 독촉이 쏟아졌다. 그러다 보니 휴일도 없이 매일 19시간 이상 작업하느라 사고가 잇달아 77명이라는 고귀한 생명이 공사 현장에서 스러졌다. 또 고속도로의 핵심인 중앙분리대를 제대로 설치하지 않아 중앙선을 넘는 차량 사고가 끊이지 않았다. 도로 전체가 부실 덩어리였으며, 개통 뒤 1년부터 보수 공사가 시작돼 10년이 지났을 때는 보수 비용이 고속도로 건설 총비용을 훌쩍 넘길 정도가 됐다. 정주영이나 김정렴 전 청와대 비서실장의 말처럼 공사 기간을 1년이나 단축한 고속도로 건설이 "기업과 노동자, 그리고 전 국민에게 '하면 된다'는 신념을 심어주었고, 그것이 '게으른 한국인'을 '근면한 한국인'으로 탈바꿈시켜 마침내 초고속 경제성장을 이룩하는 정신적 자원을 마련"했을지도 모른다. 하지만 얼마나 비합리적인 '하면 된다', 얼마나 비인간적인 '빨리 빨리'였던가.

많이 언급되는 신화 중 하나는 아마도 "당시 야당은 반대를 위한 반대를 일삼았다"는 신화일 것이다. 당시 김대중 신민당 의원이 건설 현장에 드러누워 공사를 방해했다는 유언비어가 아직까지 진실처럼 여겨지기도 한다. 그러나 야당은 반대를 위한 반대가 아니라 충분히 타당한 근거를 가지고 반대했다. 당시 경부고속도로에 반대한 사람은 야당뿐만이 아니라 정부와 여당에도 있었다. 애초에 박정희가 오랫동안 고속도로 건설 구상을 비밀에 붙였던 까닭이 정부와 여당의 반대를 예상해서였다고 볼 만큼 예산 확보나 실용성 문제를 들어 반대하는 공무원과 여당 의원도 많았다. 그래서 박정희는 '국가기간고속도로 사업추진위원회'를 만들어놓고도 거의 활용하지 않고 사실상 청와대 단독으로 건설을 밀어붙였다.

박정희식 경제개발을 높게 평가하는 이들은 경부고속도로를 신화로 기억하지만 2년 5개월의 공사 기간에 77명의 사망자가 발생했다는 사실을 떠올리는 사람은 많지 않다. 1969년 경부고속도로 공사 현장 모습. ⓒ국가기록원

김대중을 비롯한 야당의 반대론은 △첫째 IBRD가 국토횡단 노선 건설이 더 효율적이라고 분석했음에도 국토종단 고속도로를 만드는 것은 지역 불균형을 심화시킨다 △둘째 부동산 과열과 특정 기업의 비대화를 초래한다 △셋째 지나치게 빠른 도시화를 부추겨 농어촌이 피폐해지고 도시 인구 유입이 증대된다 등이었다. 오늘날의 시각에서 이런 문제점은 모두 타당성이 입증됐다. 건설부는 이에 대해 서울과 부산을 연결하는 권역에 당시 국민총생산의 66 퍼센트, 공업 생산의 81퍼센트가 집중돼 있으므로 그 권역을 연결하는 고속도로가 절실하다는 해명을 했다. 하지만 이는 숫자놀음으로, 서울~강릉, 포항~광주 권역을 연결해도 비슷한 수치가 나올 것이었다. 또한 호남고속도로 등을 추후 착공하고 국민소득과

정부 예산이 워낙 적은 상황에서는 균형 발전에 충분한 예산을 투입할 수 없다고 변명했으나, 지역 불균형은 경부고속도로 이후 급속도로 심화돼 경제 규모가 커진 지금에는 오히려 예전보다 해소하기 어려운 상황이 됐다.

고속도로와 함께 깔린 '환상적인 정경유착'

그렇다면 당시 박정희 정권이 IBRD, 야당 그리고 정부·여당의 의견을 겸허히 받아들여 경부고속도로 건설 계획을 백지화했다면 어떻게 됐을까?

일단 IBRD가 권고한 대로 동서를 횡단하는 노선을 중심으로 일반 노선 증설 공사가 이루어졌을 것이다. 아무튼 도로 증설은 필요했으며, 야당도 그 점에는 충분히 동의하고 있었기 때문이다. 그렇다면 수도권에서 강원도의 발전이 뒤처지지 않고, 영남과 호남의 공업지대가 유기적으로 연계되면서 지역 격차가 불거지지 않는 균형 발전이 차근차근 진행됐을 가능성이 높다. 도시화와 수도권 인구 집중도 좀더 완만하게 진행돼, 오늘날만큼 지방에는 일자리가 없고 농촌에는 젊은이가 없는 상황이 심각하게 전개되지는 않았을 것이다.

경제력 집중과 부동산 투기 과열도 경부고속도로 건설을 계기로 본격화한 만큼, 다른 식으로 도로 건설이 이루어졌다면 이런 부작용이 지금만큼 심화돼 빈부 격차와 사회 불안 요인이 될 뿐 아니라 한국 경제를 해치는 병폐로 잠복하지 않았을지 모른다. 당시 경부고속도로가 시작되는 서울 양재동의 땅값은 순식간에 수십 배로 뛰어올랐다. 1963년부터 1979년까지, 즉 박정희 집권기에 전국의

경부고속도로는 1968년 2월 1일 착공해 2년 5개월 만인 1970년 7월 7일 완공됐다. 경부고속도로는 이후 박정희식 경제개발의 상징이 됐다. 사진은 부산~대구 간 고속도로 개통식. ⓒ국가기록원

평균 땅값은 180배가 올랐는데 이는 같은 기간 예금 소득 증가폭의 10배에 달한다. 참여정부 때 대통령 정책보좌관을 지낸 이정우 경북대 교수는 "부동산 가격 상승폭을 보면 박정희 시대에 이룩했다는 소득 성장이 대부분 거품이었음을 알 수 있다"고 한다. 이런 땅값 상승을 촉발한 계기가 바로 경부고속도로였다. 또한 이를 계기로 현대가 한국을 대표하는 재벌로 성장하게 됐으며, 고속도로 건설 과정에서 보여준 '환상적인 정경유착'이 한동안 한국 경제 발전의 모델처럼 여겨지기도 했다.

대통령의 독선적 국정운영 스타일이 '리더십'으로 인식되고, 여당은 무조건 밀어붙이고 야당은 무조건 반대하는 식의 비생산적 갈등이 한국 정치의 상식처럼 굳어지지도 않았을 것이다. 박정희의 말처럼 경부고속도로 건설을 포함한 국토개발계획은 민족사의

흐름을 바꾸는 거대한 사업이었다. 그 사업에 정권 바깥의 목소리는 전혀 반영되지 못했다. 아니, 정확히 말해서 대통령 한 사람과 그를 추종하는 관료 및 기업인 몇몇의 목소리 외에는 깡그리 무시됐다. "소통할수록 효율은 떨어진다"는 것이 경부고속도로를 '성공리에 건설'한 박정희와 그 추종자들이 얻은 교훈이었으며, 따라서 이후 정치를 갈수록 일방통행식으로 몰고 가게 됐다. 이러다 보니 야당 쪽에서도 여당이 제기하는 정책을 합리적으로 논의하기보다 무조건 반대하고 보는 것을 '선명 야당'의 자세로 여기는 패턴이 굳어졌다.

정치적으로는, 지역감정만 잘 활용하면 선거에서 백전백승할 수도 있는 구도를 만드는 데도 일조했다. 소외당한 지역의 설움도 그런 지역감정에 의존하는 정치 풍토를 더욱 공고히 하는 재료로 쓰였다. 따라서 경부고속도로 건설이 그런 식으로 이루어지지 않았다면, 오늘날 한국 정치의 중요한 병폐 또한 없었거나, 훨씬 덜한 상태로 존재하게 되었을 것이다.

철학도 영혼도 없는 '빨리 빨리' 세계관

그리고 경부고속도로 건설 과정에서 싹을 틔운 '하면 된다'와 '빨리 빨리' 의식이 한국인의 머리와 가슴에 새겨지면서 이후 놀라운 양적 성장을 이룩하는 코드가 된 한편, "무조건 이기면 장땡이다" "큰일을 하려면 사소한 문제는 잊어라" 등의 처세술이 꽃피게도 했다. 공작정치에 흑색선전을 해서도 선거에 이기면 그만이다. 뇌물을 먹고 부실 재료를 써도 대형 공사를 따내면 그만이다. 입시 부정을 해서라도 명문대에 들어가면 그만이다. 표절하고 사재기

경부고속도로 현황	
총연장	416km(개통 당시 428km)
건설비용	429억 원
건설기간	2년 5개월(1968년 2월 1일~1970년 7월 7일)
공사 중 사망자	77명
연간 편익	13조 5,000억 원(2006년 국토연구원 자료)

를 해서라도 베스트셀러를 만들면 그만이다. 정부에서 민간까지, 사회의 구석구석까지 "일단 길부터 닦고 보자! 그 길이 꼭 필요한 길인지, 그 길에 문제점은 없는지 따위는 나중에 고민해도 된다!"는 사고방식, 철학도 영혼도 없는 세계관이 뿌리내리고 있다. 그런 세계관이 다리와 백화점을 무너지게 했고, 결국 국제통화기금(IMF) 사태까지 초래했다고 하여 반성하던 시기도 어느새 잠깐이 됐고, 지금 바로 여기, 온갖 소통을 거부하며 경부고속도로를 밀어붙이던 시절을 방불케 하는 일 추진 방식이 이 땅에 버젓이 재현되고 있다.

전태일이 분신하지 않았다면

경제 발전 구호에 민중과 노동자의 희생 계속 강요되었을 수도…
재야 및 학생운동과의 연대 불가능했을 것

1970년 11월 13일, 서울 동대문 평화시장 앞. 날은 흐렸다. 시간은 오후 두 시에 가까워지고 있었다.

"순간 전태일의 옷 위로 불길이 확 치솟았다. 친구들보고 먼저 내려가라고 한 뒤, 그는 미리 준비해두었던 한 되 가량의 석유를 온몸에 끼얹고 내려왔던 것이다. 불길은 순식간에 전태일의 전신을 휩쌌다. 불타는 몸으로 그는 사람들이 아직 많이 서성거리고 있는 국민은행 앞길로 뛰어나갔다.

'근로기준법을 준수하라!'

'우리는 기계가 아니다! 일요일은 쉬게 하라!'

'노동자들을 혹사하지 말라!'

그는 몇 마디의 구호를 짐승의 소리처럼 외치다가 그 자리에 쓰러졌

1965년	평화시장내 삼일사 재단보조로 취직
1968년	근로기준법 준수, 근로조건 개선 모임 준비
1969년 6월	노동운동 조직 '바보회' 창립
1970년 10월	삼동친목회 조직
10월 6일	'평화시장 피복제품상 종업원 근로개선 진정서' 노동청에 제출
	다음 날 이 내용이 경향신문에 보도
10월 24일	근로조건개선 시위 기도
11월 13일	평화시장 앞에서 '근로기준법 화형식'과 함께 분신

다. 입으로 화염이 확확 들어찼던 것인지, 나중 말은 똑똑히 알아들을
수 없는 비명소리로 변하였다."

(조영래, 『전태일 평전』)

1960년대의 빠른 경제성장의 이면에는 노동자들의 희생이 있었
다. 노동기본권은 명목뿐이었으며, 한국노총과 근로기준법은 반
공과 성장이라는 신성한 주문 앞에서 제 기능을 하지 못했다. 그나
마 대단위 사업장에서는 노동자들의 요구가 어느 정도 참작될 수
있었으나, 규모가 작고 매출이 영세해질수록 불법적이고 비인간
적인 노동조건이 당연하다는 듯 강요되었다. 전태일이 1964년부
터 몸담았던 청계천 의류제조업체 밀집구역도 그런 영세업장들이
모인 바닥이었다.

당시 청계천 일대에는 860여 개 사업장에 2만 6,800여 노동자가
일하고 있었고, 노동자의 대부분은 여성, 그것도 18세 미만의 소녀
들이었다. 그들은 천장이 너무 낮아 허리를 구부정하게 숙인 채로
점심시간도 없이 하루에 14시간을 일했고(일이 밀릴 때는 24시간으로 늘었

다. 물론 특근수당 한 푼 없이), 토요일 일요일도 없이 한 달에 단 이틀의 휴일만 가졌다. 그렇게 해서 얻는 80원의 일당은 다방 커피 값 정도였다. 그나마 늦게 받든지 못 받든지였다. 살인적인 근무시간에다 작업환경도 극단적이어서 1년 이상 일하면 몸이 망가지지 않는 사람이 없었다. 하지만 더 이상 일을 할 수 없을 정도로 아픈 소녀 노동자에게 회사 측이 하는 말은 한마디뿐이었다. "해고."

청계천 평화시장 시다 시절의 전태일(뒷줄 가운데). 가난 때문에 초등학교도 제대로 다니지 못한 열서너 살 어린 여공들과 함께 고된 일을 하며 재봉기술을 배웠다. ©전태일기념사업회

"우리는 기계가 아니다"

1948년에 대구에서 태어난 전태일은 청계천에서 일하기 시작한 지 3년 만에 재단사가 되어 가장 밑바닥에서 일하는 여공들을 관리하는 입장이 되었다. 그는 미약하나마 얻은 힘을 써서 여공들을 조금이라도 도우려 했다. 그러나 그를 무척 따르던 어느 여공이 폐병 3기로 진단받고는 아무 보상도 없이 공장에서 쫓겨나자 이에 항의하다가 자신까지 쫓겨난 다음, 결국 문제는 체제 자체에 있다고 생각하며 그 체제를 개선하기 위한 노력, 또는 투쟁에 들어가게 된다.

그런 의지를 품고 1969년에 만든 재단사들의 모임은 '바보회'라고 했다. 승산이 없는 일인 줄 알면서도 해야만 하는 일이라서 하는 바보, 체제에 순응하면 편한 것을 굳이 반항하는 바보들의 모임이라는 뜻이었다. 여기서 그는 노동관계법 연구, 노동자 근로 실태 조사, 관계당국에의 청원과 양심적인 자본가 물색 등의 활동을 벌였다.

하지만 본래 체계적인 이념교육을 받은 혁명가가 아니었던 전태일은 "사용자가 근로기준법만 제대로 지켜주면 모두 행복해질 수 있다"는 지론을 갖고 있었다. 즉, 체제 자체를 뒤엎기보다는 원칙을 지키도록 하면 된다는 것이었다. 하지만 누가 원칙을 지키도록 강제할 것인가, 애초에 체제가 그런 '원칙'을 실질적인 원칙으로 내세우고 있는가는 의문이 아닐 수 없었다. 그래서 그는 계속 실패만 했다. 불순한 조직 활동을 한다고 계속 해고당했고, 동지들도 하나둘씩 배신했다. 1970년 10월에는 노동청장에게 '평화시장 피복제품상 종업원 근로조건 개선 진정서'를 보내 노동자들의 절망적인 상황을 낱낱이 밝히고 개선을 요청했다. 그러나 정부는 말로만 개선을 약속할 뿐이었다.

결국 절망에 빠진 전태일과 그의 동료들은 시위에 들어갔다. 경찰이 가만히 있을 리 없었다. 두 차례의 저지로 시위가 중단된 다음, 그들은 11월 13일에 '근로기준법 화형식'을 벌이려고 했다. 하지만 다시 들이닥친 경찰이 플래카드를 빼앗았다. 그때 전태일은 석유통을 들고, 자신의 몸에 끼얹었다. 스물세 살이었다. 그렇게, 자신의 양심과 의지를 끝내 포기할 수 없었던 청년은 그 대신 목숨을 포기했다.

새로운 투쟁 목표로 '민중' 부각

전태일의 분신은 어떤 변화를 가져왔을까? 많은 학자들이 그의 죽음이야말로 한국 노동운동사에, 재야 투쟁사에, 그리고 한국사에 큰 획을 그었다고 입을 모은다. 분신 후 12일 뒤인 25일에는 조선호텔 하급직 이상찬이 분신자살을 시도하고, 1971년 1월에는 아시아자동차 노동자들이 노조 결성을 불허하면 집단자살 하겠다고 선언했으며, 2월에는 한국회관 식당 노동자 김차호가 가스통을 안고 시위를 벌이는 등 자신의 목숨을 담보로 하는 투쟁이 꼬리를 물었다. 한편 11월 27일에 전태일이 꿈꿨던 청계피복노조가 결성된 것을 비롯하여 가혹한 노동조건에 짓눌려만 지내던 영세업체 노동자들이 노조를 결성하고 투쟁에 나서기 시작했다. 그동안 대단위 사업장의 노동문제에만 관심을 쏟았던 한국노총 역시 분신 이후 영세사업장 노동문제를 새롭게 돌아보게 되었다. 그리하여 이후 수립된 전에 없는 파시즘적 폭압체제, 즉 유신체제에서도 노동운동은 오히려 전보다 더 많고 치열하게 일어나, 1987년의 대규모 노동운동으로 이어질 불씨를 살리게 된다.

분신 이전까지, 재야와 학생운동의 투쟁 목표에는 '민족'과 '민주'뿐이었다. 1964년의 한일회담 반대운동이나 1960년의 4·19 등이 그랬으며, 재야의 투쟁이란 한 마디로 말하면 야당이 정권을 잡도록 돕는 활동에 지나지 않았다. 그러나 분신으로 말미암아 '민중'이 새로운 목표로 부각되었다. 민족정기를 회복한다고 해서, 공명선거가 치러지고 정권이 평화적으로 교체된다고 해서, 햇빛도 안 드는 다락방에서 하루 종일 일하며 눈이 짓무르고 폐가 너덜너덜해지는 소녀들에게 무슨 도움이 된단 말인가? 이보다 몇 달 뒤

전태일이 근로감독관에게 보낸 편지와 바보회 명함. 근로기준법을 읽은 전태일은 스스로를 바보라 여기고 친구들과 함께 '바보회'라는 모임을 만든다. 그리고 근로조건 개선을 위해 혼신을 바쳤다.

(1971년 8월) 벌어진 광주이주민 생존권 투쟁과 더불어, 더 이상 북한과의 대결이나 일단 경제규모를 늘려 놓고 보자는 명목으로 다수 민중의 희생을 강요할 수 없다는 인식이 재야와 학생, 지식인들 사이에 퍼져갔다. 그리하여 노조위원장들이 대학교수들과 함께 투쟁계획을 짜고, 학생들이 공장에 위장취업해서 투쟁의식을 고취하는 '민주전선'이 이후부터 비로소 수립되었던 것이다. 재야는 야당의 후원세력 수준을 넘어서는 자체적인 노선과 어젠다를 갖게 되었으며, 장차 시민운동으로 발전할 토대를 마련하게 되었다.

그리고 기본적으로 '오직 돈을 많이 벌기 위하여' 앞만 보고 달리고 있던 한국인들에게 스물세 살 청년의 분신은 잊고 있던 인간성을 일깨워 주었다. 물론 물욕의 힘은 강하다. 전태일이 분신하기 몇 달 전에 완공된 경부고속도로가 상징하는 '빨리빨리, 많이많이'

192

의 에토스는 그 후로도 수십 년 동안 맹위를 떨치며, 한국인의 가장 대표적인 심성을 이루는 핵이 되었다. 그러나 그런 한편으로 "이렇게 살아가도 괜찮을까?" "소외된 사람들, 힘없는 이웃들을 돌아보아야 하지 않을까?" 하는 양심의 빛줄기가 희미하게라도 살아남았다면, 그것은 아마도 전태일의 육체를 사른 불꽃이 온 나라에 퍼뜨린 빛일 것이다.

스물셋 전태일을 사른 불꽃

하지만 우리는 "전태일이 분신하지 않았다면, 그가 최후의 순간에 죽음의 공포에 꺾였거나, 더 온건한 투쟁 방식으로 물러섰더라면, 노동자들과 민중의 처지는 지금 더 가혹한 것이 되었으리라"는 결론에 고개를 끄덕이면서도 한 가지 다른 생각을 덧붙이게 된다. 전태일은 계속해서 온건 투쟁의 노선을 고집했으나, 마지막에는 목숨까지 담보하는 극렬 투쟁의 방법을 선택했다. 그것이 전적으로 옳기만 한 선택이었을까?

흔히 전태일을 김주열이나 박종철과 비교한다. 모두 대의를 추구하다가 아쉽게 숨져간 젊은 넋들이다. 그러나 중요한 차이가 있다. 김주열과 박종철은 공권력에게 살해당했지만, 전태일은 스스로 죽음을 택한 것이다. 그 죽음 역시 대중의 무기력해진 양심을 뒤흔들었으나 김주열이 4·19를, 박종철이 6·10을 터뜨린 원동력을 제공했던 반면 전태일은 당장 대규모의 항쟁이나 총파업을 불러오지는 못했다. "불쌍하다. 이해도 한다. 하지만 과격한 것은 싫다"는 일반 대중의 의식이 그 한 요인이었다. 1987년 이후 골리앗 크레인을 앞세운 노동자들의 시위나 학생운동권의 연이은 분신자살

전태일은 1970년 11월 13일, "우리는 기계가 아니다. 일요일은 쉬게 하라"를 외치며 근로기준법 책과 함께 불꽃으로 타올랐다.

이 결국 대중의 진보 열의를 차갑게 식혔던 사실('보수언론의 여론 왜곡' 이라는 요인을 감안하더라도)도 같은 맥락이다. 결국 오늘날 한국 정치와 시민운동에서 '민중적 쟁점'을 중시하는 진보의 힘은 버젓이 살아 있다. 이제는 노동운동 자체가 무조건 탄압받지도 않고, 진보세력 이 정치권에도 일부 파고들어가 있다. 그러나 "과격하다, 무섭다" 는 대중의 인식은 아직도 진보의 순조로운 발전을 방해한다.

결국 전태일이 최후의 순간에 생각을 고치고, 전처럼 온건한 방 식의 투쟁을 계속하면서 재야, 학생, 지식인과 연대를 모색했다면 어땠을까. 서울 한복판에서의 분신이 가져온 강렬한 임팩트는 없 었을 것이며, 따라서 이후 노동운동이 역동적으로 이루어질 계기 를 마련하지는 못했을 수 있다. '민주정권 수립'에 골몰해 있던 재 야, 학생, 지식인의 도움 역시 얻기 힘들었을지도 모른다.

그러나 모한다스 간디나 넬슨 만델라는 자살이나 테러를 통해 불가능해 보였던 혁신을 달성한 것이 아니다. 꾸준하고 합리적이며 평화지향적인 설득과 운동이 결국 대중의 마음을 사로잡았고, 압제자들 중에서도 동지를 얻었다. 적어도 한 번쯤은 죽음을 두려워하지 않는 의연함을 보여야 모든 이의 심금을 울리고, 위대한 업적을 이룰 지도자를 탄생시킨다. 하지만 반드시 실제로 죽어야 할 필요는 없다.

일본에서 납치된 김대중이
암살됐다면

유신체제에 반발 일었겠지만 '대안 정치인' 없어 동력 약했을 것
김영삼이 야권 통합했다면 또 한 차례 정치폭력이 자행됐을 수도

1973년 8월 8일 오후 1시께. 김대중은 일본 도쿄의 그랜드팔레스 호텔 2212호실을 막 나서고 있었다. 일본에 와 있던 통일당 당수 양일동과 오찬을 겸한 면담을 마치고, 일본 자민당의 기무라 도시오 의원을 만나러 가던 참이었다. 순간 검은 양복 차림의 사나이들이 그를 둘러쌌다. 네 사람은 김대중을 붙잡고 2210호실로 끌고 들어갔고, 두 사람은 그를 배웅하러 나오던 김경인 의원을 밀어붙여 양일동이 있는 2212호실로 다시 들어가게 했다.

목적은 납치였나 살해였나

얼마 뒤, 그들은 김대중을 호텔 지하 주차장으로 끌고 가 차에 태웠다. 차는 한동안 달려 오사카에 있는 범인들의 아지트에 닿았다. 거기서 그들은 김대중을 꽁꽁 묶은 뒤 모터보트에 태워 대기 중이

던 선박 용금호까지 보냈다.

용금호에서 김대중은 눈이 테이프로 가려져 자세한 상황을 보지 못했으나, 손과 발에 무거운 돌이 달리고 "던질 때 풀어지지 않도록 단단히 묶어라"고 지시하는 소리를 들었다. 잠시 뒤 비행기 소리가 났으며, 멈춰 있던 배는 다시 속력을 내서 달리기 시작했다. 용금호는 9일에서 10일 사이의 한밤중에 부산항에 닿았다. 거기서 내려진 김대중은 한동안 한 건물에 감금된 뒤 자동차로 서울로 옮겨졌다. 서울 동교동 자택에서 조금 떨어진 교회 앞에 내려진 것은 8월 13일 밤 10시경이었다. 납치 뒤 약 129시간만의 생환이었다.

이것이 이제까지 알려진 '김대중 납치 사건'의 전모다. 아직 불확실한 부분도 있다. 가령 몸에 돌이 달리고 막 수장되려는 순간 미국의 비행기가 나타나 생명을 건졌다는 것이 김대중 자신의 증언이지만, 미국 쪽은 비행기를 보낸 적이 없다고 부인했으며 용금호 선원 중에는 비행기를 보았다는 사람과 보지 못했다는 사람이 엇갈린다. 비행기가 아니라 헬리콥터였다는 설, 일본 자위대의 순찰함이었다는 설 등이 있다. 또 납치 현장에 있던 양일동과 김경인이 납치가 벌어지고 거의 1시간이 지날 때까지 '너무 당황한 나머지' 경찰에 연락하지 않았음은 물론 아무런 조처도 취하지 않고 방에 앉아만 있었다고 하는데, 믿기지 않는 이 이야기에서 '양일동 관련설'이 나왔으나 김대중은 끝까지 그 가능성을 부인했다.

목적이 납치였는지 살해였는지도 불확실하고, 당시 박정희 대통령이 이를 지시했는지, 이후락 중앙정보부장의 독자적 행동이었는지도 불분명하다. 애초에 호텔에서 살해하려다 '여의치 않아서' 배에 태워 수장시키려 했지만 그것도 실패했다는 주장이 있다. 그러

1971년 4월 27일	김대중, 신민당 후보로 대통령 선거 출마. 박정희에게 94만 표 차이로 석패
5월	제8대 총선 지원유세 도중 14톤 대형트럭 돌진. 이 사고로 인해 골반 관절 부위 부상
1972년 10월	신병치료차 일본 체류중 10월 유신체제가 선포되자 귀국 포기
1973년 8월	재미교포 반체제단체인 한국민주회복통일촉진국민회의(한민통)을 결성하는 등 해외에서 반유신 활동 벌임
8월 8일	도쿄 히비야 공원에서 반 박정희 집회 참가를 앞두고 호텔 그랜드팰리스 2212호 투숙. 같은 호텔에 머물고 있던 양일동 한국민주일당 대표와 회담을 끝내고 나오던 도중 괴한에 습격. 2210호실에 감금
8월 13일	서울 동교동 자택 앞에서 발견

나 여섯 사람이 한 사람을 붙잡아 살해하는 일이 뭐가 그렇게 여의치 않았는지도 의문이다. 호텔이 아니더라도 그를 감금했던 아지트나 심지어 자동차 안에서도 죽이려면 얼마든지 기회가 있었을 텐데, 살해가 목적이었다면 너무 시간을 끌면서 결행을 미루었다고밖에 볼 수 없다. 하지만 수장 직전까지 갔었다는 김대중 자신의 증언 말고도, 공식적으로는 살해기도설을 완강히 부인한 이후락이 사석에서 "살해가 목적이었다"고 밝혔다는 증언도 있다. 박정희와 이후락 등 당시 정권 관계자들은 박정희는 모르는 일이었고 사건을 듣고 불같이 화를 냈다고 말해왔으나, 2007년 '김대중 납치 사건 진실규명 보고서'에 따르면 박정희가 이를 암묵적으로 승인했다고 한다.

"기어코 죽이면 정권 끝장날 수도 있다"

아무튼 누구도 부인할 수 없는 사실은 이 사건을 'KT계획'이라는 이름으로 중앙정보부에서 추진했고, 중앙정보부 차장보 이철희와

주일공사 김기완이 직접 실행을 지휘했으며, 심지어 일본 자위대 소속 장교까지 일부 개입해 있었다는 점이다. 한 국가의 정보기관과 외교기관이 야당 정치인을 납치 또는 살해하려는 추악한 범죄에 동원된 것이다.

왜 그래야 했을까? 당시 박정희는 김대중에게 적개심을 가질 이유가 충분했다. 그는 1971년 대통령 선거에서 지역감정을 동원하고 선거 부정까지 저지르면서도 겨우 94만 표 차로 김대중에게 신승했다. 그리고 그 선거 유세 때 "맹세코 이번 한 번만 더 하고 물러나겠다"고 눈물까지 흘리며 호소해놓고도 1972년에 '유신 쿠데타'를 단행해 영구 집권의 길로 가자, 당시 일본에 체류 중이던 김대중은 즉각 비난 성명을 냈다. 일본과 미국 일간지 인터뷰에서 박정희와 유신을 사정없이 비난하기도 했다. 또 재일동포나 유학생 등을 규합해 '반독재투쟁 모임' 결성을 추진했다. 그 규모는 '망명정부'를 연상시킬 정도였다. 그러니 박정희로서는 김대중이 눈엣가시일 수밖에 없었다. 그가 김대중 암살 지시를 내릴 개연성은 충분했다. 그의 눈치를 살핀 중앙정보부가 알아서 움직일 만도 했다. 사실 표적은 김대중만이 아니었다. 이미 1973년 1월 10일 김상현·조연하·조윤형 등 국내에 있던 김대중계 정치인들을 모조리 잡아들여 구금·고문하는 '김대중 없애기' 작업의 1단계가 이뤄졌던 것이다. 2단계는 김대중을 직접 겨냥했다.

그래도 결국 살해까지 가지 않았던 것은 미국의 태도가 중요하게 작용했기 때문으로 보인다. 미국은 중앙정보부의 활동을 주시하고 있었으며, 납치가 이뤄지고 1시간 만에 미국 정보부 한국지부장이던 도널드 그레그가 이후락에게 전화를 걸어 "절대로 김대중을 죽

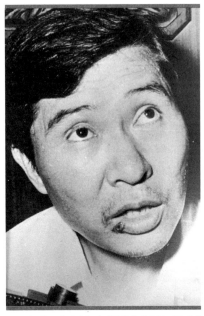
1973년 8월 13일 김대중 전 대통령이 서울 동교동 자택에 돌아와 납치와 관련된 기자회견을 하고 있다.
ⓒ김대중도서관

이지 말라"고 경고했다. 필립 하비브 주한 미국대사 역시 압력을 가했다. 최근 이들의 행동은 미국 정부의 공식 입장과 무관한 개별적 행동이었다는 증언이 나왔으나, 그레그는 "기어코 김대중을 죽이면 정권이 끝장날 수도 있다"는 초강경 발언을 했다고 한다. 이런 상황에서는 설령 대한해협에 미국이 보낸 비행기나 헬리콥터가 나타나지 않았다 해도, 김대중의 목숨에 손댈 수 없었을 것이다. 사실 김대중을 납치 즉시 죽이지 않은 것도 일단 미국의 태도를 보고 나서 결행하려는 속셈일 수 있었다.

결과적으로 납치 사건 이후 박정희 유신체제의 입장이 난처해졌다. 1973년 10월 2일 서울대생들이 '김대중 사건 해명, 중앙정보부 해체'를 내걸고 시위를 벌였다. 12월 3일 김대중 사건 관련 보도 통제에 반발한 《동아일보》 기자들이 '언론자유 수호 선언문'을 내놓고, 12월 24일 재야에서 '유신헌법 철폐를 위한 백만인 서명운동'을 벌이는 등 김대중 납치 사건은 폭압적인 유신체제에 정면으로 대항하는 국민운동의 도화선 구실을 했다. 이후 정권은 비상조치를 남발하며 노골적 탄압 위주로 정국을 운영했다. 이는 장기적으로 정권의 몰락을 재촉하게 된다.

'지도자'의 추진력 사라졌다면

또한 북한은 이 사건을 이유로 "이후락과 같은 불한당을 그대로 둔 상태에서는" 남북대화에 임할 수 없다고 선언했고, 7·4남북공동성명 이후 활발해지는 듯하던 남북관계는 다시금 얼어붙고 말았다. 세부적 진실이 어쨌든 미국이 박정희 정권의 움직임을 무조건 용인하지 않을 것이라는 사실이 '김대중 납치 사건'으로 입증된 셈이라 한·미관계도 껄끄러워졌다. 일본에서도 "우리나라에서 그런 일을 버젓이 벌이다니, 주권 침해다"라는 여론이 일었다. 경제협력이 중단된 것은 물론 한·일 정기 각료회의도 취소됐다. 결국 김종필 국무총리가 일본을 방문해 사죄해야 했다. 이 일을 무마하느라 자민당 간부들에게 거액의 정치자금을 제공했다는 추측까지 무성했다.

만약 미국이 미처 개입하기 전 김대중 살해가 이뤄졌다면 역사는 어떻게 전개됐을까? 그레그나 하비브 등이 본국과의 입장조율 때문에 적극적으로 개입하지 않음으로써 가해 집단이 "살해해도 별 탈 없을 것"이라는 결론을 내렸다면, 그리하여 김대중의 생명이 1973년 8월 일본 땅에서 끝나고 말았다면 어떻게 되었을까?

당장 정권에 대한 반발이 크게 나타났겠지만, '김대중 암살'의 영향은 더 큰 역사적 맥락에서 보아야 할 것이다. 우리나라처럼 정당이 사회에 충분히 뿌리를 내리지 못하고 인물 중심으로 정치가 이루어지는 정치 풍토에서 정권에 대한 저항은 특정한 대안적 정치 지도자의 존재를 전제해야 추진력을 얻게 된다. 김구와 여운형이,

그리고 조봉암, 신익희, 조병옥이 죽지 않았다면 과연 이승만 정권이 4·19 이전까지 건재할 수 있었을까? 또한 그들이 살아남은 상황에서 4·19 이후 내각제로의 전환이 있었겠으며, 뒤이은 정치 혼란이 쿠데타를 부를 만큼 심각했을까?

정치인으로서는 아직 신인급인 40대에 신민당의 대선후보가 되어 박정희를 아슬아슬한 상황까지 몰아붙인 김대중은 강력한 대안이었다. 그가 납치 사건에도 불구하고 살아남음으로써 대안으로서의 가치는 더욱 높아졌다. 그래서 박정희 정권과 그 뒤를 이은 신군부는 지역감정과 색깔론을 동원해 그의 가치를 줄이는 데 부심할 수밖에 없었다. 그것은 한편으로 김영삼의 대안적 가치도 높이는 결과를 가져왔다. 일부에서는 6월 항쟁 이후의 한국 정치사를 보며 "차라리 그때 김대중이 사라졌다면, 민주화 세력이 지역주의에 따라 둘로 갈라지는 일은 없지 않았을까"라고 말하기도 한다. 그러나 김대중이 비리 문제 등으로 스스로 무너졌다면 몰라도, "민주화 과정에서 순교"한 상황에서 김영삼이 야권을 천하통일하기는 어려웠을 것이다. 동교동계가 상도동계에 순순히 흡수되고 진산계·이철승계 등도 모두 김영삼에게 통합되기보다는 김상현 같은 사람이 "김대중 선생의 후계자"를 자처하며 독자 노선을 걷고 다른 계파도 각자의 길을 추구하지 않았을까. '죽은 영웅'을 한목소리로 찬양하면서도 현실 정치상의 연대에는 도통 미적거리는 모습은 지금의 야권이 보여주는 모습에서도 미루어 짐작할 수 있다.

사실 김영삼이 김대중 못지않게 민주화 투쟁의 상징적 존재가 될 수 있었던 것도 김대중이 사선을 넘으며 국민적 지도자로 먼저 떠올랐기 때문이라 할 수 있다. 김대중이 신군부의 핍박으로 미국에 건너가 있는 동안 김영삼이 국내에서 투쟁을 이끌며, 국민에게 김대중과 같은 '40대 기수'이면서 "김대중과 달리 사상 문제나 반호남 정서 문제가 없는 지도자"로 주목받을 수 있었던 것이다.

그의 생환은 유신 사멸의 전조

설령 김영삼이 우여곡절 끝에 야권을 통합하고 강력하고 유일한 대안적 지도자로 떠올랐다고 해도, 수세에 몰린 권위주의 정권은 또 한 차례의 정치 폭력을 준비했을지 모른다. 실제로 김영삼은 1969년 6월 3선 개헌을 반대하다가 '질산 테러'를 당한 적이 있다. 김대중 납치가 실패한 이후 박정희 정권이 점차 노골적인 정치 폭력 대신 색깔론, 지역감정 조성 등 간접적 음해와 이간책, 분열책으로 야권의 성공을 방해하는 방법을 주로 사용하게 된 데에는 대안적 야당 지도자가 하나가 아닌 둘이었던 이유가 컸다. 역설적으로 6월 항쟁 이후에도 야권이 분열되리라 보았으므로 당시 집권세력이 무리수를 두지 않고 직선제 개헌에 합의했다고 볼 수 있다. "우리가 손을 들면 정권은 반드시 야당에 넘어간다"는 확신이 있는 상황에서는 이판사판으로 무력 동원에 나서려 했을지도 모르는 것이다.

결국 1973년 8월에 김대중이 죽지 않음으로써 유신체제는 스스로의 죽음의 실마리를 얻었고, 김대중은 2000년대까지 이어질 거대한 정치적 영향력의 근거를 얻었다.

임시행정수도 계획 실현됐다면

3부 기관 옮겨간 새 수도에서 올림픽도 개최?
정권의 일방적 육성으로 인프라 부족 등 한계 맞았을 수도

참여정부 말기인 2007년 7월 20일, 대전 리베라호텔에서 국가
균형발전 관련 오찬간담회가 열렸다. 여기에 참석한 노무현 대통
령이 마이크를 잡았다. 그가 가장 먼저 화제에 올린 사람은 박정희
전 대통령이었다. 박 전 대통령과의 인연을 소개하며 그는 '묘한 기
분'이라는 표현을 썼다.

노 대통령 "박정희 대통령 계승하는 사업"

"저는 박정희 정권을 계속 반대해왔던 사람입니다. 특히 유신헌
법, 그리고 유신헌법 직전의 선거, 군대 있을 때인데 다 반대투표
했다가 군대에서 기합도 받고. 공개투표인데 반대투표를 했으니
기합을 받아야 되지 않겠습니까."

특유의 솔직담백한 화법으로 박 전 대통령과의 악연을 고백한 그

는 말을 계속 이어갔다. "저는 또 그분의 업적을 전혀 무시하는 사람은 아닙니다. 상당한 업적이 있었다고 생각합니다. 그중에서 오늘 우리 정부가 하는 일 하나는 박정희 대통령의 계획을 계승하고 있는 겁니다. 바로 오늘 이 사업입니다."

노무현 대통령이 '계승'이라는 표현까지 쓰며 치켜세운 박 전 대통령의 계획은 뭘까? 참고로 이날 노 대통령이 참석한 행사는 '행정중심복합도시' 기공식이었다. 노 대통령은 2002년 대선 직전 행정수도 건설을 공약으로 내세웠다. 행정수도 이전 계획은 2004년 헌법재판소의 위헌 결정 등 수많은 우여곡절을 거친 끝에 이날 겨우 빛을 볼 수 있었다. 그사이 이름도 '신행정수도'에서 '행정중심복합도시'로 바뀌었다. 임기 7개월여를 앞두고서야 국민과의 약속을 지킬 수 있었던 노 대통령이 박 전 대통령을 떠올린 것은 우연이 아니었다. 이날로부터 정확히 30년 전 일이다.

1977년 2월 10일 당시 박정희 대통령이 서울시 연두순시에 나섰다. 구자춘 시장과 하점생 교육감의 시정방향 보고가 끝난 뒤 박 대통령의 지시사항 전달이 이어졌다. 서울시 인구 억제와 도로 확충 등 현안을 언급한 그는 "다음은 임시행정수도에 관해서입니다"라며 말을 꺼냈다. 충격적인 발표였다. 행정수도를 서울이 아닌 다른 곳으로 옮기겠다는 내용이었다.

"수도의 인구 집중 억제는 여러 가지 다른 정책도 수립해서 강력히 밀어야 되겠지만 결국은 우리가 통일될 때까지 임시행정수도를 만들어 어디 다른 데로 옮겨야 되겠다는 것이 지금 생각하고 있는 하나의 구상이다. (중략) 새로운 행정수도가 거기 앉음으로써 서울에 자꾸 오는 인구를 한쪽에서 잡아당기고 억제하는 상당히 큰 역

행정수도 건설을 위한 특별조치법 제정 일지	
1977년 2월 10일	박정희 대통령, 서울시 연두순시에서 임시행정수도 건설계획 발표
3월 16일	박 대통령, 행정수도 건설을 위한 백지계획 수립 지시
3월 26일	정부 중화학공업추진위원회에 실무기획단 구성
7월 23일	행정수도 건설을 위한 특별조치법 제정
12월 6일	박 대통령에게 행정수도 건설 백지계획안 보고
1978년 4월 10일	행정수도 건설 종합계획 및 10개 분과 자문위원회 구성
6월 10일	KIST 부설 지역개발연구소 발족, 백지계획 종합연구 착수
7월 25일	백지계획(안) 국무총리에게 보고
8월 20일	후보지 선정을 위한 백지계획 종합보고서 작성
1979년 5월 14일	박 대통령에게 행정수도 백지계획 종합보고서 보고
6월 8일	행정수도 연구사업계획 대통령 재가
9월 9일	외국 신수도 건설 현황 파악을 위한 해외 조사(6개 조사반)
10월 26일	박정희 대통령 사망
11월 30일	백지계획 분야별 연구작업 완료
12월 30일	행정수도 건설을 위한 백지계획 종합보고서(총 2권) 작성
1980년 2월 15일	최규하 대통령, 행정수도 건설의 사회 경제적 타당성 연구 및 도시 기본 구조의 대안(기존 도시 확장안) 등 연구 재가
8월 20일	행정수도 건설계획 업무를 담당하던 중화학공업추진위원회 실무기획단 폐지와 함께 중단

할을 하고 또 상당한 수를 그쪽으로 끌고 갈 수도 있게 된다."(「임시 행정수도 백지계획은 살아 있다」, NCC포럼 엮음)

박 대통령의 행정수도 건설 발표는 시민들에게 엄청난 충격으로 다가왔다. 다음 날 거의 모든 일간지는 1면부터 '임시행정수도 건설 구상' 등 박 대통령의 '천도' 발표 관련 기사로 지면을 도배했다.

전혀 뜻밖의 발표에 시민들은 술렁거렸지만 박 대통령은 주저하지 않았다. 군인 출신답게 곧바로 밀어붙였다. 그해 3월 7일 제1무임소장관실 박봉환 실장으로부터 '수도권 인구 재배치 기본계획(안)'을 보고받은 자리에서 박 대통령은 다음과 같은 지시를 내렸다. △행정수도 건설은 국방력 증강 등 타 중요사업 수행에 지장이 없도록 장기 계획으로 무리 없이 추진한다 △행정수도 건설의 방법은 먼저 백지(白紙)계획부터 수립한다 △백지계획 작업 기간은 2년으로 하여 청와대에서 직접 한다 △이전은 예산이 허용하는 범위 내에서 하나씩 수행한다. '임시행정수도 백지계획'이 공식적으로 착수되는 순간이었다.

위치·예산 모든 게 미정이라 '백지계획'

이어 3월 16일 오원철 청와대 경제2수석은 자신이 단장을 겸하고 있던 중화학공업추진위원회 내에 행정수도 백지계획 수립을 위한 실무기획단을 구성했다. 오 수석은 당시 박 대통령의 의중을 누구보다 잘 꿰뚫는 인물로 꼽혔다. 당시 기획단 실무작업팀에 참여했던 김병린 전 서울시 도시계획국장은 "계획하고자 했던 임시행정수도를 어디에, 그리고 얼마의 자본을 투자해 언제까지 건설할 것인지 등 모든 것이 미정이었고, 어떤 현실적 조건에도 구애받지 않는다는 취지에서 '백지계획'이라고 이름 붙였다"며 "초기 단계부터 입지를 선정하고 조사를 실시하면 투기 행위가 발생할 것이라는 우려도 있었다"고 설명했다.

기획단은 이때부터 연구가 종료된 1980년 8월까지 4년에 걸쳐 500명 가까운 전문가가 참여한 가운데 72개 연구과제를 수행했다. 그사이 8차례에 걸쳐 외국의 여러 수도에 대한 현지답사도 마쳤다. 연구성과는 1979년 5월 박 대통령에게 보고된 두 권의 종합보고서에 요약돼 있다.

핵심내용은 1987년부터 1991년까지 국토의 중심부인 대전 부근

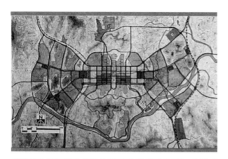

임시행정수도 백지계획에 따르면 새 행정수도는 마치 새가 날개를 편 듯 좌우 대칭 구조로 설계됐다. 백지계획은 1979년 10월 26일 박정희 대통령 사망 이후 중화학공업추진위원회가 해체되면서 사실상 소멸됐다. 박정희 대통령의 임시행정수도 백지계획은 수도권 과밀화를 해소할 수 있는 방안이었다는 긍정적 평가와 행정수도 건설을 정치적 의도로 활용하려 했다는 부정적 평가를 동시에 받고 있다.

에 입법·사법·행정 3부 기관을 모두 옮겨 인구 25만 명 규모의 행정도시를 건설한 뒤, 1996년까지 업무상업지구를 더해 명실상부한 자족도시 형태로 가꾼다는 계획이었다. 최종 후보지는 장기지구와 논산지구, 천안지구 세 곳으로 압축됐다. 이를 위해 정부와 국회는 1977년 7월 '임시행정수도 건설을 위한 특별조치법'을 제정해 공포했다.

임시행정수도 백지계획은 빛을 보지 못했다. 1979년 10월 26일 박 대통령이 김재규 당시 중앙정보부장의 총을 맞고 사망했기 때문이다. 박 대통령 이후 백지계획 연구는 한동안 이어졌지만 1980년 8월 20일 컨트롤타워인 중화학공업추진위원회가 해체되면서 사실상 폐기되는 운명을 맞았다. 당시 연구에 참여했던 많은 전문가가 아쉬워하는 대목도 박 대통령과 운명을 함께할 수밖에 없었던 행정수도 백지계획의 소멸이다.

백지계획을 총지휘했던 오원철 전 수석의 아쉬움은 누구보다 크다. 오 전 수석은 자신의 책 『박정희는 어떻게 경제강국 만들었나』에서 행정도시 백지계획이 무산된 사실에 대한 소회를 이렇게 밝히고 있다.

"계획대로 1980년대 초에 시작하였다면 지금쯤은(집필 시점인 1992

년을 가리킴) 그 윤곽이 완전히 드러났을 것이다." 그의 회고에 따르면 박 대통령은 1978년 당시 예산을 이미 확보해 건축 예정이었던 법원 청사도 새 행정수도에 건설하도록 보류시켰다. 1988년 서울 올림픽을 위한 막대한 투자도 서울에 투입되는 것이 아니라 새 수도 건설에 활용됐어야 한다는 것이 오 전 수석의 지적이다. 그는 "박 대통령은 1996년까지 새 행정수도로 이전할 계획이었으며 이때 여기서 올림픽을 개최하자고 했다"며 "따라서 임시행정수도 백지계획에는 당연히 올림픽촌이 포함돼 있었다"고 말했다. 1988년 서울올림픽의 이름이 달라졌을지 모른다는 이야기다.

1978년 이후 한국과학기술연구원(KIST) 지역개발연구소 연구원 자격으로 백지계획에 참여했던 김진애 민주당 의원은 "행정수도 백지계획이 예정대로 추진됐다면 확실히 국가 균형발전에 큰 도움이 됐을 것"이라고 지적했다.

집중 분산이 수도권 정비 촉진했을 수도

당시 연구팀 관계자들로 구성된 NCC포럼의 백지계획 평가서 「임시행정수도 백지계획은 살아 있다」를 보면, 당시 연구팀은 행정수도 건설에 따른 경제·사회적 효과를 구체적 수치와 함께 소개하고 있다.

가장 먼저 인구분포에 미치는 효과다. 연구팀은 행정수도를 50만 명 규모로 단독 건설하는 경우 56만 명의 서울 인구 분산 효과가 있다고 내다봤다. 또한 행정수도를 대전, 전주, 광주, 마산·창원, 대구·구미 등 지방 5대 거점도시 개발과 병행할 경우 전체 분산효과는 276만 명에 이른다고 내다봤다.

연구팀은 백지계획이 서울(수도)권 정비를 촉진할 수 있다고도 했다. 수도 기능의 이전으로 도시 보유 기능의 일부 감소와 이전 적지 등의 활용으로 본격적인 도시 정비를 할 수 있다는 분석이었다. 변창흠 세종대 교수는 "행정수도가 충청권으로 이전한다 해도 당시 서울은 이미 인구 500만~600만 명에 이를 뿐만 아니라 자산이 집중된 제1의 도시였기 때문에 경제 중심지로서의 고유 기능은 그대로 유지했을 것으로 본다"며 "충청권의 중심도시인 행정수도와 서울이 일종의 투톱 시스템을 이뤄 균형발전의 계기가 될 수 있었을 것"이라고 말했다.

국민경제에 미치는 효과, 특히 경제성장에 긍정적 효과를 가져온다고 분석한 대목도 눈길을 끈다. 연구팀은 총 공사비 약 5조 5천억 원이 투입되는 행정수도 건설투자는 연평균 0.41퍼센트의 국민총생산(GNP) 성장과 약 4조 5천억 원의 부가가치 유발효과를 준다고 말했다. 고용효과 측면에서도 15년간 연인원 102만 명에게 일자리를 제공하게 될 것이라고 주장했다.

김병린 전 서울시 도시계획국장은 "행정도시 건설의 효과를 극대화하기 위해서는 어쩔 수 없이 3부 기관의 이전이 필요하다는 결론을 내릴 수밖에 없었는데, 백지계획의 성사 여부는 어쨌든 박 전 대통령의 결단에 달려 있기 때문에 그런 시도가 가능했다"고 말했다.

행정수도 백지계획이 무조건 장밋빛 미래를 약속하는 것이었다고 말하기는 쉽지 않다. 김진애 의원의 지적처럼 한국은 1970년대 들어서야 비로소 도시계획에 눈을 떴다. 인구 50만 명 규모의 완전히 새로운 도시 하나를 만들어낸다는 것은 쉬운 일이 아니다. 게다가 그 도시가 수도의 기능까지 수행해야 한다면 평가는 좀더 엄격

해져야 한다.

민주화 요구 등 회피 의도도 있어

행정수도 건설을 둘러싼 정치적 접근도 행정수도의 운명을 밝게만 볼 수 없게 하는 부분이다. 장기 집권 말기에 민주화 요구 등에 직면한 박정희 정권이 행정도시 건설이라는 대규모 토목공사를 활용해 사회적 의제를 무력화하려 했다는 지적이다. 조명래 단국대 교수는 "당시 백지계획이 정치적 의도로 추진된 데다 1990년대 이후 도시의 성장 방식도 이전과 많이 달라졌기 때문에 행정수도가 애초 의도대로 기능하기 어려웠을 것"이라며 "1990년대 이후 산업 발전이 도시를 중심으로 이뤄진 만큼 초기 인프라가 부족한 행정도시는 정책적 육성의 한계에 직면할 가능성이 있었다"고 말했다.

실제로 박 대통령 집권 시기에 구미에 전자공업단지를 조성해 유치한 기업 가운데 금성 등 일부는 신군부가 집권한 뒤 다시 수도권으로 이전하기도 했다. 정치적 목적에서 출발한 도시 건설이 반드시 성공적 결과를 가져오지는 않았다는 이야기다.

"균형발전 효과 봤겠지만…
제대로 만들 수 있었을까"
백지계획 참여한 김진애 의원

도시건축가 출신 김진애 민주당 의원 (비례대표)은 정치권에서 거의 유일하게 박정희 전 대통령의 '임시행정수도 백지계획' 연구에 직접 참여한 인물이다. 서울대 건축학과를 졸업한 뒤 1978년 6월 발족한 한국과학기술연구원(KIST) 부설 지역개발연구소 (RDRI) 연구원으로 행정수도의 도시계

김진애 민주당 의원 ⓒ한겨레

획 수립 과정에 참여한 김 의원은 "박 전 대통령 사망 이후 임시행정수도 백지계획도 흐지부지됐지만, 걸음마 단계였던 국내 도시계획 연구 분야 발전에 큰 기여를 한 것은 사실"이라고 말했다.

당시 백지계획에 대한 평가는?

우리나라에 도시계획 개념이 처음 도입된 것이 1970년 그린벨트 제도 시행 이후였다. '신도시'라는 용어조차 없었다. 기껏 토지구획정리사업이나 신시가지 계획 정도만 있던 시절이었다. 그런데 임시행정수도 백지계획을 본격적으로 추진하면서 도시계획에 관한 국내의 모든 역량을 가동해볼 수 있었다. 역설적으로 계획이 진행되면서 기본적 지형 자료와 인구 자료, 측량 자료 등 필수 자원이 얼마나 빈약했는지 점검할 수 있었다. 허약했던 도

시계획 연구 분야에 큰 자극을 준 계기였다.

임시행정수도 건설에 대한 여론은 어땠나.

당연히 반대가 많았다. 박정희 정권이 내세운 임시행정수도 건설의 명분은 지역 균형발전과 안보였다. 당시 정치권에서는 안보를 핑계로 수도를 남쪽으로 옮긴다는 것은 정국 주도권을 잡기 위한 정치적 의도라는 비판이 제기됐다.

국토 균형발전에 대한 진정성은?

그 부분에 대한 논란은 크지 않았다. 진정성을 의심할 만한 구석은 없었다고 생각한다.

실현 가능성은 어떻게 봤나.

박정희 대통령이 계속 집권했다면 그대로 진행됐으리라 생각한다. 신군부가 들어온 뒤 급격히 동력을 잃으며 흐지부지됐는데, 정통성 없이 집권한 신군부가 무리하게 임시행정수도 이전을 추진하기보다 수도권 민심을 다독이는 쪽으로 선회한 것 아닐까 싶다.

만약 임시행정수도 이전이 실현됐다면 어떤 정책효과를 가져왔을까.

나뿐만 아니라 당시 연구 작업에 참여했던 사람들이 공통적으로 품고 있는 궁금증이다. 서울이 어떻게 변했을까, 지역 불균형이 이렇게 심해졌을까, 한국 정치에는 어떤 영향을 미쳤을까, 이런 이야기를 자주한다. 모든 상황을 내다볼 수는 없지만 확실히 지역 균형발전에는 도움이 됐을 것이다. 또 내 기억으로는 인구 20만 명 규모의 행정수도를 계획했는데, 실제로 도시가 완성됐다면 엄청나게 팽창했을 것이다. 백지계획의 기본 구상에는 3부 기관이 모두 이전하도록 돼 있었다. 아무래도 행정부처가 이렇게 대규모로 옮겨가면 주변의 에너지를 엄청나게 빨아들일 수밖에 없다. 다만 당시 우리의 기술 수준으로 제대로 만들수 있었을까 하는 의문은 아직 남아 있다.

김재규가 박정희를 쏘지 않았다면

물가폭등·세금폭탄·경제침체가 부마항쟁으로 돌출
죽었기에 존경받는 대통령으로 새롭게 태어나

그때 김재규가 박정희 전 대통령을 쏘지 않았다면? 만약 그랬다면 박 전 대통령에 대한 역사적 평가는 어떻게 달라졌을까? 30여년 전 역사를 들춰보면 박정희 전 대통령에 대한 평가는 죽음 이전과 이후, 극명하게 엇갈린다는 사실을 발견하게 된다. 박 전 대통령을 객관적으로 평가하려면 1979년 10월 26일 이전으로 잠시 돌아갈 필요가 있다.

"내가 직접 발포 명령을 내리겠다"

10·26사태가 벌어지기 직전 김재규 당시 중앙정보부장이 급히 부산으로 내려갔다. 부산과 마산에서 터진 부마항쟁을 눈으로 직접 확인하기 위해서였다. 이때가 1979년 10월 19일이었다. 훗날

1979년 10월 26일	삽교천 방조제 준공식과 당진 중앙정보부 시설에 박정희 대통령과 동행하려 했으나 대통령 경호실장인 차지철의 방해로 참가 못함
	저녁 6시 차지철로부터 궁정동 청와대 부지 내 중앙정보부 소속 안가로 오라는 박 대통령의 명령 전달 받음
	저녁 7시 4분경, 먼저 차지철에게 총을 쏘고 다시 박정희 대통령 가슴을 향해 저격. 박 대통령 시해
10월 27일	오전 0시 40분경 김재규 체포
11월 13일	육본 계엄보통군법회의 검찰부로 송치
11월 26일	내란목적 살인 및 내란미수혐의로 기소
12월 4일	육본 계엄보통군법회의 1차 공판
12월 7일	대법원, 변호인단 재정신청 기각
12월 20일	육본 계엄보통군법회의, 선고공판 사형 선고
12월 27일	피고인 전원 항소
1980년 1월 28일	항소심 선고공판, 사형 선고
2월 8일	피고인 전원 대법원 상고
5월 20일	대법원 판결, 상고 기각. 사형 확정
5월 24일	서울구치소 사형(교수형) 집행

그는 부마항쟁을 '민란'으로 표현했다.

서울로 돌아온 김재규가 곧바로 찾은 곳은 청와대였다. 모든 것을 사실대로 보고해 사태를 수습해야 한다는 생각 때문이었다. 박 대통령에게 보고하는 자리에는 차지철 경호실장과 김계원 비서실장이 동석했다. 이 자리에서 김재규 부장도 정부가 근본적 민심 수습책을 내놓지 않으면 부마항쟁이 전국 5대 도시로 확산될 것이라는 우려를 전했다. 박 대통령이 역정을 냈다. "앞으로 부산 같은 사태가 생기면 이제는 내가 직접 발포 명령을 내리겠다. 자유당 때는 최인규나 곽영주가 발포 명령을 하여 사형을 당하였지만 내가 직접 발포 명령을 하면 대통령인 나를 누가 사형시키겠느냐."(1980년 1월 28일 김재규 중앙정보부장의 〈항소보충이유서〉)

박 대통령의 최측근 차지철 실장이 거들었다. 차 실장은 박 대통령의 말이 끝나자마자 "캄보디아에서는 300만 명 정도를 죽이고도 까딱없었는데 우리도 데모 대원 100만~200만 명 정도를 죽인다고 까딱 있겠습니까"

만약 1979년 10월 26일 김재규 당시 중앙정보부장이 박정희 전 대통령을 쏘지 않았다면 박 전 대통령에 대한 역사의 평가도 지금처럼 후하지 않았을 것이다. 1979년 11월 7일 밧줄에 묶인 김 부장이 권총을 든 채 박 전 대통령 시해 장면을 재현하고 있다. 『1980 보도사진연감』

라고 말했다. 박 대통령은 그로부터 며칠 뒤 서울 궁정동 안가에서 20여 발의 총소리와 함께 숨졌다.

서중석 성균관대 교수는 박정희 대통령의 죽음과 관련해 부마항쟁이 가장 직접적 계기가 됐다고 지적했다. 1987년 6월 항쟁이 없었다면 노태우 대통령의 6·29선언이 나올 수 없었듯, 부마항쟁 없는 10·26은 상정하기 어렵다는 주장이다.

서 교수는 "김재규가 '유신의 심장'을 쏘지 않을 수 없다고 결심한 것은 부산에 다녀와 박 대통령에게 부마항쟁 실태를 보고한 직후로 보인다"며 "김재규가 10월 24일 이후락을 만났을 때 지나치는 말로 '제가 싹 해치우겠습니다'라고 말한 것이나, 자신의 요청으로 유정회 소속 국회의원직을 떠맡았던 이종찬이 더 이상 유정회 의원을 못해먹겠다고 하소연하자 '조금만 기다려주십시오'라고 말한 것도 부산에서 돌아온 직후였다"고 말했다.

김재규는 1980년 1월 28일 항소이유보충서를 통해 부마사태의 원인을 이렇게 정리했다. "부마사태는 그 진상이 일반 국민에게 잘 알려지지 않았지만 굉장한 것이었습니다. 특히 부산에는 본인이 직접 내려가서 상세하게 조사하여본 바 있습니다만 민란의 형태였습니다. 본인이 확인한 바로는 불순세력이나 정치세력의 배후 조종이나 사주로 일어난 것이 아니라 순수한 일반 시민에 의한 봉기로서, (중략) 체제에 대한 반항, 정책에 대한 불신, 물가고 및 조세저항이 복합된 문자 그대로 민란이었습니다."

한국전쟁 이후 최악의 마이너스 성장

유신체제에 대한 국민적 반감, 정부 정책 불신, 물가 폭등 등 김재규 부장이 꼽은 부마항쟁의 세 가지 배경은 모두 충분한 근거가 있었다. 실제로 1970년대 들어 물가는 거의 매년 두 자릿수 이상 뛰었다. 1979년에는 물가 폭등에 제2차 오일쇼크가 겹쳐 서민의 주름살은 더욱 깊어졌다. 그해 7월 10일 기준 석유제품의 가격은 59퍼센트, 전력요금은 35퍼센트 뛰었다.

1970년대 중반부터 몰아친 부동산 투기 바람은 저임금 노동자의 주거난을 부채질했다. 부동산 투기는 1977년 행정수도 이전설로 불붙었다. 1978년 들어 땅값이 49퍼센트 뛰었다. 박정희 정권은 그해 8월 8일 이른바 '8·8투기억제 조치'를 발표하지 않을 수 없었다.

기습적인 세금 인상도 서민에게 반감을 샀다. 1978년 제10대 총선을 앞두고 유신정권은 안정적 세원 확보를 명분으로 갑자기 부가가치세 도입을 결정했다. 말하자면 박정희식 '세금 폭탄'이었다. 부

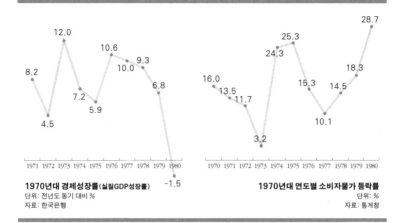

1970년대 경제성장률(실질GDP성장률)
단위 : 전년도 동기 대비 %
자료 : 한국은행

1970년대 연도별 소비자물가 등락률
단위 : %
자료 : 통계청

1970년대 경제성장률과 연도별 소비자물가 등락률

가세 도입은 가뜩이나 오름세인 물가를 더욱 부채질했다. 증권시장
도 거래세 신설로 주가 폭락을 겪어야 했다.

기록적인 물가 폭등과 세금 인상, 부동산 투기가 서민의 불만을
샀다면, 유신정권이 의욕적으로 추진한 중화학공업의 침체는 산업
전반에 악영향을 끼쳤다. 서중석 교수는 "(정부의 비호 아래) 대재벌이
자기 자본 없이 무리하게 중화학공업에 투자한 탓에 1970년대 후
반 과도한 중복 투자가 큰 문제가 됐다"며 "1979년 창원공단의 중
화학공업 단지 가동률이 현저히 떨어져 50퍼센트 안팎이었고, 현
대양행의 대규모 공장은 가동을 멈춰 '세계 최대의 창고'라는 말까
지 들었다"고 말했다.

중화학공업의 불황 등으로 1979년 말 외채가 200억 달러를 넘었
다. 외채망국론이 제기됐다. 박정희 정권의 상징이었던 경제성장
도 가속도를 잃었다. 1977년까지는 그나마 두 자릿수 성장률을 유
지했지만, 1978년 9.3퍼센트를 기록한 뒤 1979년에는 6.8퍼센트

1979년 10월 부산과 마산 지역에서 일어난 '부마항쟁'은 유신체제의 종말을 알린 역사적 사건이었다. 유신정권 말기 물가 폭등과 빈부 격차, 유신체제에 대한 국민적 반감이 원인이 됐다.
ⓒ한겨레

로 떨어졌다. 10·26 바로 다음 해에는 마이너스 1.5퍼센트였다. 한국전쟁 이후 최악의 사태였다.

4·19와 같은 사태가 눈앞에

심각한 경제난과 유신정권에 대한 불신은 1978년 12월 제10대 총선에서 여당의 참패로 나타났다. 개표 결과 여당인 공화당의 득표율은 31.7퍼센트였다. 신민당(32.8퍼센트)에 비해 1.1퍼센트 뒤진 결과였다. 정권에 대한 불신은 무소속의 선전으로도 나타났다. 무소속 득표율은 28.1퍼센트였다.

김호기 연세대 교수는 "1978년 제10대 총선에서 여당인 공화당이 참패한 사실은 당시 민심 이반을 가장 상징적으로 보여주는 결과"라며 "애초 쿠데타로 집권한 박정희 정권이 1978년 총선 이후 사실상 정치적 정당성을 상실했다"고 말했다.

유신정권 말기 민심 이반으로 인한 여당의 총선 참패와 부마항쟁 사이에 두 개의 또 다른 사건이 있었다. 하나는 8월 11일 터진 'YH사건'이었다. 가발 제조업체 YH무역의 부당한 폐업 조치에 반발한 172명의 여성 노동자가 서울 마포 신민당사에서 철야농성을 벌이자 경찰이 전격 투입됐다. 여성 노동자 1명이 투신해 숨졌다. 이 과정에서 박권흠 신민당 대변인 등 국회의원까지 구타당했다. 1천 명의 경찰이 동원돼 힘없는 여성 노동자들을 끌어내는 장면은 TV 뉴스를 통해 국민에게 전해졌다.

공화당이 10월 4일 줄곧 유신정권과 각을 세웠던 김영삼 신민당 총재의 의원직 제명 결의안을 단독으로 처리한 것은 부산과 마산 시민의 궐기에 기폭제가 됐다. 그것이 부마항쟁이었다. 유신정권을 둘러싼 총체적 민심 이반의 결과가 부마항쟁으로 나타난 셈이다.

김재규에 따르면 부마항쟁이 터진 부산과 마산의 상황은 심각했다. 그는 항소이유보충서에서 "4·19와 같은 사태가 오면 국민과 정부 사이에 치열한 공방전이 벌어질 것은 분명하고 그렇게 되면 얼마나 많은 국민이 희생이 될 것인지 상상하기 어렵지 아니한 일이었다"며 "4·19와 같은 사태는 눈앞에 다가왔고, 아니 부산에서 이미 4·19와 같은 사태는 벌어지고 있었다"고 말했다.

이 부분에 대해서는 박 대통령의 권유로 정치권에 입문한 이만섭 전 국회의장의 주장도 다르지 않다. 이 전 의장은 "부마사태와 10·26은 박정희 전 대통령의 장기 집권에 따른 인권 탄압, 강경 통치와 경제적 혼란으로 인한 민심 이반이 원인이 됐다"며 "만약 부마사태를 강경 진압했다면 4·19처럼 서울까지 번졌을 것"이라고 말했다.

유신정권이 심각한 시민 저항에 맞닥뜨린 상황에서도 박 대통령의 태도는 크게 달라지지 않았다. 오히려 부마항쟁에 대한 우려를 전달하자 벌컥 화를 냈다는 것이 김재규의 주장이다. 그는 "이와 같은 위기에 처하여 박 대통령은 절대로 물러설 줄을 몰라 국민의 엄청난 희생이 강요되고 있었다"고 말했다.

김재규의 결심은 1979년 10월 26일 서울 궁정동에 울린 총성으로 이어졌다. 서중석 교수는 "10·26이 부마항쟁으로 인한 대규모 유혈참극을 방지하는 데 기여했다"고 평가했다. 서 교수는 "정치적 폭주와 경제적 위기, 빈부 격차 등으로 박정희 유신정권에 대한 반발은 전국적인 현상이었다"며 "박정희와 차지철은 유신체제를 지키기 위해 어떤 유혈 참극이라도 불사하겠다는 강고한 의지를 가지고 있었다"고 말했다.

서 교수 등의 지적에 따르면 10·26은 당시 더 큰 파국을 막는 역할을 했다. 동시에 10월 26일 울린 총성은 죽음 이전과 이후 박정희에 대한 평가를 극명히 엇갈리게 하는 역할을 하기도 했다.

이만섭 전 국회의장의 주장이다. "역설적인 이야기지만 그때 박 전 대통령이 죽었기 때문에 업적이 살아서 지금도 훌륭한 대통령으로 남아 있지, 만약 10·26이 나지 않아 부마사태가 서울까지 확산되기라도 했다면 박 전 대통령의 말로도 좋지 않았을 것이고 지금처럼 인기가 지속되기 어려웠을 것이다."

죽어서 존경받는 대통령

이 전 의장의 말처럼 박정희에 대한 평가는 죽음 이전과 이후 분명하게 갈린다. 1970년대 내내 서민을 괴롭혔던 심각한 물가 인상과 빈부 격차, 이후 정권의 짐이 된 막대한 외채를 남겼지만, 그는 여전히 경제성장의 상징으로 남아 있다. 정치적으로도 이미 1978년 총선을 통해 유권자로부터 냉정한 심판을 받았지만, 죽어서는 '존경받는 대통령'으로 새롭게 태어났다. 역사의 아이러니다.

아웅산 테러가 성공했다면

'보복-응전-전면전'으로 치달았을 가능성
통제 불가능한 상황 막으려 미국이 군정을 실시했을지도

"쾅!"

1983년 10월 9일 오전 10시23분, 버마의 수도 랑군(지금의 양곤) 중심지의 아웅산 묘소에서 천지를 뒤흔드는 폭발이 일어났다. 묘소의 지붕이 산산조각났고, 자욱한 연기와 먼지 속에서 비명과 고함 소리가 울렸다. 한국 대통령을 태운 리무진은 현장 도착까지 5분을 남겨놓은 상황에서 다급하게 차를 돌렸다. 잠시 뒤, 얼굴이 사색이 된 경호원이 달려와 장세동 경호실장에게 보고했다. "죽었습니다. 모두, 모두 다… 죽었습니다!"

전방 찾은 전두환 "내 명령 없이 움직이면 반역"

'아웅산 묘지 폭파 사건'은 건국 이래 대한민국 대통령을 노리고 벌어진 암살 기도 중에서 가장 강렬한 인상을 남긴 사건이었다. 해

아웅산 테러 일지	
1983년 10월 8일	전두환 대통령, 동남아 5개국 공식 순방. 첫방문지는 미얀마(당시 버마)로 미얀마 독립운동가 아웅산 묘소에서 참배 행사 예정
10월 9일	아웅산 묘역 폭탄테러사건 발생. 행사를 위해 미리 대기하고 있던 서석준 부총리를 비롯한 각료와 수행원, 기자 등 17명 순직하고 14명 중경상. 사건 직후 대통령은 공식 순방 일정을 취소하고 귀국
10월 17일	버마 경찰, 수사 중간보고에서 테러 배후로 북한 지목
12월 9일	테러용의자들 사형 선고
1984년 10월	미얀마 정부, 아웅산 테러는 북한의 소행이라고 국제연합에 보고. 수사결과 전 대통령 일행이 버마에 도착하기 하루 전 새벽, 북한 공작원 3명이 아웅산 묘소로 잠입하여 폭탄을 설치한 것으로 밝혀짐

외, 그것도 버마의 국부로 추앙받는 아웅산이 묻혀 있는 성역에서 벌어졌다는 점, 비록 '실패'했지만 서석준 부총리, 이범석 외무부 장관, 김동휘 상공부 장관, 서상철 동력자원부 장관, 함병춘 청와 대 비서실장 등 장관급 5명이 목숨을 잃고 여기에 김재익 청와대 경제수석, 심상우 민정당 총재비서실장, 이중현《동아일보》기자 등 민·관의 희생자가 21명(버마인 4명 포함), 부상자가 46명(버마인 32명 포함)에 달하는 대참사가 빚어졌다는 점 때문이다.

당시 전두환 대통령은 서남아시아와 오세아니아 6개국 순방에 나선 길이었으며, 버마는 그 첫 순방국이었다. 버마는 한국과 교류 가 거의 없는 나라였다. 이 사건이 터지고서야 비로소 그런 나라가 있다는 것을 알았다는 이들이 많을 정도였다. 표면상 중립을 표방 했지만 북한과 친근한 나라였다. 그래서인지 사건이 터지자마자 "북한의 소행이 분명하다"는 우리 쪽 주장에 대해 버마 정부는 믿 을 수 없다는 태도였고, 남한의 반정부 세력이 벌인 테러가 아니냐 며 반문했다. 남한 쪽 자작극이라는 소문까지 돌았다. 당시 묘역에 서 나팔 소리가 들림과 동시에 폭발이 일어났는데, 나팔수들을 조

1983년 10월 9일 버마 아웅산 폭탄 테러는 현대사에 비극의 한 장면으로 남았지만 전두환 정권의 안정에는 적잖은 도움을 줬다. 테러 직전 아웅산 묘역에서 전두환 전 대통령의 입장을 기다리고 있는 수행 장관들. ⓒ연합뉴스

사해보니 "한국의 경호원들이 나팔을 불라고 하기에 불었다"고 증언했기 때문이다.

하지만 사건 직후 검거된 용의자들을 수사하던 버마 경찰은 10월 17일 중간보고에서 이들이 북한 공작원으로 보인다고 발표했다. 이후 11월 4일 최종 수사 발표를 거쳐 11월 6일 북한과 국교를 단절하고 북한 외교관을 추방하는 버마의 조처가 있었고, 범인들은 12월 9일 재판에서 사형을 선고받은 뒤 진용진은 1985년 처형되고 강민철은 2008년 옥중에서 사망했다.

서둘러 귀국한 전두환 대통령은 10월 10일 공항에 내려 "명백한 북한의 도발이며, 반드시 단호히 응징할 것"이라는 취지의 성명을 냈다. 그리고 전군에 비상경계령을 내리고 비상국무회의와 국정자문회의를 열었다. 하지만 시간이 지날수록 '단호한 응징'의 기세는 줄고, 외교적 수단으로 대응한다는 쪽으로 입장이 정리됐다. 당시 군부에서는 "이것은 선전포고나 다름없다" "전면전을 벌이든지 최소한 우리도 암살단을 보내 김일성을 처단해야 한다"는 주장이 비등했다. 휴전선에 접한 육군 1군단과 6군단은 상부의 지시가 없는 상태에서 병사들을 완전무장시키고 북진할 준비를 마쳤으며, 최근 밝혀진 대로라면 육사 12기를 중심으로 하는 장교집단이 '벌초계획'이라는 이름의 김일성 암살 작전을 세우고 모의훈련까지 마친 다음 대통령의 승인을 요청했다고 한다. 특수부대 30명을 평양에 투하해 주석궁을 폭파한다는 것이었다. 그러나 전두환 대통령은 무력 보복 계획을 승인하지 않았다. "이렇게까지 당하고 가만히 있을 수는 없다"는 반발에 그는 직접 전방 부대를 찾아다니며 지휘관들을 설득 내지 위협했다고 한다. "내 명령 없이 한 사람이라도 움직였다간 반역으로 간주하겠다." 그리고 10월 13일 서울 여의도광장에서 100만 명이 운집한 가운데 희생자 장례식을 치르고, 20일에는 대통령 특별담화에서 "이것이 우리의 평화 의지와 동족애가 인내할 수 있는 최후의 인내이며, 다시 도발이 있을 경우에는 반드시 응징할 것이다"라고 발표했다. 사실상 무력 보복을 하지 않겠다는 뜻을 대내외에 밝힌 것이다.

남북 모두에 오히려 전화위복

이처럼 사상 초유의 테러 피해를 입고도 당시 한국정부가 예상보다 온건하게 대응한 배경에는 미국의 태도가 가장 크게 작용했다고 한다. 당시 미국은 전투 준비 태세를 의미하는 데프콘3을 발령하고, 7함대와 조기경보기를 포함한 공군 세력을 한반도에 급파하는 등 상당한 대응 조처를 했다. 하지만 그 이면에서는 워커 대사를 비롯한 여러 채널을 통해 한국 정부에 무력 대응을 자제할 것을 요청하고 있었다. 표면적으로 취한 조처 역시 1968년 푸에블로호 사건(미국 국가안보회의 소집), 1976년 판문점 도끼 만행 사건(데프콘3보다 한 단계 높은 데프콘2 발령) 때에 비하면 강도가 약했다. 미국이 직접 연루된 사건이 아닌 다음에야, 아무리 우방국 국가원수가 암살을 가까스로 모면하고 각료 다수가 살해됐어도 대규모 전쟁으로 비화할 위험을 감수하면서 실질적인 대응 조처를 취할 뜻이 없었던 것이다.

대신 미국은 한국에 대한 안보 공약을 굳건히 다짐으로써 한국의 불안을 무마하고, 차제에 한·미·일 삼각 방위체제를 강화해 동북아시아에서 신냉전 구도를 확립하려 했다. 한국과 일본은 동북아에서 공산진영과 맞서는 자유진영 국가로 한 배를 탄 셈이었으나, 영토와 역사 문제 등으로 마찰이 끊이지 않았다. 그런데 그해 10월 28일 한국 정부가 한·미·일 군사 안보체제를 새롭게 추진한다고 발표했고, 일본도 공직자들의 북한 방문을 불허하고 제3국에서의 외교 접촉을 중지하는 등 어느 때보다 강경한 대북 조처로 화답했다. 또한 미국은 해외 전략상 한반도를 2급에서 1급 중요 지역으로 격상시켰다. 2급은 재래식 전력에 의해 방어해야 하는 지역이며, 1급은 핵무기를 사용해서라도 방어할 지역을 의미한다. 그리고 11월 12일 레이건 미국 대통령이 한국을 공식 방문함으로써 박정희-카터 사이에서 한껏 냉랭해졌던 한·미 관계가 어느 때보다 돈독해졌음을 과시했다.

국내적으로도 아웅산 사건은 정권에 '전화위복'으로 작용한 셈이었다. 1983년은 1980년 신군부 집권 이후 억눌렸던 정치의식이 정권 전복 직전까지 달아오른 시기였다. 1982년 '장영자 사건'으로 초대형 권력형 비리 의혹이 불거지고 미문화원 방화 사건이 일어났으며, 1983년 초에는 김영삼의 민주화 요구 단식투쟁이 20일 동안 진행되는 등 사회 분위기가 갈수록 심상치 않았다. 여기에 1983년 9월 1일 대한항공 여객기가 소련의 공격으로 격추되는 사건이 일어났고, 다시 얼마 뒤 아웅산 사건이 일어났다. '공산 괴뢰집단의 국가 전복 음모'가 현실적으로 와 닿는 분위기에서 독재의 불편함이 잠시나마 잊히고, 다시 한 번 '반공으로 총화단결'하는 분위기가 지배할 수 있었던 것이다.

그것은 어떤 면에서 북한도 마찬가지였다. 이 테러의 '실패'로 북한은 버마를 비롯해 제3세계 여러 국가에서 국교 단절 및 외교적 비난 조처를 당했다. 따라서 1970년대 말부터 군사·경제·외교력에서 남한에 추월당한 초조함 때문에 전세를 만회하고자 벌인 테러의 결과 북한이 오히려 전보다 더욱 수세에 몰리게 됐다고 흔히 이야기된다. 그러나 1980년대 들어 냉전이 다시 고조되는 상황에서 어차피 북한에는 모호한 제3세계의 지지보다 소련·중국의 확고한 지지가 더 아쉬웠다. 아웅산 사건으로 한·미·일 안보체제가 강화된 것은 다른 한편으로 북·중·소의 안보협력이 강화되는 계기도 됐다. 또한 당시 북한은 1980년을 전후해 김정일 후계체제 확립에 부심하고 있었지만, 1978~84년의 제2차 7개년 경제계획이 사실상 실패함에 따라 내부적으로 상당한 체제 불안 요인이 나타나고 있었다. 그런 상황에서 아웅산 사건이 일어남으로써 북한의 내부 결속이 다져진 것이다.

그렇다면 만일 이 테러가 '성공'했다면, 다시 말해서 전두환 대통령까지 아웅산 묘소에서 목숨을 잃는 상황이 벌어졌다면 어떻게 됐을까? 일단 생각할 수 있는 것은 남한의 보복 조처에 뒤이은 한반도에서의 전면전 발발이다. 아웅산 사건 이후 대통령이 전방 부대 지휘관들을 무마하는 게 힘겨웠다고 했음을 볼 때, 대통령마저 사망했다면 '보복–응전–전면전'의 가능성이 꽤 높았으리라 추정된다.

제2의 12·12 일어나지 않았을까

그러나 이 경우에도 미국의 대북 자세는 큰 차이가 없었으리라 보인다. 미국의 직접 피해가 없는 상황에서 동북아에서 국지전에 말려들고 나아가 세계대전으로 비화할 수 있는 상황을 미국이 바라지는 않았을 것이다. 하지만 대통령까지 살해된 것과 각료들만 희생된 것은 분명히 차이가 있다. 독재체제의 구심점이 갑자기 사라지고, 격앙된 분위기 속에서 일부 부대는 무력 행동에 나서고, 대통령직을 이어받았을 김상협 국무총리의 민간인 내각은 이를 저지하려 하고, 김영삼 등 재야 인사들은 이를 문민정권 회복의 기회로 삼으려 움직이는 상황. 이런 대혼란 속에서 제2의 6·25는 아니더라도 제2의 12·12가 일어나 새로운 정권의 수립을 기도했을 가능성이 크다. 10·26으로 갑작스레 군사정권의 상징이 사라진 상태에서 문민화 움직임을 꺼린 군부세력이 쿠데타로 정권을 장악한 것과 유사한 사태가 다시 일어났을 수 있다.

이때 미국은 5·16이나 12·12 때처럼 방관자로 남았을 수도 있지만, 그보다 더 적극적인 자세로 나왔을 수 있다. 남한 내부의 정변이 아니라 북한의 '공격'에 의한 남한의 혼란인 이상, 한반도가 통제 불가능한 상황으로 치닫는 것을 막기 위해 미군이 치안 유지를 명목으로 사실상의 군정을 실시하려 들었을지 모른다.

아웅산 테러 직후 전두환 대통령은 단호한 응징을 천명했지만 시간이 지날수록 온건한 대응 쪽으로 입장을 바꿨다. 한 부대를 시찰하고 있는 전 대통령. ⓒ한겨레

　결국 아웅산 테러가 '성공'했다면 남한은 한 치 앞을 내다볼 수 없는 혼란에 빠지고, 한반도에서 미국과 북한의 움직임이 숨가쁘게 돌아갔을 가능성이 높다. 그러나 여기서 한 가지 생각을 더 해볼 수 있다. 과연 그것뿐일까? '만약의 만약'은 불가능할까?

　알려진 대로라면 전두환 대통령은 그야말로 기적적으로 암살을 모면했다. 본래 버마 순방 일정은 일주일을 앞두고 미 중앙정보국(CIA)의 통보를 받고 갑자기 수정됐다. 원래는 버마에 도착한 10월 8일 밤 아웅산 묘소를 참배하게 돼 있었는데, 그대로 진행했다면 각료들과 동시에 대통령이 현장에 도착함으로써 암살을 피할 수 없었을지 모른다. 그리고 이튿날인 9일 당일에도 본래는 대통령이 조금 더 일찍 현장에 도착하게 돼 있었다. 그러나 안내를 맡은 우치라잉 버마 외무장관이 17분 늦게 도착하는 바람에 각료들이 먼저 묘소로 향했던 것이다. 라잉 장관은 "집에서 TV를 보다가 늦었다"

고 변명했다. 그러나 당시 버마에서는 전력 부족 때문에 아침 방송을 내보내지 않고 있었다.

범인들은 일찌감치 현장에 폭탄을 설치한 뒤 상황을 보고 원격조종으로 폭탄을 터트렸는데, 어째서 대통령이 도착하지 않은 시점에서 터트렸는지가 의문이다. 이는 당시 먼저 도착한 각료들이 단상에 도열해 있는 상황에서 이계철 버마 대사가 차를 타고 도착했고, 그를 전 대통령으로 오인한 범인들이 격발장치를 작동했다고 설명된다. 하지만 과연 이처럼 중대한 테러를 저지르면서, 목표물인 전 대통령의 얼굴을 제대로 확인하지도 않았을까? 또 영빈관에서 전 대통령이 탄 차가 출발하는 상황을 지켜보지 않은 이유는 뭘까?

물론 지나친 의심은 금물이다. 비록 아직까지 북한이 자신들은 무관하다는 입장을 내세우고 있지만, 범인은 북한 공작원이었던 것으로 보인다. 전두환 대통령이 일부러 자신의 각료들을 폭사시켰다고 보기도 어렵다.

1983년이나 지금이나 변하지 않은 것

그러나 적어도 마지막 순간에, 북한이 목표를 '남한 대통령 제거'에서 '남한 대통령 제거를 노린 듯한 대규모 테러'로 바꾸었을 가능성은 없을까? 만약 전두환 대통령 암살을 시도해 '성공'했다면, 북한으로서도 그 결과가 마냥 긍정적이지는 않았을 것이다. 남한에 더욱더 강경한 정권이 들어서거나 미국이 군정까지 실시하는 상황이라면 북한의 안보가 크게 흔들린다. 애초 김정일 후계체제의 확립이 북한의 목표였다면, 그렇게까지 큰 위험을 무릅쓰지 않고도 '실패'한 아웅산 테러만으로 충분히 목표가 달성된다. 당시 분

석은 "북한이 전 대통령을 제거하고 전격 남침하려 했다"는 것이었
다. 하지만 실제로는 남한과 미국의 데프콘3에 대응해 경계태세에
들어가기는 했어도, 남침을 준비하는 듯한 무력 동원의 움직임은
전혀 보이지 않았다.

상상력은 그만 접더라도, '북한의 일방적 무력 도발' 가능성과 그
앞에서 먼저 미국의 눈치부터 살펴야 하는 우리 처지는 1983년이
나 지금이나 변하지 않았다. 정치적·군사적 사건의 대응에는 최대
한 신중해야 한다. 그리고 우리 스스로 우리의 이익에 따라서 대응
책을 선택할 수 있도록, 기본 구도부터 먼저 바로잡아야 한다.

대원외고가 생기지 않았다면

고교평준화를 해체하려는 교육 기득권 세력이 존재하는 한
어떤 방식으로든 고교서열화 시도는 이어졌을 것

 2009년 하반기 '외고 폐지론'이 교육계를 뜨겁게 달궜다. 논란을 주도한 사람은 정두언 한나라당 의원이었다. 10월 30일 '외고 폐지 법안'(초중등교육법 개정안)을 발의한 정 의원은 외고를 '사교육의 주범'으로 지목했다. 외고 폐지론은 인기를 의식한 마녀사냥이라는 반발도 제기됐지만, 그는 "마녀사냥이란 마녀가 아닌 사람을 마녀로 몰아 사냥한다는 얘기지만, 외국어고는 분명히 마녀"라며 맞불을 놓았다.

뜨거운 주제였던 '외고 폐지론'

 외고가 '마녀'일 수밖에 없는 이유는 교육 전문 작가 김은실 씨가 쓴 『대치동 엄마들의 "대원외고 합격 전략"』(2006)에 일부 나와 있다. "공식적으로 학교에 내는 돈 외에 사교육비도 만만치 않다. 학

대원외고 연혁	
1977년 5월 20일	학교법인 대원 학원 설립 인가
1980년 10월	이규호 당시 문교부 장관, 과학고교·어학고교 등 특수 고교를 신설하겠다고 발표
1983년 10월 7일	대원외국어학교 설립 인가
1984년 3월 2일	개교 및 입학식
1991년 2월 11일	대원외국어고등학교로 개편

교에서는 매일 늦은 시간까지 자율학습을 시키지만, 자율학습이 없는 수요일과 주말에는 거의 대부분의 학생이 실력을 보충하기 위해 사교육을 받는다. 국제반은 SAT(미국대입자격능력시험)와 AP(사전학점이수제)를 보강하기 위해 유학 전문 학원에 다니기도 한다."

외고에 진학하려면 특목고 대비 학원에 의지해야 하고, 외고에 진학한 뒤에도 그 안에서 뒤떨어지지 않기 위해 또다시 학원을 찾아야 한다는 설명이다. 작가는 대원외고생 학부모의 말을 인용해 "분기당 100만 원이 넘는 교납금과 학기당 60만 원에 이르는 스쿨버스 비용, 월 평균 100만 원 이상 나가는 특강료, 해외 체험 캠프 비용에 별도의 사교육비까지 합하면 월 300만 원 가까이 교육비로 나간다"고 소개했다.

정두언 의원이 외고 폐지론을 내놓자 야권과 시민사회단체의 반응은 대체로 긍정적이었다. 박원석 참여연대 협동사무처장은 "외고가 대한민국 교육의 '만악의 근원'은 아닐지 모르겠으나, 사교육비 증가를 가져오는 '악의 축'쯤 되는 것은 분명하다"며 "첩첩이 쌓인 교육 문제를 일거에 해결하는 방안이 될 수 없는 것은 분명하지만, 사교육비 경감이라는 측면에서 정두언 의원의 외고 폐지 제안은 귀기울일 만한 가치가 있다"고 평가했다.

외고 폐지론의 핵심은 외고 입시에 대한 문제제기다. 사교육 광풍과 중학교의 입시학원화 등 각종 부작용이 여기서 비롯되고 있다는 지적이다.

반면 조선·중앙·동아 등 보수 언론이 강하게 반발했다. 이들은 "외고는 그간 우수 학생을 대상으로 한 수월성 교육을 통해 평준화의 폐해인 학력 저하를 줄이고 교육 경쟁력을 높이는 데 기여해온 게 사실"이라며 "이런 외고를 사교육비 유발 등의 이유로 '공공의 적'으로 몰아세워 문 닫게 한다는 건 국가적 손실"이라고 지적했다.

문제를 바라보는 시각 자체가 극과 극인 것처럼 해법도 180도 달랐다. 외고 폐지론의 핵심은 외고 입시에 대한 문제제기다. 일반계 고교와 달리 외고는 원하는 학생을 선발할 수 있는 권리를 갖는다. 학교 입장에서는 당연히 학업 성적이 우수한 학생을 선발하려는 욕심을 갖게 마련이다. 여기서 중학교의 입시학원화 우려가 발생한다. 외고 준비생의 선행학습 욕구를 공교육이 소화하지 못하니 외고 입시를 겨냥한 사교육이 창궐한다.

외고의 학생 선발권은 학생의 학교 선택권과 짝을 이룬다. 외고가 우수한 학생을 선발할 수 있다는 이야기는 학생이 더 좋은 학교를 선택할 수 있다는 뜻이 되기도 한다. 학생과 학부모 입장에서 더 좋은 학교란 대개 명문대 진학률에 따라 순위가 매겨진다. 자연스레 고교서열화가 이뤄진다.

외고 사라져도 '외고 효과'는 남을 것

외고의 학생 선발권이 지엽적 문제에 그치는 것이 아니라 고교평준화 해체의 시발점이 될 수 있다는 뜻이다. 정두언 의원의 외고 폐지 주장이 등장하자 진보 진영은 "외고를 없애려면 확실히 없애야 한다"며 외고의 학생 선발권 회수를 주장했다. 반면 보수 쪽에서는 "외고 문제는 더 많은 외고를 만들면 해결된다"는 논리로 맞섰다.

외고를 둘러싼 '마녀사냥' 논쟁은 2010년 1월 26일 교육과학기술부의 외고 개편안 발표 이후 일단락됐다. 교과부는 앞으로 외고 입시에서 학과 성적을 반영하지 못하게 하는 대신 영어 내신과 면접을 강화하도록 했다. '입시 폐지'라는 어려운 길 대신 '입시 규제'라는 비교적 쉬운 방법을 택한 것이다. 말이 규제지 이렇게 되면 영어 사교육을 오히려 부채질할 것이라는 비판도 쏟아졌다.

외고 논쟁이란 매번 이런 식이었다. 사교육 광풍 등 외고 때문에 발생하는 문제제기가 집중되면 정부 차원의 '외고 대책'이 제시됐지만 효과는 제한적이었다. 외고의 역사란 곧 외고를 중심으로 뭉친 교육 기득권 세력과 기득권 해체 세력 간 투쟁의 역사였다. 외고 폐지론은 외고 대책의 결정판이었다. 만약 외고가 없어진다면, 외고가 빚어내는 모든 사회적 문제가 해소될 수 있을까? 전문가 집단의 견해는 대체로 일치한다. 대답은 '아니오'다. 외고가 사라진다

236

고 '외고 문제'까지 없어지지는 않을 것이란 이야기다.

외고의 대부 격인 대원외고가 탄생한 것은 1984년이었다. 대원외고 설립이 공론화된 것은 그보다 앞선 1980년 10월, 이규호 당시 문교부 장관이 "영재 교육을 위해 예술·체육고교처럼 과학고교·어학고교 등 특수고교를 신설하겠다"고 발표한 직후였다. 한 줄로 짧게 정리한 이규호 장관의 발표만 봐도 문제가 엿보인다. "영재 교육을 위해"라는 정책 의도와 "어학고교를 신설하겠다"는 정책 방안 사이의 거리다. 참여정부 때 교육부총리를 지낸 김진표 민주당 의원은 이렇게 말했다.

"외고 정책은 출발부터 잘못됐다. 어학 영재를 양성한다고 했는데, 어학 영재가 있을 수 있나. 어학은 어차피 도구 과목이다. 국제화·개방화 사회에서는 어떤 과목을 전공했든 소통을 위해 필요하다면 어학을 활용하는 것인데, 있지도 않은 '어학 영재'라는 개념을 교육 목표로 상정하다 보니 교육이 이상한 방향으로 흘렀다."

당시에도 비슷한 논란은 있었다. 어학고교와 비교된 것이 과학고교였다. 과학고교의 경우 과학기술 발전을 이끌어갈 '과학 영재' 교육이 필요하다는 사회적 요구가 있었기에 순조롭게 출발할 수 있었다. 이와 달리 '어학 영재'는 판별 기준도 애매하고 교육의 실효성도 의심스럽다는 비판이 나왔다. 그래서 어학 영재를 위한 외고 설립은 일단 불발에 그쳤다. 대신 '각종학교' 형태의 외국어학교가 등장했다. 각종학교란 직업 기능 교육을 주로 하는 학교로, 각종학교 가운데 '학력 인정 학교'로 지정되면 일반 고교처럼 대학예비고사에 응시할 수 있었다.

대원외고는 1983년 외국어학교로는 처음으로 학력을 인정받는 각종학교 인가를 받았다. 같은 해 말 대일외고도 설립인가를 받았고, 이듬해 동시에 개교했다. 1990년 한영외고가 그 뒤를 이었다.

'외고 문제'가 본격화한 것은 1992년이었다. 이때 외고가 기어이 특목고로 지정되는 '사건'이 벌어지고 말았다. 물론 문제가 수면 위로 떠오른 것이 그때였을 뿐 문제의 씨앗은 그전부터 꾸준히 자라고 있었다. 씨앗을 싹 틔운 세력이 바로 노태우 당시 대통령을 중심으로 한 고교평준화 해체론자였다.

수월성 내세우며 학생 선발권 허락해줘

1974년 고교평준화가 도입된 이래 이를 무력화하려는 기득권 세력의 요구는 집요했다. 고교 교육의 수월성과 다양성 확보라는 명분으로 무장한 이들은 고교평준화가 학생 성적의 하향 평준화를 초래했다고 주장했다. 1989년 9월 노태우 대통령이 드디어 주례방송을 통해 "현재의 고교평준화 제도는 그대로 시행하되 원하는 사람은 경쟁입시를 치러 입학할 수 있는 명문 고교를 각 지방에 육성하겠다"고 밝혔다. 고교입시 부활의 신호탄이었다.

이듬해 8월 문교부가 평준화 보완 대책으로 내놓은 아이디어가 각종학교 형태로 있던 외국어학교를 특목고로 지정한다는 것이었다. 게다가 외고에 1992년 신입생 전형부터 과학고·예체능고와 마찬가지로 특례를 인정해준다고 발표했다. 쉽게 말해 학교 마음대로 학생을 뽑을 수 있도록 '학생 선발권'을 허락한다는 이야기였다. 문교부의 '특혜'는 외고 인기에 날개를 달아줬다.

이종태 전 한국교육연구소 소장팀이 교육부의 의뢰를 받아 2007년 2월 발표한 '특수목적고등학교의 중장기 운영 방향 및 발전방안

진수희 한나라당 여의도연구소장이 2009년 10월 27일 '외고 문제 해법 모색을 위한 긴급 토론회'에서 발언하고 있다. ⓒ한겨레

연구 보고서'를 보면 그때 상황이 소개돼 있다. "이 무렵 외국어고는 졸업생의 대학 진학률이라는 측면에서 이미 '명문'으로 주목받고 있었다. 대원이나 대일과 같은 외국어학교는 1984년 개교하면서 (각종학교로서 학교별 학생 선발이 가능했던 유연한 여건에서) 우수한 중학생을 다양한 전략으로 유치했다. 그 결과 1987년 제1회 졸업생의 대학 진학률은 세인의 이목을 집중시키기에 충분했다."

문교부의 '노력' 없이도 외국어학교 입시 경쟁이 가열됐다. 이 전 소장은 "애초부터 대학 진학을 겨냥한 교육을 주된 목적으로 한 외고의 제도화가 가능했던 것은 이런 성격을 용인하고 적극적으로 조장한 교육 당국의 책임"이라고 말했다. 이 전 소장은 이를 '고교 평준화를 무너뜨리려는 의도'라고 표현했다.

이 전 소장은 "외고가 그런 관행과 문화를 이끈 것이 사실이지만 외고가 없었더라도 명문대 진학 실적에 따라 고교를 서열화하려는 시도는 끊임없이 이어졌을 것"이라고 말했다. 고교평준화를 무너뜨리려는 기득권 세력의 노력은 대원외고가 아니더라도 또 다른 방식으로 나타났을 것이라는 이야기다.

어문계열 진학자는 25퍼센트에 불과

'고교평준화를 무너뜨리려는 기득권 세력의 노력'이 현실화된 또 다른 사례로 꼽히는 것이 자립형 사립고다. 문민정부 시절인 1995년 교육개혁위원회의 5·31교육개혁안의 하나로 탄생한 자사고는 '재단의 건학 이념에 따라 다양한 인재를 키우는 학교 모델'을 만들겠다는 취지로 출범했다.

자사고 설립은 쉽지 않았다. 교육개혁위원회부터 자사고가 고교평준화를 위협하고 과도한 등록금으로 계층 간 위화감을 조성하는 '귀족학교'가 될 가능성을 경계했다. 반면 자사고 찬성론자들은 고교에도 경쟁을 불어넣어 공교육의 수월성을 회복해야 한다고 주장했다. 송경원 진보신당 교육연구위원은 "고교평준화를 보완해야 한다는 논리는 그동안 꾸준히 제기됐기 때문에 1984년 대원외고가 설립되지 않았더라도 자사고와 국제고 등의 형태로 외고와 유사한 특목고가 출현했을 것"이라고 말했다.

외고가 사회문제로 떠오른 이유는 단순히 명문대 진학 실적에만 있지 않다. 과학고나 예술고 등과 달리 외고의 경우 고교 때 전공과 상관없는 '명문대 인기학과' 진학률이 비정상적으로 높다. 대원·대일·한영외고의 1993년 대학 진학자 1,455명 가운데 어문계열 진학자는 25퍼센트인 366명에 그쳤다. 나머지는 사회계열이나 공학계열로 진학했고, 심지어 의학계열 진학자도 많았다. 반면 과학고 학생의 이공계 진학률은 70퍼센트 이상이다.

이런 '입시학원화' 부작용이 주목을 받을수록 외고의 인기는 더 올라갔다. 정부의 각종 '특목고 정상화 방안'이 나왔지만 반짝 효과를 거둔 적은 있어도 외고의 인기를 근원적으로 차단하지 못했다. 교육계를 지배하는 교육 관료의 주류가 고교평준화에 부정적이었고, 보수 언론과 상위권 대학 등 기득권 세력도 외고 개선 방안이 나올 때마다 극렬하게 반대했다.

예컨대 1994년 교육부는 특목고 학생의 '비교내신제'를 1999년부터 폐지하겠다고 밝혔다. 비교내신제란 학교에서의 상대 성적이 아닌 수능 성적으로 내신 점수를 부여하는 제도였다. 그 영향이 3년 갔다. 1995년부터 1998년까지 외고 지원율이 하락했다. 효과는 그때뿐이었다. 1999년 대입부터 내신 절대평가제가 도입되면서 외고생의 서울대·연세대·고려대 지원율이 다시 상승했다.

참여정부 때인 2004년 8월 교육인적자원부의 특목고 대책도 큰 효과가 없었다. "2008년 대입부터 특목고 동일계 특별 전형을 도입하고, 내신 상대평가제를 도입한다"는 내용이었다. 특히 외고의 동일계열 진학률이 극히 낮아 설립 목적에 위배된다는 문제점을 극복하겠다는 의도였지만 정상화는 구호에 그쳤다. 2005년 외고 경쟁률이 잠시 낮아지는가 싶었지만 아니었다. 그해 하반기 서울대가 통합교과형 논술을 도입하겠다고 고집했기 때문이다. 내신도 수능도 변별력이 떨어지니 아예 논술로 학생을 선발하겠다는 것이 서울대의 주장이었다. 고려대와 연세대가 이런 움직임에 동조했다.

"수월성 교육, 학교 안에서 해결했어야"

1984년 대원외고 개교가 한국 초·중등 교육사의 일대 전환점이 됐다는 사실에 이견을 제기하는 사람은 거의 없다. 대원외고로부터 비롯된 외고 인기가 사교육 광풍과 고교평준화 훼손, 고교서열화 등을 유발한 것이 사실이기 때문이다. 그렇지만 외고의 문제는 외고만의 문제도 아니었다. 문제의 본질은 외고에 대한 학부모의 비정상적 선호가 아니라, 고교평준화를 보완이 아닌 해체의 대상으로 보는 기득권 세력의 사고다. 교육부총리 출신의 김진표 의원은 "경제적으로든 사회적으로든 한국 사회에서 어느 정도 지위를 갖고 있는 사람의 자녀 가운데 외고 다니는 비율이 높다. 언론계도 예외가 아니다. 그런 현실이 (고교평준화를 위협하는) 사회적 압력으로 작용할 수밖에 없다"고 말했다.

엄민용 전국교직원노동조합 대변인이 정두언 한나라당 의원의 외고 폐지론의 한계를 지적하는 이유도 마찬가지다. "외고가 없어진다 해도 시장의 자율성을 중요하게 여기는 사람들은 어떤 형태로든 차별화된 학교를 만들려 할 것이다. 정말 외고가 '마녀'라고 생각한다면 수월성 교육을 일반 학교를 통해 해결해야 한다. 그런데 정부는 일반 학교는 획일화해놓은 채 몇 개의 특별한 학교를 만들어주는 걸로 해결하려 했다. 각 일반 학교에서 교육과정의 다양화를 통해 수월성 교육을 하려면 국가가 비용을 부담해야 하니까 상대적으로 돈이 적게 드는 경로를 택한 것이다. 결과적으로 최악의 선택이었다."

박종철 죽음이 은폐됐다면

보수대연합 이뤄지고 전두환은 막후 실권자로 자리잡고
6월 항쟁 없이 여론은 여전히 탄압받았을 것

1987년 1월 15일 저녁, 기자들이 입추의 여지가 없을 정도로 몰려든 가운데 카메라 플래시를 받으며 강민창 치안본부장이 어두운 표정으로 기자회견을 시작했다.

"서울대학교 언어학과 3학년에 재학 중인 박종철은, 서울대 민주화추진위원회 사건으로 수배된 박종운의 소재를 파악하고 있다고 여겨져… 1월 14일 오전 8시 10분경 관악구 신림동 하숙방에서 연행되었다. 10시 51분경부터 심문을 시작, 박종운의 소재를 묻던 중 갑자기 '억' 하고 소리를 지르며 쓰러져 중앙대 부속병원으로 옮겼으나 12시경 사망하였다."

"'탁' 치니 '억' 하고 쓰러졌다"

옆에 서 있던 박처원 치안감이 말을 덧붙였다. "책상을 '탁' 치니,

1987년 1월 13일	치안본부 대공분실 요원에 의해 서울대생 박종철 연행
1월 14일	치안본부 대공수사단 남영동 분실 509호 조사실에서 고문·폭행으로 박종철 사망
1월 15일	'경찰에서 조사받던 대학생 쇼크사'라는 기사 중앙일보 보도
1월 19일	부검의 오연상 "조사실 바닥에 물이 흥건했다"는 등 고문 시사 증언 내용 동아일보 보도
1월 19일	경찰, 물고문 사실 공식 인정. 고문담당관 조한경·강진규, 고문치사혐의로 구속
2월 7일	전국 주요 도시에서 '박종철 군 범국민추도식' 및 도심 시위
2월 27일	검찰, 고문가담 경관이 3명 더 있다는 자백을 들었으나 경찰 방해로 수사에 착수하지 못함
3월 3일	'박종철 군 49재와 고문추방 국민대행진' 및 시위
5월 18일	천주교정의구현전국사제단, 박종철 고문치사 사건이 경찰에 의해 축소·은폐되었음을 폭로
6월 9일	연세대 이한열, 학교 앞 시위 중 경찰이 쏜 최루탄에 맞아 부상(7월 5일 사망)
6월 10일	'박종철 군 고문치사 조작, 은폐 규탄 및 호헌철폐 국민대회' 개최

'억' 하고 쓰러졌다." 건강한 청년이 으름장 한 번에 그냥 숨이 넘어갔다는 삼류 개그 같은 발표가 나오자 곧바로 의혹이 들끓었다. 야당과 재야는 철저한 진상조사를 요구했고 정부·여당도 이를 일단 수용해 경찰에 특별조사를 지시했다. 의혹의 중심이 되고 있던 경찰 스스로가 진상조사를 한다는 점이 미덥지 않았지만 박종철을 부검한 황적준 박사가 "쇼크사라는 경찰의 주장과는 달리 흥부 압박에 따른 질식사로 판단된다"는 소견을 검찰에 밝힘으로써 고문 사실 자체의 은폐는 어렵게 되었다. 그리하여 1월 19일에 다시 한번 강민창 치안본부장이 '진상'을 발표했다. 박종철은 서울 남영동 대공분실에서 조한경 경위, 강진규 경사 두 사람에게 물고문을 당했으며 그 도중에 '사고'로 사망했다는 것이었다. 상부의 지시는 전

1987년 1월 빚어진 박종철 고문치사 사건은 그해 6월 항쟁의 도화선 역할을 했다. 이 사건이 없었다면 일반 국민의 반독재 투쟁 대열 합류는 불가능했을지 모른다. 사진은 서울대에서 열린 박종철 추모행렬. ⓒ경향신문

혀 없었고, "지나친 공명심 때문에" 두 경찰이 멋대로 벌인 일에 박종철이 그만 목숨을 잃었다는 설명이었다.

고문이 자행되었음이 인정된 이상 야당과 재야는 강도 높게 정부를 비난하며 강경 투쟁에 나섰고, 경찰 발표를 완전히 신뢰할 수 없다며 국회에서 국정조사권 발동 결의안을 냈다. 정부가 2월 7일의 추도회를 불법집회로 규정하고 김영삼·김대중·함석헌·고은·송건호 등을 가택연금하고 추모 인파를 강제 진압하면서 분위기는 더욱 험악해졌다. 김대중은 경찰이 둘러싼 자택에서 "추도식조차 하지 못하게 막는 정권이 어디 있느냐? 이제 국민은 더 이상 참지 못한다"고 격분했다. 부산에서는 추도식을 준비한 혐의로 노무현 변호사에게 구속영장이 발부되었다.

숨길수록 부푸는 의혹, 6월 항쟁의 시작

한 젊은 생명을 고문이라는 방법으로 죽여놓고도 이를 은폐하려 했고 말단 경찰 두 사람만의 책임으로 몰아가며 추도식조차 금지하는 정권을 향한 분노와 혐오가 날로 더해가면서 정국은 한 치 앞을 내다볼 수 없는 상황이 되어갔다. 야당인 신한민주당(신민당) 내에서는 김대중·김영삼 두 사람이 이끄는 세력과 여당에 호의적인 세력 사이의 다툼이 심해졌다. 마침내 4월 9일에는 신민당을 탈당해 새로운 정당을 만들겠다는 두 김씨의 발표가 있었다. 그러자 기다렸다는 듯 4월 13일에 전두환 대통령이 대국민 특별담화를 통해 "개헌 논의를 올림픽 이후로 연기한다"고 폭탄선언을 해버렸다. 여당에 절대적으로 유리한 기존 헌법의 간선제, 이른바 '체육관 선거'로 차기 대통령을 뽑겠다는 것이었다. 이것으로 정권에 대한 반발은 더욱 커다랗게 부풀어 손만 대면 터질 지경까지 갔다. 마지막으로 '손을 댄' 쪽은 천주교정의구현전국사제단이었다. 5월 18일 광주항쟁 7주년 추도 미사가 열리던 명동성당에서 "박종철 고문치사 사건은 축소·조작되었다. 지금 구속된 경찰관들은 종범에 불과하며, 현장에는 상급자 세 사람(황정웅·반금곤·이정호)이 더 있었다"는 폭로를 한 것이다.

잦아드나 싶던 박종철 고문 사건이 다시 폭발했고, 정부는 다시 한 번 진화에 나서 "경찰관들끼리 축소 모의를 한 것"이라며 크게 달라진 것이 없다는 식으로 몰아가려 했다. 그러나 "틀림없이 더 윗선에서 조작 지시가 내려졌을 것"이라는 의혹이 끊이지 않았다. 수사팀을 교체하고 원점에서 재수사해야 한다는 요구가 김수환 추기경을 비롯한 각계 인사들로부터 빗발쳤다. 결국 5월 29일, 박

만약에 한국사

처원 치안감, 유정방 경정, 박원택 경정 등이 은폐와 축소 과정을 지휘했으며 처음 범인으로 구속된 두 경찰관에게 죄를 뒤집어쓰는 대가로 1억 원의 돈을 안겼다는 검찰의 수사 결과가 발표되었다. 박처원 등은 이때 구속되고, 훗날(1988년 1월) 황적준 박사에게도 은폐 압력과 뇌물 공세를 가했음이 추가로 드러나면서 강민창 치안본부장도 쇠고랑을 찬다. 또한 정부는 노신영 국무총리, 장세동 안기부장, 김성기 법무장관, 정호용 내무장관을 퇴진시키며 사태에 대한 '유감'을 표명했다.

하지만 이미 둑은 터진 뒤였다. 야당과 재야는 여당인 민정당이 노태우 대표를 차기 대통령 후보로 선출하게 돼 있던 6월 10일을 '박종철 군 고문살인 은폐조작 규탄 범국민대회' 날로 정하고 준비에 들어갔다. '6월 항쟁'이 시작된 것이다.

이처럼 당시 정부는 사건을 세 차례나 은폐·축소하려 하다 오히려 사태를 악화시켰고, 젊은 넋의 억울한 희생과 거듭된 비열한 조작은 그때까지 대학생들의 반정부 투쟁을 '좌경용공'으로 몰던 정부의 선전에 얼마간 수긍해온 일반 민심을 투쟁 대열로 이끌었다. 실로 박종철 고문치사 사건이 없었다면, 또는 묻히고 말았다면 '넥타이부대'가 학생들과 나란히 최루탄 속을 뚫고 거리를 달리며 "호헌 철폐, 독재 타도!"를 외치는 일은 불가능했을지 모른다.

알력 다툼하다 '어설프게' 사건 은폐

그런데 여기서 또 다른 가능성을 검토해야 한다. 왜 '독재정권'은 이 사건을 효과적으로 은폐하지 못했는가? 또는 어설프게 대응해 오히려 반발이 커지는 결과를 빚고 말았는가?

1987년 1월 16일자 경향신문에 보도된 박종철 고문치사 기사.

보통 몇몇 사람의 영웅적인 노력으로 사건이 묻히지 않았다고 이야기된다. 심장마비로 처리하라는 압력에도 부검한 그대로의 소견을 밝힌 황적준 박사, 초기 수사 과정에서 경찰의 은폐 시도를 차단한 안상수 검사, 범인이 더 있다는 사실을 알고 옥중의 몸임에도 그것을 천주교정의구현전국사제단에 제보한 이부영씨, 그리고 천주교정의구현전국사제단 등등. 분명 그들은 위대한 일을 해냈다. 하지만 유신에서 5공까지 군사정권은 동베를린 사건, 김대중 납치 사건, 민청학련 사건, 최종길 서울대 교수 사망 사건, 재일동포 간첩 사건 등에서 사건 진상 은폐에 성공해왔다. 시국사건 용의자를 고문하는 일도 흔했다. 당시 주임검사로 박종철 사건 규명의 일익을 담당한 안상수 전 한나라당 대표는 회고록에서 이렇게 말했다. "그동안 시국사건으로 죽어간 이들은 모두 의문사로 처리되어 묻혀버렸다. 그 때문에 시국사건 수사관들은 고문을 하거나 고문으로 사람을 죽게 하는 것을 두려워하지 않았다. 안기부, 경찰 대공분실, 보안사 등에서는 정권 유지에 방해되는 사람을 불법으로 구금하고 거리낌없이 고문해왔다."

그런데 박종철 사건에서는 그렇지 않았다. 황적준 박사는 부검 결과를 발표하기 직전까지 박처원 치안감 등에게서 조작된 결과를 발표하라는 집요한 강압에 시달리고 있었다. 그런데 갑자기 관계기관 대책회의에서 "고문 사실이 밝혀져도 괜찮다"는 통보가 내려와 자유롭게 발표할 수 있게 되었다고 한다. 옥중의 이부영 씨에게 사건 조작 내역이 알려지고, 그것이 무사히 천주교정의구현전국사제단에 알려질 수 있었던 것도 서슬이 시퍼런 독재정권하에서라면 놀라운 일이 아닐 수 없다.

여기서 당시의 정치 상황을 살펴보자. 야당은 1985년 이후 직선제 개헌을 강력하게 주장해왔고, 여당은 개헌은 수용하되 내각제로의 개헌을 추진해 정국이 계속 경색되고 있었다. 여당은 인물 싸움이 되는 직선제로는 두 김씨에 맞서 여당이 이기기 어렵지만, 총선 다수당이 권력을 쥘 수 있는 내각제라면 관권선거와 안보 장사 등을 통해 승산이 충분하다고 보고 있었다. 직선제 개헌으로 설령 여당 후보가 당선된다 해도 당시 집권자인 전두환의 실권 상실이 우려되기도 했다. 그리고 누가 전두환을 계승할 것인가? 가장 유력한 후보는 전두환의 육사 동기이며 12·12의 동지인 노태우 민정당 대표였다. 그러나 전두환이 차기 정권에서도 실권을 이어나가기 위해 '심복'에 해당하는 다른 사람을 은근히 밀고 있다는 관측도 있었다. 그렇다면 장세동 안기부장이 유력했다.

1987년 당시 여권 내에서는 두 진영 사이의 알력이 상당했던 것으로 보인다. 노태우는 대야 협상에서 내각제 개헌을 이끌어냄으로써 차기를 굳히려 했다. 사실 성공 가능성이 높아지는 중이었다. 이철승·이택희·이택돈 등은 두 김 씨 세력이 주류인 신민당에서 친여 성향의 분파를 형성하고 있었다. 결정적으로 1986년 12월 24일 '이민우 구상'이 터져 나왔다. 신민당 총재로 직선제 개헌안을 계속 지지해온 이민우가 지방자치제 실시와 구속자 석방 등을 전제로 "내각제 개헌에 합의할 수 있다"고 선언한 것이다. 이는 강력한 반대 여론에 부딪쳐 곧바로 무산됐지만, 그대로 협상을 계속하다 보면 야당이 내각제로 돌아설 수도 있음을 내비친 사건이었다.

그런데 마침 박종철 고문치사 사건이 터졌다. 이는 야당이 강력한 대여 투쟁에 나설 수밖에 없게 만드는 사안이었고, 그러면 개헌 논의는 물 건너가고 만다. 그리하여 노태우를 견제하려는 쪽에서는 이를 은폐하지 않고 적당히 공개함으로써 대야 협상을 망치려고 한 게 아닐까? 사건 직후 소집된 관계기관 대책회의를 사실상 안기부가 주도했다는 데서 그런 추정이 가능하다.

하지만 박종철 사건은 점점 격화되면서 반대로 장세동 진영에 불리하게 작용했다. 사건이 한 차례의 진상 발표로 잠잠해지지 않고 추가 폭로가 거듭되며 안기부의 공작 능력이 불신받게 되었기 때문이다. 5월 26일 개각 때 노태우 진영에 서 있던 정호용 내무장관이 장세동까지 경질되도록 강력하게 주장했음이 나중에 알려졌다. 그는 "입막음을 위해 주었다는 자금 1억 원은 안기부 돈이 틀림없는데, 안기부장이 면책될 수는 없다"며 목소리를 높였다고 한다.

죽은 박종철은 독재체제를 유지하려던 여당의 공든 탑에 연쇄적인 폭발을 일으켜 산산이 날려버렸다. 일반 국민과 학생과 재야, 야당이 하나 되어 대여 투쟁에 나섰고, 그동안 여야 사이에서 양비론으로 일관하며 은근히 여당을 옹호해온 보수 언론도 정부 비판을 본격화하지 않을 수 없었다. 재계 역시 정권을 외면했다.

비판하는 국민, 무력 진압하겠다?

6월 항쟁 당시 집권 세력은 무력 진압을 준비하고 있었으나, 미국 대사와 재계 대표들이 비밀리에 정부 고위층과 만나 "무력 진압은 안 된다. 서울올림픽이 코앞인데 서울을 1980년 광주처럼 만들어서야 되겠는가" 하고 설득 내지는 압력 행사를 했다고 한다. 결국 정권은 6·29선언으로 국민에게 항복할 수밖에 없었다. 모든 것이 한 젊은이의 억울한 죽음에서 비롯된 일이다.

　박종철이 대공분실의 욕조에 목이 눌려 죽지 않았더라면, 혹은 그 죽음이 예전처럼 묻히고 말았더라면, 1987년의 정치 일정은 여당의 계산에 따라 돌아갔을 것이다. 여야가 내각제 개헌에 합의하고, 이에 반발해 탈당한 소수 야당 세력을 제외한 여당과 친여적 야당 사이에 일종의 '보수대연합'이 이루어졌을지 모른다. 이들은 반대 세력을 좌경용공으로 밀어붙이는 한편 88올림픽을 성공적으로 치러야 한다는 주장을 거듭해 일반 국민의 민주화 의지를 불식시켰을 것이며 곧이어 실시된 지방자치제에서는 지역감정이 불거짐으로써 전체적인 정국은 1990년 3당 합당 직후와 비슷하게 되었을 것이다. 아니, 더욱 기만적이고 정의를 찾을 수 없는 세상이었을 것이다. 전두환은 막후의 실권자로서 덩샤오핑이나 가네마루 신처럼 여전히 대한민국을 좌지우지하고, 체제는 무늬만 민주주의일 뿐 정권과 체제에 반대하는 목소리는 여전히 야만적으로 탄압되고, 일반 국민은 정치에 흥미를 잃어버린 채 돈벌이와 유흥에만 탐닉하게 되었으리라. 그러나 박종철 사건으로 모든 것이 달라졌다. 실로 한 알의 밀알이 피에 젖은 채 땅에 떨어져, 민주주의라는 거대한 나무를 자라나게 한 것이다.

YS·DJ 후보 단일화가 됐다면

두 김 씨 연달아 집권하며 군부독재 잔당 청산·각종 사회개혁 추진했을 것
21세기에 구세력의 재집권도 없었을 텐데

1987년 10월 27일. 하루도 빠짐없이 거리가 최루탄에 뒤덮이고 언제 군대가 투입될지 모르는 일촉즉발의 정국이 6·29선언으로 안정을 되찾은 지 넉 달이 지났다. 그사이 어김없이 대선 국면이 찾아왔다. 정부·여당이 정해놓은 후보가 뽑히게 돼 있는 눈 가리고 아웅식 '체육관 선거' 대신, 새로운 헌법에 따라 16년 만에 처음으로 국민이 직접 대통령을 뽑는 선거가 12월에 치러질 예정이었다. 6·29선언을 들으며 환호했던 국민은 선거에서 군부세력이 물러나고 정통성 있는 민주정부가 수립될 것을 의심치 않았다. 다만 한 가지 의문이 남았다. "YS와 DJ 가운데 과연 누가?"

결정적 결별 계기 '10·27 고려대 토론회'

하지만 그리 심각한 의문은 아니었다. 김영삼과 김대중, 존경받

252

1987년 10월 25일 고려대 운동장에서 열린 '거국중립내각쟁취실천대회'에 참석한 김대중·김영삼 두 사람이 얼굴을 돌린 채 나란히 앉아 있다. 김대중 전 대통령의 대선 출마 선언으로 두 사람은 마침내 결별했다. ⓒ김대중도서관

는 민주화운동 지도자이자 불세출의 카리스마적 정치인인 두 사람 중 누구든지 야권 후보로 출마하면 여당 후보인 노태우를 제칠 상황이었다. 두 사람은 경쟁하다시피 양보 의사를 밝히기도 했다. 김대중은 1986년 "나는 다음 대선에 출마하지 않을 것"이라고 밝혔고, 김영삼도 "사면·복권이 이루어진다면 김대중 씨를 대통령으로 만들기 위해 전력투구하겠다"고 했다. 대부분의 국민은 두 사람의 선의와 양식을 믿었다. 단일화는 시간문제로 여겨졌다.

그런데 상황이 점점 이상하게 돌아갔다. 1987년 5월 통일민주당을 창당할 때만 해도 손을 맞잡고 언론에 환한 웃음을 보여주던 그들이었건만, 점점 서로에 대한 언급이 줄어들고 메말라지더니 급기야 공식 석상에서 자리를 함께하지 않는 경우가 많아졌다. 통일민주당 안에서도 '동교동계'와 '상도동계' 사이에 찬바람이 불었다.

야당 대선 후보 단일화 협상 및 결렬 과정	
1987년 6월 10일~29일	전국적으로 반독재, 민주화 운동(6월 항쟁)
6월 10일	노태우, 민주정의당 대통령 후보 선출
6월 29일	노태우 민정당 대표, 대통령선거 직선제를 골자로 하는 6·29 선언 발표
7월 9일	김대중 사면복권
8월 8일	김대중, 통일민주당 입당 및 고문 취임
8월 11일	김대중·김영삼, 대선 후보 단일화 문제 협의
9월 29일	야당 후보 단일화 회담
9월 30일	야당 후보 단일화 협상 최종 결렬
10월 10일	김영삼 통일민주당 대표, 대선 출마 선언
10월 18일	김대중, 통일민주당 탈당
10월 27일	대통령직선제 개헌을 위한 국민투표 실시. 헌법 개정
11월 12일	김대중, 평화민주당 창당 및 대선 출마 선언
12월 16일	제13대 대통령 선거. 노태우 당선

기다리다 지친 재야에서는 '후보단일화추진위원회'까지 만들어 두 사람의 합의를 촉구했으나, 별다른 성과를 내지 못했다. 10월 10일에는 김영삼이 단일화 노력 계속을 전제로 대선 출마를 선언했고, 뒤이은 경선 제안을 김대중이 거부하는 등 시간이 갈수록 분위기는 악화되어갔다.

두 사람이 함께 참석한 10월 27일 고려대 시국토론회는 그래서 많은 관심을 모았다. 국민은 이 자리에서 역사적인 단일화 발표가 나오지 않을까 기대했다. 그러나 고려대 민주광장에서 진행된 토론회에 나타난 두 사람의 분위기는 싸늘하기만 했다. 이날 토론회의 주인공인 두 사람은 단상에 나란히 앉아 있으면서도 굳은 얼굴로 대화를 거의 나누지 않았다. 문익환 목사 등 여러 연사의 연설이 끝난 뒤 마침내 김영삼·김대중의 연설이 차례로 진행될 순서였다.

먼저 단상에 오른 김영삼은 카랑카랑한 목소리로 시국 상황과 민주주의에 대한 자신의 주장을 피력해나갔다. 그때 아무도 예상하지 못한 일이 벌어졌다. 청중 사이에서 "우~ 우~"하는 야유 소리가 나왔던 것이다.

그것은 김영삼 본인에게만 놀라운 일이 아니었다. 지금이야 특정 정파의 보스 정도로 여겨지기 일쑤지만, 1987년 당시까지만 해도 두 김 씨의 존재는 거의 신성한 것이었다. 둘 중 한쪽을 지지하는 사람도 다른 쪽을 나쁘게 말하지는 않는 것이 당시의 상식이었다. 그런데 김영삼이 연설 한마디를 끝낼 때마다 청중은 야유와 조롱을 보냈다. "(대선 후보를) 사퇴하라! 사퇴! 사퇴! 사퇴!" 이런 외침도 터졌다. 김영삼을 지지하는 청중이 항의하려 했지만 기세에 압도됐다. 마침내 연설을 마친 김영삼은 정치인생 30여 년에 처음 겪는 굴욕감에 떨며 고려대 정문을 나가버렸다.

이어 검은색 두루마기 차림의 김대중이 연설대에 올랐을 때, 토론회장은 마치 그의 개인 유세장처럼 바뀌어 있었다. "김대중! 대통령!"을 연호하는 사람들 앞에서 김대중은 상기된 표정으로 여유 있게 연설을 마쳤다. 뒤이어 지지자들에게 목말이 태워져 땅거미가 내리는 학교 앞 안암로를 행진했다. 마치 대통령 당선 축하 행진을 벌이는 듯한 분위기 속에서 김대중은 외쳤다. "여러분! 정말 감사합니다. 오늘 저는 어떤 결단을 내려야겠다는 결심을 굳혔습니다!" 다음 날 김대중은 자신을 따르는 정치인과 함께 통일민주당을 전격 탈당한다고 선언했다. 그리고 얼마 뒤인 1987년 11월 12일, 김대중을 총재이자 대선 후보로 하는 평화민주당이 창당됐다. 김영삼 쪽에서는 즉각 김대중 진영을 맹비난하고 독자적으로 대선에 출마했다.

YS의 욕심, DJ의 고집이 '각자 출마'로 이어져

이렇게 보면 단일화 실패의 책임은 전적으로 김대중 쪽에 있는 것처럼 보인다. 하지만 이면을 보면 그렇지만도 않았다. 고려대 시국토론회 직전, 재야의 단일화추진위원회는 동교동과 상도동을 문지방이 닳도록 드나든 끝에 마침내 단일화 일보 직전까지 다가갔다. 당시 추진위원회 대표의 한 사람이던 장을병 전 민주당 대표는 이렇게 술회했다.

"재야도 두 사람을 놓고 선호가 갈렸고, 김대중 씨 쪽이 더 목숨 걸고 민주화투쟁을 했다는 평가를 하는 사람이 많았다. 그러나 문제는 당선 가능성이었으며, 그런 점에서 독재정권이 덧씌운 멍에이지만 김대중 씨는 사상적으로 의심스럽다는 생각을 가진 사람이 일반 국민 중에도 적지 않다는 점이 지적됐다. 그래서 이번만은 김대중 씨가 양보를 하라는 쪽으로 계속 설득했고, 마침내 김대중 씨도 받아들였다. 그래서 김영삼 씨가 대선 후보를, 김대중 씨가 당권을 맡는다는 합의가 이뤄져 기자회견만 앞두고 있었는데, 갑자기 김영삼 씨가 딴소리를 하고 나왔다. 1971년 선거 때 대선 후보는 김대중, 당권은 유진산이라는 식으로 분리하다 보니 당과 선대위 사이에 손발이 맞지 않더라. 그러니까 후보도 당권도 자신이 전부 가져가겠다는 것이었다. 김대중 씨가 승복할 리가 없었다. "그렇다면 나더러 발가벗고 무조건 항복하라는 거냐?" 그렇게 단일화는 성사되기 불과 몇 시간 전에 무산되고 말았다.

이로써 대선 결과는 한 치 앞을 내다볼 수 없게 됐다. 두 김 씨는 그래도 자신이 이길 거라고 굳게 믿었다. 특히 김대중은 "단일화보다 오히려 각자 출마가 더 승산이 있다"는 묘한 분석을 하기도 했다. 이른바 '4자 필승론'에 따르면, 만일 김대중이 단일 후보로 나오면 수도권과 호남은 석권하겠지만 영남의 표가 노태우에게 집중되면서 승패를 알 수 없게 된다. 김영삼이 단일 후보라도 영남표를 노태우와 나눠먹고, 수도권과 호남에서는 '집권당 프리미엄'(당시만 해도 선거마다 무조건 여당을 찍는 사람이 적지 않았기 때문에 이런 말이 통했다) 때문에 충분한 지지를 얻지 못한다. 그런데 김종필을 포함해 모두 네 사람이 동시에 출마하면 영남표는 김영삼과 노태우가 나누고, 충청표는 김종필이 가져간다. 그러면 수도권과 호남에서 몰표를 얻을 게 분명한 김대중 자신이 최다 득표로 당선된다는 계산이었다.

선거전이 격화되며 지역감정이 기승을 부렸다. 광주에서는 김영삼에게 달걀이 날아들었고, 김대중도 부산 유세 때 곤욕을 치렀다. "누구는 김일성에게 지령을 받는다더라" "누구는 숨겨놓은 딸이 있다더라" 이렇게 치졸한 흑색선전까지 나돌면서, 한때 민주화의 상징과도 같던 두 김씨의 위상은 빠르게 추락해갔다.

지역주의·권위주의 병폐 청산할 기회였건만

이윽고 12월 17일, 조간신문에는 이런 기사가 대문짝만하게 났다. "노태우 후보 당선 확정". 최종 득표는 노태우가 전체의 37퍼센트인 828만여 표, 김영삼이 633만여 표, 김대중이 611만여 표, 김종필이 182만여 표였다. 김영삼과 김대중의 표를 합치면 55퍼센트를 넘었으나, 승리는 12·12와 5·17의 주역 노태우에게 돌아갔다.

성사 직전까지 갔던 후보 단일화가 정말 성사됐다면 어떻게 되었

1987년 12월 16일 대선에서 노태우 후보는 828만여 표로 당선됐다. 김대중·김영삼 후보의 단일화가 성사됐다면 노태우의 당선은 가능했을까. ⓒ한겨레

을까? 일단 두 사람 중 누가 단일 후보가 되었다 해도 거의 확실히 당선됐을 것이다. 설령 집권당이 대대적 부정선거를 꾸미거나 패배 이후 쿠데타를 시도했다고 해도, 열화와 같은 국민적 저항 앞에 분쇄됐을 것이다.

물론 두 사람의 연대가 오래 지속되지 못했을 수도 있다. 당시 김영삼이 대선 후보 자리를 확보해놓고서도 끝내 포기하지 않으려 했던 문제의 '당권'은 공천권과 직결된다. 따라서 당권을 쥔 쪽에서 자기 계파에 유리하게 공천하려 했을 수 있고, 반대로 당선자는 차기 대선 후보를 자기 계파에서 내고 싶어했을 수 있다. 실제로 1997년 선거를 앞두고 김영삼과 김종필이, 2002년 선거 직전 노무현과 정몽준이 결별했듯, 일단은 한 배를 타기로 한 김영삼과 김대중 두 사람이 결국은 어느 시점에서 갈라졌을 수 있다.

그렇다고 해도 군부세력의 잔재는 청산됐을 것이다. 야당의 팔

을 묶은 상태에서 여당 프리미엄을 누리며 지내온 그들은 민주화된 정치무대에서는 자생력을 가질 수 없었다. 카리스마적 지도자도, 참신한 소장파도 없이 과거 정권의 비리 색출과 처벌 국면을 맞았을 그들은 공중분해돼 정계를 떠나거나, 보잘것없는 소수당으로 연명했을 것이다. 그리고 새로운 대통령과 다른 김 씨가 이끄는 민주정당, 또는 두 김 씨가 각각 이끄는 민주정당이 정국을 주도하며 1990년대의 한국정치사를 써나갔을 것이다.

만약 1987년 선거 당선자인 김 씨가 다른 김 씨에게 차기 후보를 넘겨주기 꺼렸더라도, 어차피 인물 싸움인 대선의 성격상 그 다음인 1992년 선거의 당선자는 다른 김 씨가 되었을 가능성이 높다. 두 김씨가 1987년에서 1997년까지 10년 동안 차례로 대통령을 지내며 민주화와 개혁을 추진해나가게 된다는 의미다. 그것은 실제 두 김 씨가 집권한 역사상의 '1992년부터 2002년까지'의 10년과 어떤 차이를 가져왔을까?

1990년대는 범세계적으로도 민주화와 사회주의권 몰락의 시대였다. 1987년 아무 흠이 없는 민주정권이 수립돼 88서울올림픽을 개최했다면, 대한민국은 민주화의 모범국가로서 세계적으로 높은 위상을 갖게 되었을 것이다. 소련이라는 버팀목을 잃은 북한이 민주적 정통성이 뚜렷한 남한정부가 내민 손을 거절할 명분이 없었을 것이다. 그러면 1990년대 중반부터 핵개발의 먹구름이 한반도를 암울하게 뒤덮지 않아도 되었을지 모른다. 과거사 청산과 재벌개혁, 토지공개념, 금융실명제 등 개혁정책이 더 빨리, 더 확실하게 추진됐을 가능성도 높다.

무엇보다 후보 단일화 실패를 계기로 본격화돼 오늘날까지 한국 정치를 후진성의 늪에서 벗어나지 못하게 하는 여러 병폐들, 즉 '지역주의' '인물정치' '권위주의 시절에의 향수' 등이 발붙일 공간도 협소해졌을 것이다.

민주화 진영 자중지란이 '독재 향한 향수'로

선거 때마다 탈당·분당·창당·합당이 어지럽게 이뤄지며, 이념과 정책은 팽개친 채 특정 인물의 이미지만 걸고 선거가 치러지는 나라. 그리고 그런 민주화운동 세력의 행태에 진절머리가 난 국민은 "차라리 박정희나 전두환이 낫지 않았나? 그들은 이렇게 좀스럽게 정치하지는 않았다. 이토록 시끄럽지도 않았고…"라고 생각하는 경우가 적지 않게 되었다.

1987년을 계기로 역사 속으로 사라질 뻔했던 구세력이 육체뿐 아니라 정신으로도 살아남아, 21세기에도 권력을 차지하게 된 것이다. 이 모두가 1987년의 가을에 두 사람이, 아니 적어도 한 사람이라도 양심에 따라 행동했더라면, 또는 진정으로 마음을 비웠더라면 오늘날까지 대한민국 국민이 숙명처럼 지고 갈 이유가 없는 두억시니(모질고 사나운 귀신)다.

서울올림픽이 열리지 않았다면

올림픽, 민주화·북방정책에 디딤돌 돼
폭력적 철거 앞세운 발전 이데올로기는 지금도 되풀이

2010년 11월 주요 20개국(G20) 서울 정상회의는 우리에게 무엇을 남겼나? 미국의 시대는 저물고 중국의 부상 속도가 너무 빨라지고 있음을, 그래서 세계 질서의 지각변동이 이미 시작됐음을 알게 됐다. 그것이 성과 아니겠는가. 그리고 G20은 우리에게 국가의 품격을 성찰하는 계기를 제공했다. 시민의 참여가 봉쇄된 공권력의 장벽에서 한국의 민주주의는 없었다. 회의장인 코엑스 입구에는 괴상한 감나무가 등장했다. 감들이 떨어질까봐 철사끈에 꽁꽁 묶인 것이다. 철사에 매달린 감들은 어처구니없는 관료주의의 산물이었다. 민주주의와 인권, 그리고 성숙한 시민의식 등 보여줄 것이 많은데, 어찌 과거의 낡은 구태만을 골라서 전시했는지 이해하기 어렵다.

1979년 3월	제24회 올림픽 서울유치건의안, 문교부 제출
9월 3일	국민체육진흥심의회에서 제24회 올림픽의 서울 유치계획을 의결
10월 8일	제24회 올림픽의 서울 유치계획 정식발표
1980년 12월 4일	국제올림픽위원회(IOC), 대한민국 서울과 일본 나고야가 후보도시임을 발표
1981년 9월 30일	서독 바덴바덴에서의 IOC위원 투표 결과 서울 52, 나고야 27로 서울 개최 확정
1988년 9월 17일	제24회 서울올림픽 개최

3천 360억 원 흑자 뒤에 드리운 그림자

더욱 중요한 것은 '발전 이데올로기'의 위력이다. 국제 행사를 치르면 한국의 국제적 위상이 올라가고 경제효과도 엄청나고 시민의식도 세계화된다는 믿음, 과연 그럴까? 그런 믿음의 근거에는 1988년 서울올림픽의 경험이 있다. 이른바 88올림픽은 특정 도로와 건물의 이름으로 여전히 우리 주위에 남아 있다. 그리고 '국운'이 벌떡 일어난 성공의 신화로 기억되고 재생된다. '스포츠 메가 이벤트'의 전설로 남아, 한국의 모든 지방자치단체가 올림픽이든, 아시안게임이든, 아니면 종목별 세계대회라도 유치하려 목매달고 열을 올리는 근거이기도 하다. 88올림픽을 다시 생각한다. 만약 1988년에 서울올림픽을 개최하지 않았다면 어떻게 됐을까?

스포츠는 열광의 무대다. 국가 대항전이야 오죽하겠는가. 1936년 베를린올림픽이 히틀러의 선전도구로 활용됐듯, 열광의 출구는 언제나 애국주의로 향한다. 서울올림픽도 마찬가지였다. 원래 서울올림픽을 유치하기로 결정한 것은 박정희 정부 때인 1979년 9월 19일이었다. 그러나 박정희 대통령은 그해 10월 김재규의 총탄에

저 세상으로 갔다. 그리고 전두환 군사정권이 등장했다.

올림픽 유치는 쿠데타 정부의 부족한 정당성을 보완할 수 있는 매력적인 카드였다. 전두환 정부는 올림픽 유치 결정을 재확인하고, 마침내 1981년 9월 30일 독일 바덴바덴 국제올림픽위원회(IOC) 총회에서 일본의 나고야를 52 대 27로 누르는 기적을 연출했다.

서울올림픽 유치는 제5공화국의 국정 운영 방향을 근본적으로 바꿔놓았다. 7년 뒤 올림픽을 개최하려면 국내 정치의 안정과 한반도의 긴장 완화가 필요했다. 또한 올림픽은 분출하는 민주화 열기를 무조건 탄압하기 어려운 환경으로 작용했고, 동시에 북방정책 추진의 직접적 계기가 됐다.

당시 정부 내부와 서울시 모두가 올림픽 유치에 찬성하지는 않았다. 올림픽 유치에 반대하는 목소리가 높았다. 남덕우 당시 총리만 하더라도 대표적인 '올림픽 망국론자'였다. 경제효과가 불분명하다는 논리를 바탕으로 올림픽이 나라 살림을 거덜낼 수 있다고 경고했다. 올림픽 유치에 성공한 뒤, 전두환 정부가 '분수에 맞는 올림픽 준비'를 강조하고, '흑자 올림픽' 방안을 고민한 데에는 이런 우려가 작용했다.

예를 들어 서머타임제를 부활한 이유도 중계권료 때문이었다. 서머타임제는 1961년 5월 폐지됐다가 올림픽 유치를 계기로 대통령령으로 1987년 4월부터 1988년 10월 11일까지 실시됐다. 진짜 목적은 88올림픽의 TV 위성중계 시간, 특히 1시간이라도 미국의 편의에 맞추려는 것이었다.

과연 서울올림픽은 흑자 올림픽이었을까? 한국개발연구원(KDI)의 연구를 바탕으로 올림픽조직위원회가 작성한 공식 자료에 따르

1987년 4월 서울 상계동 판자촌에서 경찰과 주민이 대치하고 있다. 전두환 정권은 1988년 서울올림픽을 맞아 '도시 정비'라는 명분으로 대규모 재개발사업을 추진했다. ⓒ연합뉴스

면, 최종적으로 3천 360억 원의 흑자가 발생했다고 한다. 물론 이 통계에는 올림픽 대회를 위한 경기장 건설 등 정부 부담액은 포함시키지 않았다.

올림픽의 경제효과를 구체적인 통계로 평가하긴 어렵다. 무형의 경제적 파급효과를 무시할 수 없기 때문이다. 올림픽 유치를 계기로 무역·외환거래·자본시장을 초보적이지만 개방했고, 중국·소련을 비롯한 공산권 국가의 올림픽 참여로 북방 경제협력의 기반도 마련했음을 부정하기 어렵다.

그러나 성공 신화에 가려진 그늘을 잊지 말아야 한다. 바로 강제 퇴거의 아픈 상처다. 판자촌과 서울의 빈민은 '초대받지 못한 사람들'이었다. 이들은 '도시 정비'라는 명분으로 삶의 터전을 잃어야 했다. 물론 서울올림픽만 그런 것은 아니다. 올림픽의 역사는 강제 퇴거의 역사고, 도시 빈민에 대한 가혹한 폭력의 역사다.

1992년 스페인 바르셀로나에서 몬주익 지역의 소수자인 로마계 주민들이, 1996년 미국 애틀랜타올림픽에서는 공공주택단지의 빈민들이, 2000년 오스트레일리아 시드니, 2004년 그리스 아테네, 그리고 2008년 중국 베이징에서도 도시 빈민은 손님맞이를 위해 그들의 주거지를 양보해야 했다. 그것도 매우 폭력적인 방법으로 말이다.

기하급수적으로 늘어난 철거와 재개발

88서울올림픽은 그런 점에서 한국에서 '토건공화국' 수립의 직접적 무대였다. 건설사를 가진 재벌들이 올림픽 유치에 그토록 매달린 진짜 이유가 여기에 있다. 서울에서 1982년 말까지 재개발 실적은 22개 지구(9만 6,386제곱미터)에 불과했다. 1983년부터 이른바 합동 재개발사업의 이름으로 '전면 철거 후 주거지 개발'이라는 새로운 재개발사업이 시행됐다. 이때부터 1988년 올림픽 때까지 93개 지구(42만 6,490제곱미터) 사업이 추진됐다. 대략 72만 명이 서울을 떴다. 그리고 4만 8천 개의 건물이 파괴됐다. 문제는 이 거주자들의 90퍼센트가 새로 살 집을 제공받지 못한 상태에서 강제 퇴거를 겪었다는 점이다.

서울 사당동에서, 목동에서, 그리고 상계동에서 무차별적인 철거 폭력이 행사됐다. 김포공항에서 강동 올림픽촌까지 강변도로에서 보이는 불량주택들이 철거됐고, 비행 항로인 신림동이나 봉천동의 빈민촌도 비행기에서 보인다는 이유로 철거됐다. 도시 정비라는 재개발의 명분 뒤에는 싼값에 고급 아파트를 지어 정부가 돈을 벌고, 이것을 올림픽 재원으로 쓰겠다는 정부 주도의 부동산 투기사업이

1988년 서울올림픽은 한국 사회의 민주화와 북방정책 추진의 계기로 작용하기도 했다. ⓒ한겨레

자리잡고 있었다. 도시 빈민촌을 대상으로 시행된 도시재개발사업은 결국 민간 건설사와 정부에 막대한 수익을 안겨주었다.

올림픽이 없었다면 무자비한 강제 철거가 대규모로 그렇게 신속하게 이루어졌을까? 아무리 독재정권이라도 그러지 못했을 것이다. 올림픽은 강제 철거의 면허증과 같았다. 도시 빈민의 눈물은 손님맞이라는 명분과 애국주의 열풍 속에서 감춰질 수 있었다. 도시의 그늘에는 무대의 조명이 비껴갔다. 그런 고약한 손님맞이 풍습이 아직도 사라지지 않았음은 안타까운 일이다.

민주화의 불길이 타오른 1987년 서울은 뜨거웠다. 1987년 6월 항쟁과 한국의 민주화에 대해서는 다양한 설명이 가능할 것이다. 그러나 올림픽이라는 변수 또한 무시할 수 없다. 민주화에 대한 정권의 대응 방식은 올림픽 유치가 가져온 의도하지 않은 결과였다. 올림픽이라는 변수가 없었다면, 한국의 민주화는 지연됐거나 더 많은 희생을 치렀을 것이다.

당시 군부독재 정권에 대한 국제사회의 거부감이 컸다. 지금 우리가 미얀마 군부를 보는 것과 마찬가지였을 것이다. 미얀마에서

88서울올림픽 개요	
대회기간	1988년 9월 17일~ 10월 2일
대회장소	서울 및 경기 지역과 4개 지방도시(34개 경기장, 72개 연습장 및 각 행사장)
참가국가수	160개국
참가인원(선수, 임원탄)	13,304명
보도진	15,293명
대회운영요원	49,712명
자원봉사자	27,221명
관중	2,700,000명
관광객	240,000명

올림픽을 한다고 하면 과연 참여할 수 있겠는가? 인권을 중시하는 나라라면 어디나 인권 개선을 요구하며 압력을 행사할 것이다. 1980년대 초 한국의 상황도 마찬가지다. 국제사회 일각에서는 한국의 인권 상황을 이유로 서울올림픽에 불참해야 한다는 주장이 있었다. 가장 주목할 변수는 미국이었다. 민주당의 대선 후보 반열에 올라 있던 제시 잭슨 목사는 실제로 1987년 6월 워싱턴 주재 한국대사에게 "한국이 인권 상황을 개선하지 않으면 미국정부에 올림픽 보이콧을 요구할 것"이라고 압력을 가하기도 했다.

국제사회 눈치 본 군부독재의 양보

억눌려 있던 민주화 열망으로 타오르던 1987년 6월의 거리, 올림픽을 한 해 앞둔 국제사회는 전두환 정부가 어떻게 대응할지를 주목했다. 만약 정부가 강경 대응해 시민의 희생이 커지고 시위의 불길이 더욱 거세게 타오른다면 올림픽을 성공적으로 치르기 어려웠다. 국제사회가 지켜보고 있었기 때문이다. 결국 전두환 대통령은 직선제 개헌을 받는 것을 내용으로 하는 6·29선언을 수용했다. 6·29선언 전날 전두환 대통령은 "정권 유지보다 올림픽의 성공적 개최가 더 중요하다"고 말했다고 한다. 그런 점에서 올림픽 유치는 한국의 민주화에 긍정적으로 작용했다. 올림픽이라는 변수가 없었다면 과연 군부독재 정권이 기득권을 그 정도로 양보했겠는가? 다행스러운 일이 아닐 수 없다.

그리고 올림픽은 한국 외교가 질적으로 전환하는 계기를 제공했다. 한국 외교는 88올림픽 이전과 이후로 구분할 수 있을 정도다. 그 중심에 북방정책이 있다. 올림픽이 개최되지 않았다면 북방정책을 추진했겠는가? 북방정책은 사회주의권과의 관계 개선을 목적으로 했다. 노태우 정부 들어 소련·중국과의 수교가 이루어졌지만, 북방정책은 전두환 정부 때 개념이 만들어졌고, 그 직접적 계기는 88올림픽의 성공적 개최였다.

1980년대 초 레이건 행정부가 들어오고, '신냉전'이라고 부를 만큼 미소 양국의 긴장이 높아졌다. 올림픽도 냉전의 소용돌이에 빨려 들어갔다. 1980년 모스크바올림픽은 서방 국가들이 참여하지 않았고, 1984년 로스앤젤레스올림픽 역시 사회주의권 국가들이 참여하지 않았다. 두 번이나 반쪽으로 열린 것이다. 서울올림픽을 성공적으로 치르려면 어떻게 해야 하는가? 반드시 사회주의권을 참여시켜야 한다. 그래서 북방정책을 추진한 것이다.

또한 사회주의권을 설득하자면 남북관계 개선이 반드시 필요했다. 당시의 냉전 상황에서 북한과 관계를 개선하지 않고 사회주의권에 접근하기는 어려웠다. 전두환 정부가 1983년 아웅산 테러를 당하고도 1984년 북한이 보내는 수해물자를 받고, 1985년 남북 경제회담을 하고, 한국전쟁 이후 처음으로 이산가족 고향방문단을 교환하며 정상회담까지 추진하려던 이유의 핵심에 88올림픽이 있었다.

올림픽을 성공적으로 치르려면 한반도 정세의 안정도 중요했다. 당시 국제사회에 비친 한국은 분단국가이고, 군사적 대립이 있으며, 북한의 테러 위협이 있는 나라다. 언제 전쟁이 일어날지 모르는 나라에 누가 오겠는가. 참가국을 안심시키려면 한반도 정세를 안정적으로 관리할 필요가 있었다. 물론 전두환 정부의 노력에도 남북관계는 질적으로 전환되지 못했다. 1987년에는 대한항공 폭파사건이 일어나기도 했다. 그러나 올림픽 때문에라도 한반도 정세를 안정적으로 관리해야 한다는 강한 목적의식이 결국 전두환 정부에서 시작해 노태우 정부 때 꽃피운 남북대화의 추진 동력이었음을 부정하기 어렵다.

모든 역사적 평가가 그러하듯 88올림픽에도 공과 과가 있다. 서울은 달라졌다. 한국의 위상도 그 이전과 비교할 수 없을 정도로 높아졌다. 올림픽이 준 선물, 민주화와 북방정책의 의미도 소중하다. 그러나 환호의 뒤편에는 눈물이 있었음을 기억해야 한다. 쫓겨난 사람들의 탄식과 절망을 잊지 말아야 한다. 국가는 도약했지만, 얻은 자와 잃은 자의 희비를 가려야 할 것이다. 가장 많이 얻은 사람들은 이른바 '한국의 토건족'이다. 토건공화국의 일그러진 성공 신화는 이후에도 오랫동안, 아니 지금까지도 작동하고 있다.

눈물을 흘린 것은 가난한 사람뿐만이 아니다. 불도저식 밀어붙이기에서 환경도 눈물을 흘렸다. '한강의 기적'이라고 했는가? 88올림픽 때문에 한강은 거대한 시멘트에 점령당했다. 산책로가 나고

체육공원을 만들어 당장 좋아 보일 수는 있다. 그러나 백사장과 자연습지가 사라졌으며, 스스로 정화할 수 있는 생태계는 파괴됐다. 먼 훗날 한강을 시멘트의 독에서 다시 해방시켜주어야 할 것이다.

일사불란함 대신 다양성의 조화 필요

국제적인 메가 이벤트는 단기적인 도시 개발의 수단이다. 그러나 현재는 더 이상 산업화의 시기가 아니다. 탈산업화 시기에 오히려 느리게 사는 법이 새로운 발전 모델로 공감을 얻고 있다. 시대가 달라졌는데 아직도 '쌍팔년도식' 철학을 밀어붙이는 것은 곤란하다. 스포츠 메가 이벤트를 준비하는 한국의 지방자치단체들도 무엇을 보여줄지 고민해야 한다. 일사불란함이 아니라 다양성의 조화를 보여줘야 한다. 그리고 도시의 품격은 건물의 크기가 아니라 문화의 깊이에서 우러나옴을 명심해야 할 것이다. G20에서 목격한 '교양 없는 손님맞이 풍경'을 이 땅에서 반복하지 않기를 바란다.

문익환 목사가 방북하지 않았다면

노태우 정권의 공안몰이 낳았다는 비판이 있었지만
문 목사의 방북 성과는 6·15공동선언 등으로 이어져

"난 올해 안으로 평양으로 갈 거야

기어코 가고 말 거야, 이건

잠꼬대가 아니라고 농담이 아니라고

이건 진담이라고

(중략)

난 걸어서라도 갈 테니까

임진강을 헤엄쳐서라도 갈 테니까

그러다가 총에라도 맞아 죽는 날이면

그야 하는 수 없지

구름처럼 바람처럼 넋으로 가는 거지"

서울 강북구 수유동 한신대 캠퍼스에 들어서면 늦봄 문익환 목사

1989년 1월 1일	북한 김일성 주석, 신년사에서 남북정치협상회의 제의. 남쪽의 각 정당 당수, 김수환 추기경, 문익환 목사 등 평양 초청
3월 24일	정경모, 유원호와 함께 도쿄에서 북경 출발
3월 25일	북한 조선민항 특별기편으로 평양 도착
3월 27일	김일성 주석과 제1차 단독회담
3월 29일	조국평화통일위원회 허담 위원장과 회담
4월 1일	김일성 주석과 2차 단독회담
4월 13일	귀국 후 안양교도소로 이송

를 기리는 시비가 나타난다. 그가 남긴 대표적인 통일시 「잠꼬대 아닌 잠꼬대」를 놋쇠로 새긴 문익환 시비는 불꽃의 형상을 닮았다. 평생을 민주화와 통일에 헌신한 문 목사의 삶도 한 시대의 뜨거운 상징이었다.

가장 소박한 언어로 가장 불온한 상상을 노래했던 문 목사가 「잠꼬대 아닌 잠꼬대」를 마무리했을 때 1989년의 첫 아침이 막 밝았다. 시적 감흥에 사로잡힌 그가 지인을 찾아 여기저기 전화를 걸었다. 새해 꼭두새벽부터 수화기 너머로 칠순 소년의 시 낭송을 전해들은 이들은 '잠꼬대'에 실린 복선을 눈치채지 못했다. 가장 먼저 전화를 받은 고은 시인은 "절실한 바가 느껴진다"고 말했다. 다른 이들에게도 '잠꼬대 아닌 잠꼬대'는 통일을 향한 문 목사의 강렬한 시적 열망, 그 이상은 아니었다. 두 달여 뒤 문 목사가 거짓말처럼 평양에 모습을 드러냈다. 1989년 3월 25일이었다.

김일성 주석을 뜨겁게 껴안은 충격
늦봄 문익환 목사의 방북은 파격의 연속이었다. 남한 당국의 허가를 받지 않고 평양을 방문한 사실이 충격이었고, 김일성 주석과 뜨겁게 껴안은 장면도 논란의 대상이었다. 그가 김 주석에게 먼저 다가가 부둥켜안는 장면은 세계적인 화제였다. 훗날 북의 안내원은 그때의 충격을 이렇게 말했다. "도대체 어떤 사람이 저렇게까지 담대할 수 있을까? 남에서 재야운동을 하는 사람들은 그렇게까지 크다는 말인가? 정말 위대한 재야인사가 왔구나!"(김형수, 『문익환 평전』)

문 목사의 방북 사실이 알려지자 남한 사회는 아수라장이 됐다. 정권과 언론 매체 대부분이 그를 공격했다. 문 목사가 허담 당시 조국평화통일위원회 위원장과 4·2남북공동성명을 함께 발표했지만 정부는 인정하지 않았다. 노태우 정권은 그가 북한 방문 일정을 마치기도 전에 이미 "문익환을 통해서는 북으로부터 어떤 제안도 받지 않겠다"는 입장을 내놓았다.

4월 3일 귀국길에 나선 그가 경유지인 중국 베이징에 도착한 뒤 기자회견을 열었다. 《조선일보》 기자가 물었다. "당신의 방북이 남한 사회에 대혼란을 야기한 점을 어떻게 생각합니까." 그의 대답은 간단했다. "혼란을 두려워하지 말자!" 민주주의란 혼란 속에서 토론을 거쳐 합의에 도달하는 창조적 과정이라는 논리였다.

노태우 정권과 보수 언론, 반공단체는 물론 문 목사가 속한 교단 안팎과 진보 진영 내부에서도 비판적 목소리가 나왔다. 사회가 혼란하고 이념과 노선이 확연히 갈리는 현상을 보이는 시기에 돌출적으로 평양에 가서 무엇을 얻을 수 있겠느냐는 회의론이었다. 오히려 문 목사의 방북이 정권의 공안몰이를 부추겨 민주화운동을 위축시킬 것이라는 우려가 제기됐다. 문 목사의 방북은 그만큼 논

1989년 3월 25일 문익환 목사의 북한 방문은 민간 통일운동 역사상 최대 사건이었다. 방북 당시 김일성 주석(오른쪽 세번째)과 만난 문 목사. ©통일맞이

쟁적 사건이었다.

냉전적 사고를 버리지 않았던 노태우 정권과 언론의 왜곡된 프리즘으로 인해 문 목사는 자신의 진심과 방북 성과를 충분히 설명할 기회를 갖지 못했다. 하지만 이른바 '문익환 목사 방북 사건'이 있은 지 20여 년 지난 오늘의 역사적 평가는 당시와 다르다.

"문익환과 북측 사이에 진행된 대화의 내용과 합의한 내용들을 살펴보면 당시의 문익환의 행동이 한반도 정세의 변화를 정확하게 반영하고 올바른 남북협력의 방향을 제시한 것이라는 사실을 확인할 수 있다."(이남주 성공회대 중국학과 교수, 「늦봄 방북 20년, 통일운동의 성찰과 전망」, 2009)

"문익환의 방북은 많은 사람들이 그렇게 생각하듯이 북 당국의 주장에 동조하여 (통일운동의) '북 당국 주도'에 기여한 것이 아니라, 그 실제 내용에서는 김일성을 설득한 것이 대부분이었다. 문익환

문익환 목사(오른쪽)는 1989년 당시 통일민주당 당원이었던 유원호, 재일교포 정경모(왼쪽)와 함께 평양을 방문했다. ⓒ통일맞이

의 여러 주장에 대해 당시 김일성은 많은 부분 설득당했고 또 선후의 차는 있지만 대부분 그 내용을 수용했다.”(이승환 민족화해협력범국민
협의회 집행위원장, 「민주는 통일이고 통일은 민주다」, 2009)

“20년 전 문익환 목사의 방북은 김일성 주석과의 면담, 문익환-허담 선언 등을 통해 통일운동 선상에서 ‘민’이 할 수 있는 최고의 선구적인 역할을 하였고, 이는 6·15공동선언으로 그 역사적 성과가 계승됐다.”(한충목 진보연대 공동대표, 「통일운동의 대중화, 구호가 아닌 실천으로」, 2009)

이들의 말처럼 문익환 목사의 방북 성과는 사실 대단한 것이었다. 남한에서 봤을 때 문 목사는 불법적으로 북한을 방문한 재야운동가에 불과했다. 남쪽의 태도에 비춰보면 북한도 그를 민간인 신분에 맞게 대우하는 것이 상식이었겠지만 그렇게 하지 않았다. 김일성 주석은 일개 민간인에 불과한 문 목사와 두 차례나 회담을 하며 통일 방안을 논의했다. 문 목사에게 남쪽 협상 대표자 자격을 부여한 상식의 파괴, 파격이었다.

그렇게 나온 4·2남북공동성명은 문 목사가 아니었다면 만들어 내기 어려운 결과였다. 남과 북이 자주와 평화, 민족 대단결의 3대 원칙에 기초해 통일 문제를 해결한다고 명시한 남북공동성명 1항의 정신은 국민의 정부 시절인 2000년 6·15남북공동선언, 그리고 더 가깝게는 2007년 10·4남북공동선언으로 이어졌다. 남북이 '누가 누구를 먹거나 누가 누구에게 먹히지 않고 일방이 타방을 압도하거나 타방에게 압도당하지 않는 공존의 원칙'(4항 일부)도 마찬가지였다.

임수경 방북으로 이어진 분단 넘기

눈에 보이지 않는 성과도 있었다. 문 목사의 방북으로 그 전까지 완전히 봉쇄돼 있던 민간 통일운동의 물꼬가 터졌다는 부분이다. 이를테면 그와 북쪽은 남북 공동성명 8항에서 "문익환 목사는 제13차 세계청년학생 평양축전에 참가하려는 남한 청년 학생들을 지지하며 쌍방은 그 실현을 위하여 계속 인내성 있게 노력한다"고 약속했다. 약속은 두 달여 뒤 당시 22세의 한국외국어대 4학년생 임수경 씨의 방북으로 실현됐다. 문 목사의 방북이 민간 통일운동사에 획을 그은 상징적 사건이었다면, '임수경 방북 사건'은 통일 논의를 대중적으로 확산시킨 계기였다.

물론 문 목사의 방북을 '소영웅주의에 젖은 감상적 통일주의자'의 돌출 행동으로 평가하는 사람이 있다. 문 목사의 방북이 없었더라도 남북관계의 진전은 시대적 흐름이었다는 논리다. 실제로 문 목

문익환 목사의 방북 등 민간 통일운동이 활발해지자 노태우 정부도 1991년 남북 기본합의서를 내놓지 않을 수 없었다. ⓒ한겨레

사가 평양을 방문하기 전, 이미 1988년 7월 7일 당시 노태우 대통령이 '민족자존과 통일번영을 위한 특별선언', 이른바 '7·7선언'을 내놓았다. 한반도 긴장 완화와 남북 교류에 초점을 맞춘 선언이었다. 7·7선언은 1991년 12월 남북 기본합의서 체결까지 이어졌다.

진보 진영 내부에는 문 목사와 임수경씨의 방북이 혹독한 공안 정국을 불러왔다는 불만도 존재했다. 정용일《민족21》편집국장은 "1989년 울산에서 골리앗 농성 중이던 현대중공업 노동자들에 대한 강경 대응 등 학생·노동운동에 대한 정권의 탄압이 심해진 탓에 운동권 일부에서 문 목사 등의 방북에 대한 비판론을 제기하기도 했다"고 말했다.

우려는 현실이 됐다. 노태우 정권은 문 목사의 방북 이후 '좌경용공 발본색원'을 위해 공안합동수사본부를 설치했다. 재야와 학생운동의 거점을 겨냥한 집중적 탄압이 시작됐다. 전국민족민주운동

연합(전민련)과 전국대학생대표자협의회(전대협) 지도부가 대거 구속됐다. 당시 평민당 김대중 총재와 문익환 목사의 동생 문동환 부총재까지 수사를 받았다.

그의 방북 없이 남북 기본합의서가 나왔을까

만약 문익환 목사 방북 사건이 없었다면 노태우 정권의 공안몰이가 없었을까. 문 목사가 일본 도쿄와 중국 베이징을 거쳐 평양에 가지 않았더라도 2000년 6월 15일 남북 정상회담, 아니 1991년 12월 남북 기본합의서라도 나올 수 있었을까.

일생을 민주화와 통일에 헌신한 문 목사에게 1989년 평양 방문은 운명이었고, 필연이었다. 하지만 현실적 한계와 물리적 장벽은 있었다. 1988년 6월 10일 대학생들이 남북학생예비회담장인 판문점으로 가려다 곤봉과 최루탄에 막혀 좌절하는 장면을 목격한 뒤 처음 방북을 결심한 그는 한 달 뒤 7·7선언이 나오자 계획을 포기했다. "7·7선언으로 약속한 남과 북의 교류가 시작된다면 그냥 두어도 통일이 될 테니 방북할 필요가 없다"는 생각이었다.

하지만 노태우 정권의 7·7선언이 급조됐다는 사실을 파악하기까지는 오랜 시간이 걸리지 않았다. 전민련 대표들이 북쪽 대표들을 만나러 판문점으로 가다가 경찰에 끌려가는 사건이 벌어졌다. 문 목사는 노태우 정권에 대한 기대를 접었다. 1989년 3월 12일 김대중 평민당 총재를 만났다. 김 총재는 문 목사에게 '촌지'라는 글씨가 적힌 봉투를 건네며 정부의 방북 승인이 중요하다고 조언했다. 정부로부터 방북 승인을 받아야 다른 사람도 갈 수 있는 길이 열린다는 이야기였다. 봉투에는 10만 원짜리 자기앞수표 30장이

들어 있었다. 여비로 쓰라는 뜻이 담겨 있었다.

가능할 리 없는 정부의 방북 승인도 문제였지만 계훈제·백기완·이부영 등 전민련을 함께 이끌어왔던 재야 후배들의 반대도 문 목사의 발목을 잡았다. 반대의 이유는 노태우 대통령 중간평가였다. 중간평가 국민투표가 실시될지 모르는 상황에서 문 목사가 한국을 비워선 안 된다며 그를 말렸다. 이때 만약 문 목사의 부인 박용길 장로의 말 한마디가 없었다면 통일운동의 역사는 달라졌을지모른다. 방북 포기 계획을 밝히는 그에게 박 장로가 말했다. "남자가 간다고 했으면 가는 거지, 이제 와서 중단이 뭐예요. 나 이제 당신 못 믿어."

7.7선언과 문 목사의 평양행에 얽힌 함수 관계를 이해한다면 노태우 정권이 7·7선언에 이어 1991년 남북 기본합의서를 내놓았다는 사실을 근거로 '남북관계의 진전은 시대적 흐름이었다'라는 식의 낙관론을 펼치기 어렵다. 오히려 거꾸로 문 목사의 방북이 없었다면 1991년 남북 기본합의서가 과연 나올 수 있었을지 의심스럽다. 장대현 한국진보연대 집행위원장은 문 목사의 방북과 이에 따른 통일 운동의 확산이 2년 뒤 남북 기본합의서를 견인했다고 주장했다.

"1989년 문익환 목사의 방북과 임수경 씨의 방북은 민주화 세력이 1987년 6월 항쟁을 통해 민주주의의 공간을 획득했기 때문에 가능했다. 두 사람의 방북은 6월 항쟁에서 확인한 민중의 에너지가 다시 분단 모순의 해소를 향해 터지는 기폭제 역할을 했다. 두 사건이 있었기 때문에 노태우 정부도 정권의 정당성 확보 차원에서라도 남북 기본합의서를 내놓을 수밖에 없었다."

"공안정국의 결정적 계기는 아니었다"

문 목사 방북에 대한 또 다른 비판, '공안정국 책임론'에 대한 반론도 충분히 가능하다. 노태우 정권의 성격상 공안정국은 우연의 산물이 아니었다. 황인성 통일맞이 집행위원장은 "1987년 이후 노동운동과 학생운동의 고양기에 접어들었기 때문에 노태우 정권이 취한 형식적 민주화 제스처만으로는 시민사회의 요구를 담아내기 어려운 상태였다"며 "양상이 조금 달라졌을지는 몰라도 잇단 방북 사건이 공안정국 출현의 결정적 계기라고 말하기는 어렵다"고 말했다.

김일성 조문 슬기롭게 대처했다면

도덕과 정책 구분 못한 YS 정부의 아마추어리즘
슬기롭게 대처했다면 3대 세습 국면의 혼란도 줄었을 것

1994년 조문 논쟁은 교훈을 얻어야 할 역사다. 또한 북한 3대 세습 논쟁이 벌어지고 있는 '현재'와 겹친다. 그리고 언젠가 김정일 북한 국방위원장이 사망하는 시점에 다시 벌어질 '미래'다. 1994년 조문 논쟁은 남북관계 악화를 가져왔다. 실패한 정책이었다. 김영삼 정부는 도덕의 늪에 빠져 외교를 고려하지 않았다. 또한 조문 논쟁으로 '우리 안의 냉전'이 부활했다. 좌파 내부의 논쟁도 있었고, 냉전 반공주의의 광기를 폭발시켰으며, 공론의 후진성을 확인시켜 주기도 했다. 한 번 더 경험해야 할 과거로 돌아가보자.

왕창 퍼주려 한 YS의 구상

1994년 7월 8일 북한의 김일성 주석이 사망했다. 남북 정상회담에 합의하고 실무협상을 진행하고 있던 때다. 김영삼 정부의 첫 번

1994년 7월 8일	북한 김일성 주석 사망
7월 11일	북한, 남북정상회담 연기 통보
7월 13일~16일	조선일보, 동아일보 등 언론에서 김일성 조문 불가 피력
7월 18일	박홍 서강대 총장, 청와대 오찬에서 주사파 발언 이영덕 국무총리, 사회 일각의 김일성 조문 움직임에 유감 표명

째 반응은 아쉬움이었다. 얼마나 안타까웠을까. 만약 그때 남북 정상회담이 이루어졌다면 역사는 달라졌을 것이다. 당시 정상회담을 추진한 관계자들에 따르면, 김영삼 대통령은 특유의 승부사 기질을 발휘할 생각이었다. "돈 좀 쥐어주고, 북한군을 후방 배치시키면 안 되겠나?" 그런 생각이었다. 당시 북한은 경제적 어려움을 겪고 있었고, 그래서 외교관계를 정상화시키려 했다. 김영삼 대통령의 단순한 접근이 통할 수도 있었다. 당시 한국 경제는 실제로 여유가 있었다. 그랬다면, 그때 남북 경제협력이 본격적으로 추진됐을 것이다. 마침 클린턴 미 행정부도 북핵 협상을 서두르고 있었기에, 그야말로 남·북·미 삼각관계가 선순환할 수도 있었다. 왕창 퍼주겠다는 김영삼 대통령의 구상이 현실화됐다면, 한국에서 '퍼주기 이데올로기'도 영원히 사라졌을 것이다.

그런데 역사는 그렇게 흘러가지 않았다. 예상치 못한 죽음이 우연이라면, 죽음이 불러온 풍경은 필연이었다. 같은 해 7월 11일 임시국회 외무통일위원회에서 이부영 민주당 의원의 발언은 조심스러웠다. 그날 통일부 장관은 북한의 김용순 대남담당 비서가 정상회담 연기를 통보해왔다고 보고했다. 이 의원은 이를 "김정일 체제가 되더라도 정상회담을 계속하겠다"는 화해의 신호로 해석했다.

그리고 정부에 조문할 의사가 있는지 타진했다. 여기에는 4개의 전제조건이 달렸다. 첫째 북한 체제와 대화를 해야 한다면, 둘째 김정일 후계체제의 안정이 대화와 협상을 위해 필요하다는 인식을 정부가 갖고 있다면, 셋째 정상회담이 계속 추진돼야 한다면, 그리고 넷째 우리 국민의 양해가 성립된다면 등이었다. 이 의원은 이런 상황이라면 정부가 조문을 할지 물은 것이다.

지금 평가해보면 상당히 사려 깊은 주장이었고, 살얼음을 걷듯 조심스러운 발언이었다. 그러나 그 정도의 말도 냉전의 광기를 폭발시키는 데 충분했다. 냉전 세력은 당시의 정세 변화에 당황했고 불안해했다. 불만도 많았다. 카터 전 미국 대통령의 용기 있는 방북으로 전쟁 직전까지 갔던 한반도 정세가 정상회담으로 전환됐기 때문이다. 그러나 김일성의 사망으로 정세는 다시 불투명해졌다. 화해 국면에서 울분을 삼키던 냉전 세력들이 일어섰다. 7월 12일 박범진 민자당 대변인은 "수백만 명을 죽인 전범은 조문해야 하고, 광주 사태에 대해 끝까지 책임지라는 것은 논리적 모순"이라고 비판하면서, "김일성은 실정법상 여전히 반국가 단체의 수괴다"라고 결론을 내렸다.

이부영 의원은 정부의 정책을 물었는데, 민자당은 도덕으로 답했다. 이때부터 보수 언론은 냉전의 불씨에 기름을 부었다. "대한민국의 정통성에 의문을 제기하는 일부 정치인들의 의식상의 문제"(《조선일보》 7월 13일자 사설)로 색깔론을 제기하고, "김일성의 반민족적 범죄는 결코 용납할 수 없으며, 정서상·논리상 김일성 조문은 절대 불가하다"(《동아일보》 7월 16일자 사설)고 쐐기를 박았다.

1994년 7월 8일 북한의 김일성 주석이 사망했다. 그가 죽고 한국 사회에는 조문 논쟁이라는 '냉전'이 부활했다. ⓒ한겨레

적에게도 미소를 보낸 미·일

학생운동권이 중심인 당시의 진보 진영 내에서도 논란이 있었다. 민족해방파(NL)가 장악한 일부 학교에서는 분향소를 설치하기도 했다. 그러나 민중민주 계열(PD)은 "조문단 파견을 주장하는 주사파의 입장에 강력히 반대한다"는 대자보로 응수했다. 당시 민족해방파는 여론의 흐름을 읽지 못했다. 북한에 대한 평가도 객관적이지 못했다. 당연히 공감대를 얻을 수 없었으며, 이어진 '주사파 사냥'의 계기를 제공했을 뿐이다.

박홍 서강대 총장의 '주사파 시리즈'는 공포로 시작해 코미디로 변질했다. 7월 18일 청와대 오찬에서 박홍 총장은 주사파가 대학가에 있다고 했다. 며칠 뒤 '대학교수'로, 나중에는 '야당, 종교계, 언론계'로 점점 범위가 넓어졌다. 1950년대 매카시즘이 한국에서 부활한 것이다. 물론 오래가지 못했다. 뻥도 적당히 해야 하는데,

너무 과했다. 비장한 폭로는 웃음거리가 되었다. 초기에 박홍 총장을 용기 있는 지식인으로 치켜세웠던 보수 언론들도 세간에 퍼져가는 조롱을 보고 적당히 마무리했다.

김영삼 정부는 신공안정국을 조성하며 조문 논쟁에 개입했다. 이영덕 총리는 7월 18일 국무회의에서 김일성을 '동족상잔의 전쟁을 비롯한 불행한 사건들의 책임자'로 규정하며 사회 일각의 조문 움직임에 '유감'을 표명했다. 정부의 기본 입장을 정리한 것이다. 그것은 곧바로 북한의 반발과 남북관계 악화의 근거로 작용했다.

김영삼 정부는 국내 정치를 조문 외교보다 중시했다. 조문 외교는 '필요하면 적에게도 미소를 보낼 수 있는 외교적 행위'다. 남북한은 전쟁을 경험했기에 다른 나라와 다를 수 있다는 주장이 있었다. 그렇지만 그런 주장은 설득력이 약하다. 장제스가 1975년 대만에서 사망했을 때, 중국은 조의를 표명했다. 마찬가지로 1976년 마오쩌둥이 사망했을 때도 대만은 조의를 표명했다. 국공내전을 치른 당사자들이 아닌가. 죽기 살기로 싸우던 당사자들이 역사의 무대에서 내려올 때, 누군가는 시대의 1막이 끝났음을 알려야 하는 게 아닌가. 그래야 다음 무대의 막이 올라가지 않겠는가.

당시 이부영 의원은 조문 외교의 필요성을 설명하면서, 1989년 일본 왕인 히로히토가 죽었을 때 강영훈 국무총리가 조문사절로 간 것을 예로 들었다. 아무도 당시 조문이 일제 36년의 압제와 수탈을 망각한 채 이루어졌다고 비판하지 않았다.

김영삼 정부의 대응은 미국과 비교해도 비판받을 만하다. 클린턴 행정부는 김일성 사망 직후 "미국 국민을 대신해 북한 주민들에게 심심한 애도를 전한다"는 내용의 성명을 발표했다. 조의 전문

대신 성명으로 한 단계 격을 낮추었고 내용도 중립적이며 되도록 짧게 구성하려 고심했다고 한다. 동시에 당시 제네바에서 북한과 핵 협상을 벌이던 갈루치 차관보가 제네바 현지 북한 대사관으로 가서 조문했다. 절제된 내용과 형식이지만, 협상 상대에게 예의를 표시했다.

물론 미국 내부에서 논란이 적지 않았다. 미국도 북한과 전쟁을 치렀기 때문이다. 특히 공화당은 클린턴 대통령이 한국전쟁에 참전한 미군과 그 가족을 고려하지 않았다고 비판했다. 공화당은 보수적 여론을 대변했지만, 조문의 외교적 측면을 보지 못했다는 비판도 받았다. 대표적으로 《뉴욕타임스》는 7월 12일 공화당 원내총무를 비판하는 사설을 실었다. 제목은 "상원의원, 그것이 외교요" 였다.

미국은 조문외교의 경험이 풍부하다. 1976년 9월 9일 마오쩌둥이 사망했을 때, 현직 대통령이던 제럴드 포드는 물론 미·중 관계 개선의 물꼬를 튼 리처드 닉슨 전 대통령도 조문사절로 베이징을 찾았다. 공화당 소속의 전·현직 대통령들이다. 공화당도 집권당으로 국정을 운영할 때는 당연히 외교를 우선시했다.

'보수의 현대화' 이룰 수 있었던 기회

미국이 조의를 표명하자, 김영삼 정부는 당황했다. 민자당은 아예 "클린턴에게도 문제가 있다"(이세기 정책위의장)며 불만을 표시했다. 그들이 종교처럼 숭배하는 한미동맹도 냉전 반공주의 앞에서는 아무것도 아닌 것처럼 보였다. 한국의 보수가 미국에 할 말을 할 때도 있다. 바로 미국이 탈냉전을 지향할 때 말이다.

일본정부의 대응은 어땠을까? 일본 무라야마 도미이치 총리는 정부 수반이 아니라, 사회당 위원장 자격으로 조전을 보냈다. 당시 일본은 사회당, 자민당, 신당 사키가케로 구성된 3당 연립정부였다. 3당 모두 당 대표 명의로 조전을 보냈다. 또한 일본은 3당 공동으로 조문단을 평양에 파견하기로 결정했다. 물론 북한의 거부로 성사되지 않았다. 그러나 오부치 게이조 자민당 부총재를 비롯해 3당의 고위급 간부들이 도쿄 조총련 중앙본부에 설치된 분향소로 가 조문을 했다. 3당 연립정부는 북·일 관계 개선을 중요한 전후외교 과제로 설정했고, 북한과의 외교적 관계를 고려했다.

김영삼 정부는 국내의 조문 논쟁을 관리하지 못했다. 오히려 냉전 반공주의에 정치적으로 편승했다. 정상회담을 할 뻔한 남북관계는 이후 회복하기 힘들 정도의 상처를 입었다. 임기가 끝날 때까지 변변한 회담 한 번 못하고, 그렇게 김영삼 정부는 막을 내렸다.

김영삼 정부는 도덕적 판단과 정책적 대응을 구분하지 못했다. 조문 논쟁은 두 가지 다른 요소가 섞여 있다. 하나는 인식이고, 다른 하나는 정책이다. 김일성을 역사적으로 어떻게 평가할 것인가? 이 질문은 인식의 영역에 해당한다. 모든 지도자를 평가할 때, 물론 공도 있고 과도 있다. 그러나 적대적 남북관계에서 북한의 지도자가 좋은 평가를 받을 수는 없다. 우선 환경이 그렇고, 실체가 그러하며, 경험도 있기 때문이다. 1994년과 지금, 그리고 미래도 마찬가지다. 북한에 대해 상식과 논리를 벗어난 평가는 공감을 얻기 어렵다. 정책적 대응은 다른 차원의 문제다. 조문 외교는 죽은 자에 대한 인간의 예의와는 다른 수준이다. 클린턴 행정부가 조의를 표명한 것은 외교적 필요가 있어서고, 일본정부도 마찬가지였다.

왜 그들이라고 해서 도덕적 판단이 없겠는가. 외교는 냉혹한 국제 현실이다. 미국·일본이 외교를 선택할 때, 김영삼 정부는 정치를 택했다. 아마추어처럼 말이다.

더욱 아쉬운 점은 한국의 보수다. 당시는 보수가 집권당이었다. 닉슨 행정부처럼, 혹은 포드 행정부처럼, 보수라도 미래지향적인 국익을 우선했다면 얼마나 좋았을까. 물론 분단체제에서 냉전 반공주의는 보수적 정체성의 근원이고, 부패와 기회주의를 포장할 수 있는 편리한 도구다. 그러나 '반공주의자' 닉슨이 세계적인 데탕트를 주도하고, 서독의 '실용주의적 보수주의'가 통일을 이룩하지 않았던가. 냉전 반공주의를 벗어나 얼마든지 보수적 정체성을 재규정할 수도 있지 않은가.

민주화의 주역이던 김영삼 대통령이 보수적 블록 내에서 리더십을 발휘해, 한국에서도 '보수의 현대화'를 이룰 수는 진정 없었을까? 조문 논쟁은 좋은 기회였다. 미국이나 일본처럼 대응했다면 한국의 이념 지형은 달라졌을 것이며, 남북관계도 한반도 정세도 달라졌을 것이다.

진보도 마찬가지다. 북한을 비판하고 싶어도 정책적으로 침묵을 선택하는 쪽이 있다. 침묵이 지지가 아니고, 미소가 호감이 아니다. 그런데 다른 한쪽에서 "북한이 뭘 잘못했는가"라는 식으로 상식과 다른 주장을 내놓으면 어쩌란 말인가. 1994년 조문 논쟁은 진보 진영 내에서도 북한에 대해 복합적으로 성찰하는 기회였지만, 살리지 못했다.

미래의 조문 정국은 성숙해질까

1994년 조문 논쟁은 그런 측면에서 한국의 보수와 진보 모두에게 발전의 기회였다. 한국전쟁의 전후체제를 마무리하고 새로운 관계로 진전할 수 있었으면 얼마나 좋았을까. 색깔론이 사라진 시대는 국내 정치를 한 단계 성숙시키고, 민주주의를 한 차원 더 공고히 했을 것이다.

지금의 3대 세습 논쟁도 마찬가지다. 북한 체제에 대한 인식의 공감대를 바탕으로 성숙한 정책적 대응이 필요하다. 상식에서 벗어난 인식도 문제지만, 공당의 입장 발표를 강요하는 것도 바람직하지 않다. 진보 정당이라고 해서 외교적 태도를 취하지 말라는 법은 없다. 정당은 비정부기구(NGO)나 학습 서클과 다르다. 김정일 사후 우리 사회는 다시 조문 논쟁을 치러야 함을 잊지 말아야 한다. 1994년의 경험과 최근의 세습 논쟁에서 교훈을 찾아, 그때에는 성숙한 대응을 하기 바란다.

작전통제권 온전히 환수했다면

미래지향적인 국방 개혁으로 군은 더 강해지고
한국이 평화체제 주도해 북핵 문제 해결했을 수도

이명박 정부는 노무현 정부가 애써 찾아온 군사주권을 포기했다. 2012년으로 예정된 전시작전통제권 환수 일정을 연기한 것이다. 부끄러운 일이다. 군 원로, 보수 언론 그리고 이명박 정부는 그것이 좌파 정권의 산물이라고 잘못 이해하고 있다. 그렇지 않다. 자주국방은 오랜 역사를 지녔다.

1994년 12월 1일, 김영삼 대통령은 합참의장과 육·해·공군 3군 작전지휘관들로부터 평시작전통제권 환수 신고를 받았다. 그는 그 자리에서 "6·25전쟁의 비극 속에서 유엔군에 넘겨준 (평시)작전권을 44년 만에 환수하는 것은 자주국방의 기틀을 확고히 하는 역사적인 사실"이라고 말했다. 언론도 환영했다. 《조선일보》는 그해 10월 7일 한·미 연례안보협의회에서 평시작전통제권 환수를 결정하자 이를 환영하면서 "가급적 이른 시일 내에 전시작전통제권까지

1994년 12월 1일 김영삼 대통령이 청와대에서 이양호 합참의장으로부터 평시작전통제권 환수 신고를 받은 뒤 군 지휘관들과 기념촬영을 하고 있다. ⓒ연합뉴스

환수하는 것이 다음의 과제"라고 주장했다. 모두가 환영하는 그때 온전한 작전권을 환수했다면, 오늘날 우리가 목격하는 '코미디 같은 자기 비하'를 보지는 않았을 것이다.

박정희의 환수 의지, 미국이 꺾어

한국전쟁 발발로 이승만 정부는 군사주권을 포기했다. 스스로의 힘으로 나라를 지킬 수 없었기 때문이다. 1950년 7월 14일 이승만 대통령은 맥아더 장군에게 공한을 보내 "현 적대 상태가 계속되는 동안 일체의 지휘권을 이양한다"고 밝혔다. 7월 16일 맥아더는 무초 대사를 통해 '일체의 지휘권'을 '작전지휘권'으로 수정하고, 그런 결정에 대해 '영광'이라고 회신했다.

전쟁이 끝났다. 그러나 넘어간 군사주권은 돌아오지 않았다.

1950년 7월 14일	한국군의 전시, 평시작전권 유엔군에 이양
1953년 10월	한미상호방위조약에서 '작전통제권'으로 조정
1974년 9월	유엔군 작전명령권이 한미 합참의장회의로 이전
1978년 11월 7일	한미연합사령부 창설. 한국군에 대한 전시, 평시의 작전통제권을 연합사사령관에게 위임(실질적으로 주한미군이 전시, 평시의 한국군에 대한 작전통제권을 행사하게 됨)
1992년 12월 2일	평시작전통제권, 한국군에 이양 합의
1994년 12월 1일	평시작전통제권, 한국군에 반환
2005년 10월 1일	노무현 대통령, 전시작전권 환수 방침 표명
2006년 8월 4일	《워싱턴 타임스》인터넷판, 미 국방부가 3년 안에 한국에 전시작전통제권을 넘길 계획이라고 보도
2009년 10월 22일	한미 국방장관, 한미안보협의(SCM)에서 2012년 4월 12일부로 전시작전권 환수 재확인
2010년 6월 27일	이명박 대통령, 전시작전권 환수 2015년 12월로 연기하기로 미국과 합의

한·미 상호방위조약이 발효되기 하루 전인 1954년 11월 17일 한·미 합의 의사록이 체결됐고 거기서 작전지휘권이 작전통제권으로 축소됐지만, 그것은 계속 유엔군 사령부가 행사했다. 작전지휘권은 작전·인사·행정·지원 등 작전 전반에 대한 직접적 지휘를 말하며, 작전통제권은 군사작전만을 협조·조정하는 것이다. 이때부터 1978년 한미연합사령부가 설치될 때까지 유엔군 사령부가 작전통제권을 행사했다. 물론 주한미군 사령관이 유엔사 사령관을 겸직했기 때문에, 미국의 입김과 이해가 작용할 수밖에 없다.

1960년대 박정희 정부 때 자주국방에 대한 요구가 적지 않았다. 그러나 당시 미국은 작전통제권을 강력하게 장악하려 했다. 1960년대 초, 한국군은 베트남 파병을 앞두었고 미국은 주한미군의 일부를 감축해 베트남 전선으로 이동시키려 했다. 이때 미국은 주한미군 감축이 한국군의 작전통제권 반환으로 이어질 수 있음을 우려했다. 나아가 1966~68년 남북 간에 군사적 충돌이 이어지고, 잇따라 북한의 무장간첩이 내려오고, 푸에블로호 나포 사건이 발생하자 박정희 정부는 강력한 대북 군사보복을 원했다. 그러나 베트남에 발목이 잡힌 미국은 한반도에서 또 다른 전쟁이 일어나는 것을 원하지 않았다. 이 과정에서 박정희 대통령은 대북 보복에 소극적인 미국의 태도를 비판하면서 작전통제권 환수를 요구했지만, 미국은 한반도 정세를 관리하기 위해 작전통제권을 한국에 넘기려 하지 않았다.

1978년 한미연합사령부가 만들어지면서 작전통제권은 유엔군 사령부에서 한미연합사령부로 위임됐다. 왜 그랬을까? 1975년 11월 유엔총회에서 유엔군 사령부 해체결의안이 통과되자 한·미 양국은 유동적인 정세에 대응할 필요가 있었다. 이때부터 한미연합사령부가 작전통제권을 행사하고, 유엔군 사령부는 한반도의 평화 및 정전협정 유지에 관한 업무만을 수행하게 되었다.

1980년대 후반, 작전통제권 환수를 위한 환경이 조성됐다. 가장 중요한 것은 노태우 정부의 자주국방 의지였다. 1987년 대통령 선거에서 노태우 후보는 선거 공약의 하나로 '작전권 환수'를 내세웠다. 그리고 집권하자마자 민족자존을 국정 목표로 제시했다. 당시 세 가지 한·미 현안을 적극적으로 추진했다. 첫째는 이미 선거 과정에서 공약으로 발표한 작전통제권 조기 환수였다. 둘째는 용산기지 이전이었으며, 셋째는 군사정전위원회 유엔군 쪽 수석대표의 한국군 장성 임명이었다.

이런 목표를 효과적으로 추진하기 위해, 노태우 정부는 청와대 비서실 내에 안보보좌관을 신설하고 김종휘를 임명했다. 그리고 안보정책비서관으로 김희상, 외교안보 비서관으로 민병석을 임명했다. 이들이 6공화국 안보정책인 8·18계획을 만든 주역이다. 8·18계획이란 무엇인가? 1988년 8월 18일은 대통령의 지시에 따라 합동참모본부가 '장기 국방태세 발전방향 연구계획'을 보고한 날이다. 이 자리에서 노태우 대통령은 자주국방을 준비하기 위한 위원회 구성을 지시했고, 그래서 만들어진 것이 이른바 '8·18위원회'다.

"군 수뇌부가 노태우 대통령 비하"

당시 미국의 상황 변화도 중요하다. 미국에서는 1988년부터 세계적인 냉전 종식에 따른 해외 주둔 미군의 감축 필요성이 제기됐다. 1989년 미국 의회가 해외 주둔 미군을 점진적으로 감축하는 내용의 '넌·워너 수정안'을 통과시켰다. 당시 한반도 방위와 관련해서는 '한국 방위의 한국화'라는 개념이 등장했다. 미국의 사정으로 주한미군을 감축해야 하니, 이제 한국의 방위는 스스로 알아서 지켜야 한다는 뜻이다. '넌·워너 수정안'의 계획에 따르면, 1단계로 주한미군 7천 명을 감축하고, 2단계인 1995년까지 새로운 전략목표를 설정해 미군부대를 재편성하며, 마지막 3단계인 2000년까지 억지 목적의 소규모 미군만 한반도에 잔류시킨다는 계획이었다. 실제로 이 법안에 따라 1990년 4월에 작성된 '동아시아 전략 구상'에서 1990년대 후반에 연합사 해체를 검토한다는 내용이 포함됐다.

작전권 반환의 정치적 이유도 있었다. 12·12쿠데타와 광주민주화운동을 거치면서, 작전권을 가진 미군이 전방 병력 이동을 암묵적으로 동의했다는 비판이 국내외적으로 제기됐다. 미국은 이런 역사적 과정을 거치며 반미 감정으로 번진 한국 내의 비난으로부터 자유로워지고 싶어 했다.

노태우 대통령의 자존 선언과 미국의 달라진 전략 개념이 작전통제권 환수의 환경을 조성했다. 그런데 이때 왜 평시와 전시로 작전권의 개념이 분리됐을까? 노태우 후보가 대선 국면에서 주장하고 6공화국이 초기에 주장한 것은 작전권 반환이었다. 그때까지 평시와 전시는 구분되지 않았다. 사실 논리적으로도 그것을 구분하기 어렵다. 평시의 지휘체계가 전시가 되면 달라진다는 말인데, 그처럼 비효율적인 것이 어디 있는가. 교육과 훈련을 평시 지휘체계에 따라 열심히 하다, 전쟁이 일어나면 새로운 지휘체계가 현장 부대를 지휘하는 것이 말이 되는가. 지구상 어디에도 존재하지 않은 우스운 지휘체계가 아닐 수 없다. 비효율적이고 혼란이 뻔하며 누가 봐도 웃기는 왜곡된 작전통제권이 1994년 이후 지금까지 계속되고 있다. 부끄러운 현실이다.

그럼 왜 당시 평시와 전시가 구분됐을까? 그 이유를 정확히 알아야 한다. 분명히 노태우 정부는 온전한 형태의 작전통제권 환수를 추진했다. 그러나 한·미 협의 과정에서 평시작전통제권을 우선 환수하고, 단계적으로 전시작전통제권을 환수하는 단계적 접근으로 변경됐다. 평시작전통제권은 온전한 작전권 환수를 위한 잠정적 단계에 불과했다. 미국 역시 그렇게 생각했다. 1990년 2월 15일 넌·워너 수정안을 협의하기 위해 방한한 체니 미 국방장관은 1991년 1월 1일부로 한국 쪽이 평시작전통제권만이라도 행사할 것을 제안했다. 그리고 1990년 11월 한미군사위원회에서 "평시작전통제권은 1993년까지, 전시작전통제권은 1995년까지 환수한다"는 한국 쪽 제안으로 구체화했다.

이렇게 결정하는 과정에서 반발 세력이 있었다. 국방부 장성들이다. 이종구 육군참모총장을 비롯한 육군본부 지도부는 국방 개혁에 저항했다. 8·18위원회 역시 육군본부의 압력에 위축돼 대통령의 개혁 의지를 구체화하는 데 주저했다. "육군본부를 주축으로 하는 군 수뇌부는 노골적으로 노태우 대통령을 비하하면서 개혁에 저항했고, 청와대 안보보좌관실과 8·18위원회에 소속된 장교들은 수시로 협박을 받았다."(김종대, 『노무현 시대의 문턱을 넘다』 참조)

주한미군도 미국 국방부 입장과 달리, 작전통제권 반환에 소극적이었다. 주한미군의 입장에서 한·미 연합 지휘체계 변경은 기득권의 약화를 의미하기 때문이다.

한미동맹 약화 우려는 근거 없어

1994년에 평시작전통제권만이 아니라 전시를 포함하는 온전한 작전통제권을 환수했다면 어떻게 되었을까? 미국의 '한국 방위의 한국화' 방침과 한국의 자주국방 의지가 결합됐다면 어떻게 되었을까?

첫째, 한미동맹이 약화됐을 것이라는 우려는 근거가 없다. 지휘체계 변화가 한·미 군사동맹의 해체로 이어지지는 않기 때문이다. 작전통제권을 한국이 행사하더라도 연합 방위력은 다양한 방식으로 실현할 수 있다. 노무현 정부가 아니라 노태우·김영삼 정부에서 전시작전통제권을 환수했다면, 보수 세력이 그렇게 반발하지도 않았을 것이다. 1994년 당시 《조선일보》조차도 환영하지 않았는가. 그렇게 되었다면 달라진 한반도 정세에서 보수 세력이 한미동맹을 자신의 정체성으로 내세우지도 못했을 것이다. 서울시청 앞에서 성조기를 흔드는 '웃기면서 서글픈 풍경'은 재연되지 않았을 것이다.

둘째, 미래지향적 국방 전략이 구체화됐을 것이다. 군사주권이 없는 국방이란 머리가 없는 군대에 비유할 수 있다. 스스로 판단하고 결정하지 못하는데 팔다리만 튼튼하면 무슨 소용이 있는가. 물론 이 과정에서 국방비 부담은 늘어났을 것이다. 그러나 남북한의 경제력·군사력 격차를 고려하면 이 또한 과장해서는 안 된다. 작전통제권을 일찍 환수했더라면 그만큼 국방 개혁도 조기에 시작했을 것이다. 육군의 기득권을 유지·확대하는 소모적인 국방 강화가 아니라, 각 군의 통합 능력을 강화하는 질적·미래지향적인 국방 개혁 말이다.

셋째, 한반도 평화체제를 한국 주도로 추진했을 것이다. 작전통제권을 환수하면 미국이 1990년대 초부터 강조해온 '한국 방위의 한국화'를 달성할 수 있다. 그렇게 되면 한반도에서 군사적 신뢰를 구축하고, 잠정적인 평화 상태를 실현하며, 최종적으로 평화체제를 구축하는 과정에서 한국이 중심적 역할을 맡을 수밖에 없다. 과거 북한은 왜 미국하고만 평화체제 논의를 하고 싶어했는가? 그것은 한반도 군사 문제에서 여전히 미국이 중심적 역할을 맡고 있었기 때문이다. 작전통제권을 환수하면 북한 역시 남한을 한반도 평화체제 당사자로 인정할 수밖에 없다. 그렇게 되었으면 북핵 문제를 해결하는 과정에서 한국은 주도적 역할을 발휘했을 것이다. 1994년에 작전통제권을 환수했으면 최소한 김대중·노무현 정부 10년 동안 한반도 평화체제를 주도적으로 추진하고 북핵 문제도 해결할 수 있었다는 말이다.

물론 김영삼·이명박 정부의 '이념적 대북정책'을 보면 걱정이 되기도 한다. 작전통제권을 갖고 선제적 대북 공격을 하면 어쩌나 하는 걱정도 든다. 그러나 아무리 생각 없는 사람들이라도 국내적으로 지지를 받을 수 없는 '전쟁 불사'를 행동으로 옮기기는 어려울 것이다. 동시에 한미동맹이 유지되는 상황에서 미국이 반대하는 독자적인 대북 선제공격을 하지는 못할 것이다.

1950년대 논리에 묶여 있는 MB 정부

작전통제권의 역사를 보면 이명박 정부가 작전통제권 환수를 연기한 이유를 납득하기 어렵다. 미국조차 한국의 방위 능력이 충분하다고 평가하는데, 돌려주겠다는 주권도 사정해서 연기하는 이유가 무엇인가? 이미 주한미군은 기지를 이전하고 전략적 유연성에 따라 대북 억지보다 세계적 분쟁에 신속하게 개입하는 체제로 바뀌고 있는데, 아직도 1950년대식 한미동맹 논리로 안보를 해석한다. '낡은 이념의 고집'이 아닐 수 없다.

IMF 구제금융 대신 모라토리엄 선언했다면

1997·98년 IMF의 요구를 따르지 않은 말레이시아·러시아의 선전
차라리 'IMF 폐해'보다 덜 해악적이었을 것이란 분석도

30대 이상의 배구팬에게 1998년의 기억은 각별하다. 그해 2월 18일 서울 잠실학생체육관에서 역사적인 경기가 열렸다. 모기업의 부도로 팀 해체가 결정된 고려증권의 마지막 공식 경기였다. 대한배구협회의 지원으로 출전한 슈퍼리그 3차 대회 4강 진출전에서 고려증권은 마지막까지 최선을 다했지만, 경기 결과는 세트스코어 0-3의 패배.

라이벌 현대자동차와 함께 1980~90년대 남자배구의 양대 산맥으로 군림해온 고려증권의 강점은 끈끈한 조직력이었다. 선수 개개인의 이름값을 따지면 고려증권은 현대자동차의 상대가 아니었다. 하종화·임도헌·마낙길 등 국가대표 공격수가 즐비한 현대자동차와 달리 고려증권에는 박삼용·이수동·문병택·박선출·이성희 등 무명급 선수가 대부분이었다. 이름값 대신 특유의 끈적끈적

1997년 12월 3일 IMF 구제금융 선언	
1997년 10월 28일	주가지수 500선 붕괴
10월 29일	정부 금융시장 안정대책 발표
11월 5일	블룸버그, 한국 가용 외환 보유고 20억 달러 보도
11월 6일	한국은행 실무진, 총재에게 IMF(국제통화기금)행 건의
11월 7일	주가 최대 폭락
11월 14일	김영삼 대통령 IMF행 결심
11월 16일	미셸 캉드쉬 IMF 총재 극비 방한
11월 22일	정부, IMF에 구제금융 신청 요청
12월 3일	IMF와 공식적인 구제금융 합의서 서명, 대기성 차관 제공에 관한 양해각서 체결
12월 23일	국공채시장 등 채권시장 전면개방
12월 24일	정부, IMF 구제금융 협상에 대한 신청 발표
1998년 3월 23일	IMF 서울사무소 설치
12월 18일	IMF자금 18억 달러 첫 상환, IMF 긴급보완금융(SRF) 18억 달러 상환
1999년 9월 18일	보완준비금융 135억 달러 9개월 앞당겨 조기상환 완료
2001년 8월 23일	IMF 관리 체제 종료(IMF 구제금융 195억 달러 전액 상환)

한 팀워크를 바탕으로 경기를 풀어가는 고려증권, 막강한 화력에 다 높이를 내세워 상대를 압도하는 현대자동차의 라이벌 구도는 1990년대까지 배구를 최고의 인기 스포츠 가운데 하나로 자리매김 하게 한 원동력이었다.

김영삼 정부의 무능한 대응

1998년 이후 고려증권 배구를 다시 볼 수 없게 한 건 이른바 '국제통화기금(IMF) 사태'였다. 정확히 말하면 1997년 경제위기 탓이었다. 한국 사회에서 경제위기를 가리키는 대명사로 통하는 IMF 사태는 시작과 동시에 많은 변화를 가져왔다. 금융계의 구조조정과 퇴출은 IMF 사태가 남긴 그늘의 단면이었다. 고려증권·동서증

1997년 외환위기는 '국제통화기금(IMF) 사태'로 이어졌다. 정부는 같은 해 12월 3일 IMF로부터 긴급 구제금융 580억 3천 500만 달러를 빌리는 대신 IMF의 개혁 프로그램을 받아들이기로 약속했다. ⓒ한겨레

권 등 이제는 이름마저 거의 잊혀진 증권사와 많은 종금사가 당시에 문을 닫았다.

IMF의 해, 1997년은 시작부터 암울했다. 1월 23일 22개 계열사를 거느린 한보철강이 마침내 부도와 함께 거꾸러졌다. 한보가 금융권에 갚아야 할 빚만 모두 4조 9천억 원이었다. 한보에 돈을 빌려준 금융기관이 50곳을 넘었다. 한보에 이어 3월 19일 삼미그룹이 부도를 냈고, 4월 21일에는 진로그룹이 뒤를 따랐다.

대기업의 연쇄 부도와 이에 따른 대외 신인도 하락, 환율 상승과 주가 하락은 '아시아의 용'이라던 한국의 위상을 바닥으로 끌어내렸다. '세계화'를 지고지선의 가치로 선전한 김영삼 정부는 성급한 경제협력개발기구(OECD) 가입과 월드컵 유치, 아시아유럽정상회의(ASEM) 유치 등 대규모 이벤트에만 능했을 뿐 위기에는 취약했다.

정부는 결국 1997년 11월 21일 한국은행의 외환보유고로는 더 이

상 대외지급이 불가능하다는 최종 판단을 내리고 IMF에 자금 지원을 요청했다. 12월 3일 정부는 IMF로부터 긴급 구제금융 580억 3천 500만 달러를 차입하는 약정서에 서명했다.

세상에 공짜는 없다지만, IMF 구제금융의 대가는 가혹했다. IMF는 국내 기업의 도산이나 실업률 증가, 그리고 이에 따른 한국 국민의 고통에는 관심이 없는 것처럼 보였다. 대신 그들은 한국경제의 불안이 세계경제에 미치는 부작용을 차단하는 데 관심을 뒀다.

IMF가 한국에 요구한 개혁 프로그램의 주요 내용은 △긴축재정 및 성장목표의 하향 조정(성장 3퍼센트, 물가 5퍼센트) △기업 및 금융기관 부실의 처리(구조조정 등) △13개 금융개혁법안의 입법 △대기업 체질 개선(투명성 제고, 계열사 간 연결고리 차단) △노동시장 유연성 제고 대책의 조속 추진 △외국인 주식투자 한도 확대(26퍼센트→50퍼센트→55퍼센트)를 비롯한 자본시장 개방 등이었다.

삼성경제연구소는 IMF 합의 직후 펴낸 『IMF와 한국경제』에서 "IMF는 한국의 기초 경제 여건이 멕시코나 인도네시아, 태국 등에 비해 상당히 양호함에도 불구하고, 한국정부에 같은 정도의 긴축과 구조조정을 요구"했다며 "IMF와 합의한 정책 프로그램은 금리의 급등과 고용불안을 가중시켜 경기를 지나치게 냉각(Over-kill)시킬 것으로 우려"한다고 주장했다. 우려는 이듬해 곧바로 실물경제 침체의 결과로 나타났다.

우선 정부가 허리띠를 졸라매자 내수가 위축됐다. 1997년 12월 이후 이듬해 5월 말까지 1만 5천 개 이상의 기업이 부도를 냈고, 가까스로 부도 위험을 피한 기업의 조업률도 60퍼센트 이하로 떨어졌다. 기업이 위축되자 일자리가 줄었다. IMF 직후 실업자 규모는

150만 명으로 6.9퍼센트의 실업률을 기록했고 그 뒤로도 계속 상승했다. 그나마 얻은 직장에서도 정리해고를 걱정해야 하는 것이 1997년 이후의 풍경이었다.

일자리 감소와 함께 비정규직 등 '나쁜 일자리'의 증가도 IMF의 유산이었다. 은수미 한국노동연구원 연구위원은 저서 『IMF 위기』에서 "나쁜 일자리는 비정규직 일자리와 긴밀하게 결합되어 있는데, 1997년 IMF 경제위기 이후 급격하게 늘어나 2008년 기준 과반수를 넘긴 비정규직은 한국 사회에서 정규직과 비정규직이라는 새로운 계급을 만들어내고 있다"고 지적했다.

모라토리엄은 검토도 하지 않아

IMF에서 구제금융을 받는 것이 최선이었을까? 1997년의 외환위기가 심각했다지만, IMF가 한국 사회에 남긴 깊은 상처를 돌이켜보면 이런 의문이 생긴다. IMF의 굴욕적인 요구를 받아들이지 않고 외환위기에서 벗어날 수 있는 방법은 없었을까?

실제로 한국과 비슷한 시기에 외환위기를 겪은 나라 가운데 우리와 다른 길을 선택한 사례가 없지 않았다. 대표적으로 말레이시아 모델이 있다. 말레이시아는 한국과 비슷한 시기인 1997·98년 외환위기를 겪었지만, 사태 해결을 위한 접근 방법이 달랐다. 말레이시아는 당시 외환위기를 해외 투기자본의 일시적 시장교란 행위로 간주했다. 따라서 한국과 달리 무턱대고 IMF와 손잡기보다 내부시장 보호에 힘을 기울였다. 위기가 본격화한 뒤에는 외환 유출을 엄격하게 통제하는 것은 물론, 외국에 나가 있는 자국 통화를 회수하며 고정환율제를 채택했다.

국내 생산을 촉진하기 위해 정부 지출을 늘린 것도 한국과 정반대였다. 말레이시아 정부의 이런 대응에 IMF는 코웃음을 쳤지만, 말레이시아는 한국과 함께 외환위기에서 가장 빨리 벗어난 국가로 꼽힌다. 다만 IMF 이후 한국이 부동산 가격 폭등과 엄청난 공적자금 투입의 후유증을 겪고 있는 것과 달리, 말레이시아는 부동산 가격이 오르지도 않았고 물가도 크게 요동치지 않았다.

러시아의 사례도 되짚어볼 만하다. 한국이 외환위기를 경험한 직후인 1998년 역시 외환위기로 어려움에 빠져 있던 러시아는 일방적인 채무지급유예(모라토리엄)를 선언했다. 당시 유가 하락으로 수출소득 및 세수 감소에 직면한 러시아는 1998년 8월부터 3개월 동안 외채 상환을 일방적으로 중단했다. 당시 국제사회는 러시아의 모라토리엄 선언에 엄청난 충격을 받았지만, 러시아에 어떤 제재도 가하지 않았다. 오히려 일방적인 지급정지를 통해 러시아는 큰 이득을 얻었다. 채권국으로부터 채무의 30퍼센트를 탕감받은 것이다.

물론 과거 초강대국이자 핵무기를 보유한 나라라는 '힘의 논리'가 러시아의 당당한 대응을 가능케 한 측면이 있지만, 일반 사회의 채무관계에서도 궁지에 몰린 채무자가 종종 '벼랑 끝 전술'을 구사하는 경우가 있다. 어쨌든 러시아는 도전적 태도로 오히려 이득을 얻었다. IMF는 러시아의 채무지급정지에도 불구하고 지속적으로 러시아에 차관을 제공할 수밖에 없었다.

1997년 외환위기 당시 한국에서도 모라토리엄을 선언해야 한다는 주장이 나왔다. 국내외 학계 일각의 주장이었는데, 한국정부나 주류 경제학자들은 이를 진지하게 검토하지 않았다.

모라토리엄을 선언해야 한다는 쪽에서는 대개 IMF 사태의 근본 원인이 IMF나 국제 투기자본의 횡포에 있다고 봤다. IMF가 한국을 비롯한 동아시아의 외환위기에 그릇된 방식으로 과도하게 개입해 단기 유동성 부족의 위기를 확대재생산했고, 국제적인 투기자본의 횡포로 각국의 외환위기가 구조화됐다는 주장이 제기됐다.

반면 한국정부는 위기의 원인을 우리 내부에서 찾는 이른바 '내부 결함론'에 무게를 뒀다. 내부 결함론을 주장한 대표적 인물은 폴 크루그먼 미국 프린스턴대 교수였다. 그는 한국 등 동아시아 국가가 채택한 경제발전 모델의 내재적 결함으로 이들의 위기는 이미 예정돼 있었다고 주장했다.

미국 유학파가 득세한 탓?

한국정부나 주류 학계가 사태의 원인을 다각도로 검토하지 않고 무작정 '내 탓이오'를 외쳤던 이유는 'IMF 비판론'이나 '외부 조건론'이 곧 '미국 음모론'과 맞닿을 수 있다는 사실에 공포를 느낀 탓으로 보인다. 이와 관련해 이찬근 인천대 교수는 한국 사회의 편파적 대응의 원인이 "미국 유학파 중심의 학계 편성, 서울대 출신의 논의 독점 구조 등 우리 학계에 뿌리박힌 사회병리학적 측면과도 깊은 관계가 있다"고 지적했다(1998).

한국이 모라토리엄 선언을 검토해야 한다는 주장은 오히려 외국에서 활발히 제기됐다. 대표적인 인물은 제임스 크로티 미국 매사추세츠대 교수였다. 그는 IMF 사태 이듬해인 1998년 '한국의 경제적·정치적 위기'라는 제목의 글에서 한국이 오히려 모라토리엄 가능성 등을 고려하지 않은 채 IMF의 요구조건을 거의 그대로 수용한 사실에 의문을 제기했다. "한국이 IMF의 극단적인 요구조건들에 굴복하기를 거부하는 경우 한국만이 아니라 한국 사태에 관계가 있는 당사자들 모두가 손해를 볼 것이라는 극히 유리한 지점을 한국정부가 활용하지 않은 이유는 도대체 무엇인가."

그는 더 나아가 한국정부가 사태를 합리적으로 판단할 수 있었다면 미국이나 IMF에 확실한 위협을 가해야 했다고 지적했다. "IMF가 강요하는 요구조건이 지나치게 파괴적일 경우 한국은 IMF의 구제금융을 받지 않고 말겠다는 위협을 했어야 하는 것이다. 예를 들어 한국정부가 한국의 은행과 기업들이 해외 은행에서 빌린 채무에 대해 채무불이행을 선언하도록 내버려두겠다는 위협을 가했다고 가정해보자(이런 위협은 사실 특별히 무슨 조치를 취하는 것도 아니고 그냥 손 놓고 있기만 하면 되는 것이다!). 이런 행동은 해외 채권자들과 한국인 채무자들 사이의 교섭을 둘러싼 '교섭 여건'을 극적으로 변경시켰을 것이다."

김창근 경상대 사회과학연구원 연구교수의 시각도 비슷하다. 그는 "모라토리엄이 정부가 국가채무의 지급유예를 선언하는 것이라면, 1997년 당시 한국의 부채는 대부분 민간 부문에서 발생한 것이므로 정부가 모라토리엄을 선언하고 말 것도 없었다"며 "정부가 민간기업의 부채는 민간에 맡긴다는 정도의 태도를 한두 달만이라도 유지했다면, 그 뒤 IMF와 훨씬 유리한 협상을 할 수 있었을 것"이라고 말했다.

그다음으로 생각해봐야 할 부분은 '모라토리엄 선언 그 이후'다. IMF와의 협상이 비록 말도 안 되는 내용투성이였지만, 당시에는 IMF 구제금융 이외에 선택의 여지가 없었다는 주장이 있다. 조복

현 한밭대 교수는 "한국처럼 대외 의존도가 높은 수출 주도형 국가에는 모라토리엄 선언이 큰 부작용을 일으킬 수 있다"며 "러시아 등 천연자원이 풍부한 나라와 직접적인 비교는 어려울 것"이라고 말했다.

반면 크로티 교수는 채무불이행 선언이 한국에 심각한 위험을 가져다줄 수 있다는 사실을 인정하면서도 장기적 관점에서 봤을 때 IMF 프로그램이 가져오는 폐해보다는 훨씬 덜 해악적이었을 것이라고 말했다. 예컨대 증시에 묶여 있던 해외 자금이 유출되거나 원유 등 핵심 수입품에 대해 무역 신용을 잃게 된다는 부작용이 예상되지만, 이에 대해서는 정부가 다른 대안을 마련할 수 있었다는 지적이다.

좀더 유리한 협상도 가능했을 것

김창근 교수 역시 "모라토리엄 선언이 우리 경제에 더 큰 피해를 줄 수 있다는 지적이 있지만, 이미 당시 주가가 300선까지 내려앉은 상황이어서 민간기업 부채를 그들에게 맡겨놓았다 해도 한국이 추가로 입을 피해가 생각만큼 많지 않았다"고 말했다.

한국이 1997년 당시 "모라토리엄 선언을 검토했어야 한다"는 주장이 곧장 'IMF 구제금융을 받지 말았어야 한다'는 결론으로 이어지는 것은 아니다. 크로티 교수 등도 이를 주장하려 했던 것은 아니다. 다만 한국이 모라토리엄 등 다양한 협상 전략을 구사했다면 IMF와 좀더 유리한 협상을 할 수 있었다는 이야기다. 물론 그랬다면 'IMF 신탁통치'라는 말도 나오지 않았을 가능성이 높다.

금강산 관광이 5년 먼저 시작됐다면

억류·피격 등 사건·사고는 일찍 겪는 게 나았을 통과의례
남한은 북핵 문제 조기에 해결하고 북한은 '고난의 행군' 피했을 것

금강산의 봄은 올까? 인적이 끊긴 지 오래다. 관광 재개의 기회는 사라져가고 있다. 북한은 아예 금강산에서 나가달라고 한다. 시름시름 앓던 남북관계가 결국 금강산 사업에 직격탄을 쏘았다. 남쪽 사람들이 사라진 금강산은 조만간 중국 관광객 차지가 될 전망이다. 이래도 되는가? 정주영의 꿈이 사라지고 있다. 비극적 삶의 흔적이 묻어 있는 정몽헌 회장의 비석이 울고 있다.

합의대로 이행됐다면 1989년 7월 시작

금강산은 남북관계의 무대다. 당국자가 만나고 이산가족들이 얼싸안는 만남의 광장이다. 평범한 남쪽 사람들이 북쪽 사람을 처음으로 접하는 접촉의 공간이며 통일 체험의 현장이다. 물론 관광 사업은 정치·군사적 환경의 영향에서 자유롭지 못하다. 남북관계가

1998년 11월 18일 오후 동해항 부두에서 북녘 땅 금강산 관광길에 나선 '현대 금강호'가 출항했다. 우리 정부의 의지만 있었다면 금강산 관광은 9년 전인 1989년에 시작될 수도 있었다. ⓒ현대아산

악화되면 가슴을 졸이고, 좋아지면 발걸음이 가볍다. 그것이 금강 산이 걸어온 길이다. 그렇게 비틀거리면서도 여기까지 왔다. 남쪽 사람 195만 명이 발자국을 찍었는데 여전히 불신의 계곡을 벗어나 지 못했다는 현실이 답답하다. 금강산 관광을 조금 더 일찍 시작했 다면 어땠을까. 어느 누구도 지울 수 없는 접촉의 길, 희망의 길을 좀더 일찍 다졌다면 상황이 달라졌을까.

금강산 관광은 1998년 11월에 시작되었다. 그러나 9년 전인 1989년에 시작될 수도 있었다. 정주영 현대그룹 회장이 북한을 방 문해서 금강산 관광 사업을 합의한 것이 1989년 1월이다. 당시 북 한은 금강산 개방을 결정했다. 사회주의권의 위기가 본격화되면 서, 외화를 벌 수 있는 방법으로 금강산 개방을 결정한 것이다. 처 음에는 일본 쪽 기업을 찾았다. 그러나 당시의 한반도 상황에서 투 자할 기업은 많지 않았다. 결국 몇 다리를 건너 임자가 나타났다.

1989년 1월	정주영 현대그룹 회장 방북. 금강산 관광개발 의정서 체결
1998년 6월	북한(조선 아시아태평양 평화위원회와 금강산관광총회사)과 현대가 금강산 관광사업 계약을 체결
1998년 11월 18일	금강호 첫 출항
1999년 2월	금강산 관광을 위해 '현대아산' 설립
2002년 4월	금강산 관광 경비 정부보조 시작
11월 23일	금강산관광지구 특별행정구역 지정
2003년 2월 14일	DMZ를 통과하는 육로 관광 시작
2005년 6월	금강산 관광객 100만 명 돌파
2008년 11월 11일	북한군의 한국인 관광객 피격사건으로 금강산 관광 잠정 중단

금강산에 투자할 수 있는 유일한 사람, 그가 바로 정주영 회장이었다. 금강산이 지척인 통천에서 나고 자랐고 그곳에 친척들이 살고있었다. 그에게 금강산은 꿈과 추억이 어린 고향이었다. 수구초심이라고 했던가? 정주영 회장은 사업적 이익보다 고향에 대한 투자로 접근했고, 단기적인 계산보다 장기적인 공적 공헌을 우선했다.

물론 1989년의 남북관계는 봄이었다. 노태우 정부가 북방정책을본격적으로 추진했다. 전두환 정부에서 시작된 박철언과 북한 수석대표 한시해의 비밀 접촉이 활기를 띠었다. 한반도에서 냉전의 두꺼운 얼음들이 녹기 시작했다. 이런 상황에서 정주영 회장의 방북이 이루어졌다. 노태우 대통령도 격려했고 박철언 팀이 지원했다.

정주영 회장은 1989년 1월 24일 방북해서 2월 2일 서울로 돌아왔다. 고향 통천을 방문해 그의 오래된 이산의 한을 풀기도 했지만,그보다 중요한 것은 금강산 관광사업에 대한 합의였다. 북한은 그해 7월부터 관광을 허용하겠다는 입장이었다. 정주영 회장은 외금강과 명사십리에 호텔 두 개, 삼일포·시중호·내금강·동중호에 각각 호텔 한 개씩을 짓겠다고 약속했다. 남한 기업인을 비롯해 국제 자본을 유치하겠다는 계획도 밝혔다.

합의사항이 그대로 이행되면 1989년 7월에 금강산 관광이 시작되는 것이다. 그러나 눈꽃 속에 핀 '때 이른 동백'이라고나 할까? 한반도의 국제정세는 봄으로 달려가고 있었지만, 국내적으로는 여전히 겨울 공화국이었다. 정주영의 방북을 받아들이는 우리 정부 내부의 기류는 복잡했다. 1989년 2월 18일 박세직 안기부장이 주재하는 북방정책조정위원회는 정주영 회장이 북한의 최수길 조선아시아무역촉진위원회 고문과 합의한 의정서를 '사문서'로 규정했다. 법적 효력이 없는 민간 차원의 합의라는 것이다. 여기에 1989년 3월 25일 문익환 목사의 방북으로 공안 정국이 조성되었다. 금강산 관광사업에 대한 합의는 표류하기 시작했다. 1990년 남북 고위급 회담이 시작되고, 1991년 남북 기본합의서가 채택되는 상황에서도 금강산 사업의 불씨는 살아나지 못했다. 그렇게 첫 번째 기회는 피지도 못하고 사그라졌다.

'접근을 통한 변화' 정책의 상징

그리고 정주영 회장이 정치에 뛰어들면서 금강산 사업은 결과적으로 위기를 맞는다. 정 회장은 1992년 1월 통일국민당을 창당하고, 그해 3월 총선에서 31석을 얻었다. 창당 45일이 된 신생 정당치고는 대단한 성과였다. 그리고 대선에 출마했다. 가족은 모두 말렸다. 그러나 정 회장은 "모두 우거짓국 먹고 살 각오해라. 죽으면 맨몸으로 가는 게 인생인데 망한다고 해도 아까울 거 없다"며 배수진을 쳤다. 대선전에 나선 정 회장의 공약은 거침이 없었다. "공산당 결성 막을 이유 없다"는 말로 홍역을 치렀지만, '아파트 반값 공급' 같은 공약은 대중적 호응을 얻었다. 물론 논리와 이성을 벗어난 '허경영' 식 공약도 적지 않았다. 그러나 남북관계에 대한 공약에는 진정성이 묻어 있었다. 정 회장은 "집권하면 2년 이내 금강산과 명사십리 관광을 시작하고, 이산가족이 자유 왕래할 수 있도록 하겠다"고 선언했다. 금강산 사업에 대한 의지는 그가 정치를 결심하게 된 동기 중 하나이기도 했다.

결과는 처참했다. 그는 16.3퍼센트를 득표했고, 김영삼 후보가 대통령으로 당선되었다. 정 회장의 말처럼 후회는 없을지 모르나, 시련이 기다리고 있었다. 1993년 1월 정 회장은 선거법 위반과 횡령 혐의로 소환되었고, 결국 2월 정계 은퇴를 선언했다.

정 회장의 도전은 실패했다. 금강산 관광 사업이 꽃피울 기회도 사라졌다. 김영삼 정부 초기 금강산 사업은 거론조차 할 수 없었다. 정치적 낙인이 찍힌 셈이었다. 1995년께 김영삼 대통령이 정주영 회장과의 관계를 복원했지만, 그때는 남북관계가 악화될 대로 악화된 상태였다. 김영삼 대통령과 회동하고 한 달쯤 뒤인 1995년 9월 정 회장은 방북 승인 신청서를 통일부에 제출했다. 그러나 정부는 그의 방북을 허락하지 않았다. 당시 김영삼 정부는 대북정책에서 정치와 경제를 연계하는 전략을 고집했다. 핵 문제가 풀리지 않으면 경제협력과 민간교류조차 허용하지 않겠다는 입장이었다. 아무것도 이루어지지 않은 남북관계의 '잃어버린 5년'이었다. 그렇게 세월이 흘렀다. 금강산 사업은 김대중 정부가 들어선 1998년이 되어서야 시작될 수 있었다.

금강산 관광이 9년, 아니 최소한 5년 일찍 시작되었다면 많은 것

1998년 6월 22일 북한을 방문한 정주영 현대그룹 명예회장이 김용순 북한 아시아·태평양 평화위원장
과 금강산지구 개발에 관한 의정서를 교환하고 있다. ⓒ현대아산

이 달라졌을 것이다. 모든 것은 때가 있다. 때를 놓치면 치러야 할
비용이 높아진다. 금강산 관광은 '접근을 통한 변화' 정책의 상징이
다. 접근은 서로의 차이를 확인하는 기회다. 동시에 상호 이해의
계기이다. 한반도는 전쟁을 겪었고, 동·서독처럼 분단 초기부터
인적 교류가 허용되지도 않았다. 통일 논의는 정부가 독점했고, 국
가보안법의 서슬 퍼런 칼날이 민간교류를 원천봉쇄했다. 냉전의
세월이 남아 있는 현실에서 접촉의 풍경은 복잡하다.

접근 초기에는 충돌이 불가피하다. 관광이 시작되고 우리가 겪
었던 소동들, 예를 들어 금강산에서 대한민국 만세를 부르는 사람,
탈북자 얘기를 꺼냈다가 억류된 사람, 교통사고로 북한 군인이 사
망하고, 총격 사건으로 관광객이 사망하는 사건·사고들. 일찍 시
작했어도 우리가 겪어야 할 통과의례였다.

그러나 어차피 겪어야 할 일이라면, 차라리 일찍 겪는 게 났다.
돌이켜보면 노태우 정부에서는 너무 일렀다. 김영삼 정부에는 과
도한 기대였을 것이다. 그렇지만 당시에 금강산 관광이 시작되었

다면, 남북관계는 조금 일찍 불신의 계곡에서 벗어났을 것이다. 불신의 계곡에는 과거가 미래를 지배하고, 오해가 이해를 앞서며, 이념이 이익의 자리를 차지한다. 분단의 세월을 넘어 평화통일의 미래로 가기 위해 우리는 그 계곡을 통과해야 한다. 신뢰의 언덕으로 올라서야 한다. 그러자면 차이를 인정하고 공통점을 찾아야 한다.

중국산이 휩쓸기 전에 경협을 이뤘을 수도

금강산 관광은 분단의 선을 관통하는 평화의 회랑이다. 핵 문제를 둘러싼 국제 환경 속에서, 남북한의 정치·군사적 불신의 늪에서, 소통의 회랑이 있다면 그만큼 문제를 해결할 수 있는 능력과 기회가 많아짐을 의미한다. 북한을 설득할 수 있는 힘이 있다면 국제 외교무대에서 한국의 발언권은 높아진다. 김영삼 정부 때 금강산 관광을 시작했다면, 1994년 제네바 회담 당시 "협상에 끼지 못하면서 비용만 지불했다"는 비판은 면했을 것이다. 그리고 최악의 한·미 관계는 피했을 것이다. 강경한 대북정책으로 미국의 발목을 잡는 남·북·미 삼각관계의 악순환이 아니라, 클린턴 행정부와 함께 북핵 문제를 해결하는 선순환을 이루었다면 얼마나 좋았을까? 남북관계는 말할 것도 없고 북핵 문제도 조기에 해결할 수 있었을 것이다. 그만큼 한반도 냉전구조 해체를 조금 일찍 시작했을 수 있었을 것이다. 금강산에서 벌어진 '오해가 빚은 소동'을 극복할 용기와 철학이 있었다면 한반도 정세는 달라졌을 것이다.

북한 입장에서도 마찬가지다. 쿠바의 사례처럼, 관광 개방은 산업시설이 부족하고 단기간에 수출산업을 육성하기 어려운 상황에서 외화를 획득할 수 있는 기회다. 북한은 금강산에서 얻은 달러로

식량을 사오거나, 중국산 소비재나 생산재를 구입할 수 있었을 것이다. 그랬다면 김일성 주석 사망 이후 북한이 겪었던 최악의 경제 위기인 '고난의 행군'을 피할 수 있었다.

금강산은 또한 경제협력이다. 현대라는 민간기업의 대북사업이다. 현대가 앞장을 섰지만, 이는 다른 기업의 대북 진출에도 긍정적 자극으로 작용했을 것이다. 금강산 관광이 잘되면 당연히 남북 경제협력도 활성화되게 마련이다. 경제협력에서 적정한 시점은 매우 중요하다. 남북한의 경제력 격차가 벌어지면 그만큼 협력의 공간도 줄어든다. 기술 격차가 조금이라도 덜 벌어졌을 때 협력해야 서로 이익을 볼 수 있다. 지금 한국경제는 중소기업이라도 자동화율이 높다. 과거 사람이 맡던 공정을 이제는 기계가 대신한다. 북한의 노동력을 활용할 수 있는 분야가 신발이나 봉제, 혹은 초보적 기계 조립 분야로 한정되는 이유는 경제협력의 적정한 시점을 놓쳤기 때문이다. 국제적 비교우위의 사이클을 봐도 그렇다. 가격경쟁력을 앞세운 중국산 저가 상품이 세계 시장을 휩쓸기 전에, 남북 경제협력이 활성화되었으면 좋았을 것이다. 노태우 정부에서 김영삼 정부로 넘어가던 시점에 한국경제가 북한 노동력을 활용했다면 세계 시장에서 경쟁력을 얻었을 것이다.

그리고 금강산은 이산가족들의 만남의 광장이다. 시간, 이보다 중요한 것이 있을까? 고령의 이산가족들이 이승에서의 마지막 소원을 풀지 못하고 세상을 뜨고 있다. 5년 혹은 9년 일찍 이산가족 상봉이 시작됐다면 얼마나 좋았을까? 그렇게 일찍부터 상봉이 이루어졌다면 이산가족 면회소도 더 일찍 만들어졌을 것이다. 한 번의 상봉은 가혹하다. 만나자 이별이라니, 기다림의 세월보다 아프

다. 이산가족 면회소가 그곳에 있으면 금강산 관광도 하고, 보고
싶은 가족을 다시 만날 수도 있으니 얼마나 좋은가? 이산가족 면회
소는 노무현 정부가 끝날 때쯤 완공됐다. 이명박 정부 들어와서는
사용할 일이 없어졌고, 결국 최근 북한의 자산 동결 대상에 포함되
었다. 몇 년이라도 일찍 완공되었다면, 지금처럼 개점도 못하고 휴
업하는 일은 없었을 텐데 하는 아쉬움이 남는다.

우리 것이 아니게 된 금강산의 봄

금강산 관광은 조금 더 일찍 시작할 수도 있었다. 1998년 11월 18
일 첫 번째 관광객을 태운 배가 동해의 푸른 물결을 헤치고 역사적
고동소리를 울릴 때, 늦었지만 다행스러웠다. 물론 그때부터가 또
다른 시련이었다. 서해에서 몇 번의 군사적 충돌이 벌어졌고, 북핵
문제의 롤러코스터가 몇 번이나 반복되었고, 현대그룹의 재정적
어려움도 있었다. 관광객이 빚어내는 문화적 충돌은 또 얼마나 많
았는가. 그러나 그런 어려움 속에서도 금강산의 봄은 남쪽 관광객
의 것이었다. 평화의 회랑을 지키려는 정부의 강력한 의지가 있었
고, 현대그룹 사람들의 땀과 눈물이 있었기에 가능한 일이었다.

그러나 이제 금강산의 봄은 우리 것이 아니다. 관광객 피격 사건
이 계기가 되었지만, 관광대금이 북한의 핵개발에 사용된다고 믿
는 사람들은 관광 재개를 원치 않는다. 게다가 남북관계의 앞날에
짙은 어둠이 내리고 있다. 중국 관광객이 차지하게 될 금강산, 지
켜보아야만 할까? 남북관계를 책임진 정부 당국자들은 '잃어버릴
시간'을 생각해야 한다. 그리고 역사적 평가를 두려워해야 한다.

만약에 한국사

대북 쌀 지원을 하지 않았다면

'퍼주기' 논란 속에서 지원
남북화해는 물론 쌀 파동 막는 효과도 거둔 '쌀의 정치' 되살려야

남쪽은 쌀이 남아돈다. 북쪽은 없어서 난리다. 남쪽은 남아도는 쌀을 처리하기 위해 골치가 아프다. 북쪽은 여전히 식량 위기의 터널에서 벗어나지 못하고 있다. 왜 북한은 언제나 식량이 부족한가? 지형적으로 산이 많고 경작지가 적다. 해외에서 수입할 수 있는 외화도 언제나 부족하다. 최근 이상기온 현상으로 국제 곡물가격이 오르면서 상업적 수입은 더 줄어들고 있다. 여전히 비료 생산은 적고 농자재 산업의 위기는 지속되고 있다. 물론 북한의 식량위기는 북한체제의 문제다. 그러나 "배고픈 아이는 정치를 모른다." 신보수의 상징 레이건 대통령이 에티오피아에 대한 인도적 지원을 둘러싸고 미국내에서 논란이 있을 때 한 말이다. 남는 쌀을 북한 동포들에게 나눠주면 서로 좋을 텐데, 참으로 안타까운 분단의 풍경이다.

2000년 6월 13일	첫 남북 정상회담, 평양 개최
6월 15일	남북 공동선언문 발표
8월 29일	평양에서 제2차 남북장관급 회담 개최. 북한, 100만 톤 식량 지원 요청
9월 26일	제1차 남북경협실무접촉에서 '식량차관제공 합의서' 체결
10월	태국산 쌀 30만 톤과 중국산 옥수수 20만 톤, 지원 결정. 세계식량계획(WFP)에 외국산 옥수수 10만 톤을 무상 지원
~2007년	매년 쌀 30만 톤 지원

2000년 남아도는 국산 쌀을 지원했다면

남북관계는 2000년 6·15선언 이전과 이후로 구분할 수 있다. 2000년을 기점으로 남북관계는 접근의 시대로 전환했다. 그리고 그때부터 정부와 민간차원의 대북 인도적 지원이 시작되었다. 물론 당시에도 대북 쌀 지원을 둘러싸고 '우리 안의 냉전'은 여전했다. 그때 대북 쌀 지원을 하지 않았다면 어떻게 되었을까? 지금 우리가 목격하는 '어이없는 풍경'이 펼쳐졌으리라. 국내 쌀 재고는 넘치고 남북관계는 악화되고 북한 동포들은 남쪽에 대한 증오를 키웠을 것이다.

6·15남북공동선언문이 발표된 지 두 달이 조금 넘은 2000년 8월 말 평양에서 2차 장관급 회담이 열렸다. 북한은 100만 톤의 식량 지원을 남쪽에 요청했다. 그해 북쪽에 가뭄이 들어 식량 사정이 어려웠다. 그렇지만 김대중 정부는 대규모 쌀 지원을 쉽게 결정할 수 없었다. 9월부터 실제로 쌀을 지원하는 10월까지 국내적으로 논란이 벌어졌다. 그때 처음으로 등장한 개념이 '퍼주기'다. 지난 10년 '접근을 통한 변화'라는 대북 포용정책을 가장 효과적으로 공격해온 프레임이다. 이명박 정부가 고집하는 인식론의 핵심이기도 하다.

김대중 정부는 국내 여론을 고려하면서, 동시에 대북 쌀 지원을 남북관계 개선의 수단으로 활용하려 했다. 당시 정상회담에도 불구하고 수많은 쟁점이 기다리고 있었다. 김대중 정부는 대북 쌀 지원을 이산가족 문제 해결, 그리고 남북 국방장관 회담의 조기 개최와 연계해서 협상했다. 몇 번의 신경전으로 서로 얼굴을 붉히기도 했지만 협상은 성공했다.

그래서 정부는 10월 태국산 쌀 30만 톤과 중국산 옥수수 20만 톤을 차관 방식으로 북한에 지원하기로 결정했다. 여기에 국제적인 대북 지원을 총괄하는 세계식량계획(WFP)에 외국산 옥수수 10만 톤을 무상 지원하기로 했다. 북한에 들어가는 식량은 모두 합해 60만 톤이었다. 금액으로 치면 1억 100만 달러 정도였다. 차관 조건은 10년 거치 20년 분할 상환이었으며, 이자율은 대외경제협력기금 차관에 적용되는 연 1퍼센트로 정했다. 분배의 투명성과 관련해서는 북한이 현장 접근을 허용했고, 쌀 포대에는 영어로 대한민국(Republic of Korea)을 명시했다.

왜 당시 태국산 쌀을 선택했을까? 국내산 쌀을 지원할 수는 없었을까? 10년이 흐른 시점에서 아쉬운 대목이다. 물론 당시 한나라당은 "국내 쌀 사정이 넉넉지 못한 상태에서 무리한 지원을 반대한다"는 입장이었다. 과연 그런가? 그것은 정치적 주장이었다. 이미 2000년 말 기준으로 쌀 재고량 예상치는 107만 톤에 달했다. 쌀 재고는 1996년 24만 톤(169만 섬), 1997년 49만 톤(345만 섬), 1998년 79만 톤(559만 섬), 1999년 71만 톤(501만 섬) 정도였다. 1999년까지만 하더라도 적정 재고 수준이었다. 그러나 2000년 하반기부터 국내 쌀 수급에 공급 과잉이라는 빨간불이 켜졌다.

2000년 평양에서 열린 남북정상회담은 1948년 한반도가 분단된 이후 두 당국의 대표(김대중 대통령, 김정일 국방위원장)가 처음으로 만난 회담이다. 이후 북한은 그해 8월에 열린 제2차 남북 장관급회담에서 100만 톤의 식량을 차관 방식으로 지원해 줄 것을 남측에 요청했다. 이에 2000년 9월 26일 제1차 남북경협실 무접촉에서 '식량차관제공 합의서'를 체결했다. ⓒ김대중도서관

쌀 소비는 줄고, 공급은 계속 늘어났기 때문이다. 국내 1인당 쌀 소비량은 1980년대에 연평균 1.1퍼센트씩 소폭 감소했다. 그러나 1990년대 들어와서는 연평균 2.2퍼센트씩 감소했다. 식생활의 변화로 쌀 소비가 더 빠르게 줄어들고 있었다. 공급은 어떤가? 쌀 생산은 1995년부터 2000년까지 연평균 2.7퍼센트씩 증가했다. 여기에 1994년 우루과이라운드(UR) 협상 타결로 1995년부터 의무적으로 외국산 쌀을 들여와야 했다. 우루과이라운드 가입국은 10년 동안 쌀 관세를 유예하는 대신 의무적으로 최소시장접근(MMA) 물량을 수입해야 했다. 1995년 연간 소비량 1퍼센트에 해당하는 5만 7

천 톤이 들어왔고, 1996년부터 2000년까지는 매년 0.25퍼센트씩, 이후 2001년부터 2004년까지는 0.5퍼센트씩 증량해야 했다.

정부의 정책 실패도 한몫했다. 수급을 조절하는 대신, 오히려 쌀의 과잉생산을 부추겼다. 수매가를 예로 들어보면, 1994년 이후 2000년대 초까지 일본은 수매가를 평균 10.3퍼센트 인하했고 대만은 동결했는데, 한국은 26.4퍼센트나 인상했다. 농민들의 반발을 의식했기 때문이다. 그래서 오히려 한국에서는 벼 재배 면적이 늘어났다. 1997년 105만ha, 1999년 106만ha, 2001년에는 108만ha로 오히려 증가했다. 수매가가 오르면서, 채소나 과일을 심었던 곳에 벼를 재배하는 현상도 나타났다.

쌀 주고 뺨 맞았던 김영삼 정부

지금 시점에서 보면, 2000년 당시 이미 국내산 쌀을 지원했어야 옳았다. 그런데 왜 그러지 않았을까? 당시 대북 쌀 지원에 대한 정부의 원칙은 '적은 돈으로 최대한 많은 곡물을 구입해 가급적 빨리 지원하는 것'이었다. 이런 원칙을 정한 이유로는 여러 가지가 있겠지만, 그중 하나가 1995년 쌀 지원 사례와의 차별화였다. 김영삼 정부 때인 1995년 대북 쌀 지원은 남북관계의 역사에서 '재앙'으로 기록된다. "쌀 주고 뺨 맞았다"는 말이 그때의 사건을 요약한다. 일본이 대북 쌀 지원 방침을 발표한 시점에서, 그리고 지방자치단체 선거를 앞둔 시점에서 김영삼 정부는 과도하게 정치적으로 접근했다. 서두르다 부실한 협상이 됐다. 결국 쌀을 싣고 간 배에 북한의 인공기를 게양하면서 국내 여론을 자극하는 등, 쌀 지원 과정에서 크고 작은 소동이 발생했다. 사태 해결 과정에서 남북의 불신이 깊어졌다. 결과적으로 쌀을 주고도 남북관계는 오히려 악화됐다.

1995년 그때, 김영삼 정부는 국내산 쌀을 무상으로 원조했다. 가격으로 치면 2억 3천 700만 달러였다. 2000년 보수 야당이 '퍼주기' 주장으로 공격하는 상황에서 김대중 정부는 1995년보다 적은 비용으로 더 많은 양의 식량을 보내려 했다. 그런 원칙이라면 외국산 쌀을 보낼 수밖에 없다. 2000년 당시 국산 쌀은 톤당 1,500달러 정도였지만, 태국산은 톤당 200~250달러에 불과했다. 그리고 2000년 당시 정부는 양은 60만 톤 정도지만, 김영삼 정부 때와 비교해서 비용은 절반 수준이라는 점을 강조했다. 퍼주기 주장에 대한 정부 차원의 논리였다.

2000년 만약에 국내산 쌀을 보냈으면 어떻게 되었을까? 2001년 쌀 파동은 일어나지 않았을 것이다. 그리고 퍼주기라고 비판하던 한나라당이 여당보다 먼저 나서 30만 톤의 쌀을 북한에 지원해야 한다는 '보기 드문 흐뭇한 풍경'이 연출되지도 않았을 것이다. 2001년 국내 쌀 재고는 적정 재고의 두 배가 넘는 159만 톤이 되었다. 2010년처럼 말이다. 그때나 지금이나 한나라당에서 대북 쌀 지원을 주장하는 이유가 있다. 쌀 재고가 쌓이면 쌀값이 떨어지고 수매량이 줄고 수매가도 낮아진다. 농민들의 불만이 높아진다. 농촌 출신 의원 입장에서는 대북 지원이라도 해서 재고를 줄여야 한다.

2000년 일본의 사정도 비슷했다. 일본은 당시 쌀 지원을 북·일 관계 개선 수단으로 활용했다. 당시 일본도 남아도는 쌀 문제로 골치를 앓고 있었다. 일본은 2000년 3월 10만 톤을 지원한 데 이어, 10월에는 50만 톤을 북한에 지원했다. 3월에 줄 때는 90퍼센트를 수입쌀로 구성했지만, 10월에는 100퍼센트 일본산으로 보냈다.

자민당 내 농촌 출신인 이른바 '농수산족' 의원들이 적극적으로 나선 결과다. 풍작으로 쌀값 하락을 우려한 농민을 대표해 농촌 출신 의원들이 보수적 여론을 설득했다. 2000년 10월 당시 일본정부의 재고미는 75만 톤 정도였다. 이 중 50만 톤을 북한에 보내면 재고는 25만 톤으로 준다. 그러면 국내 쌀 수급에 여유를 찾을 수 있기 때문이다.

재고 쌀은 쌀 수급에 부정적 영향을 미치지만, 보관비용도 만만찮게 들어간다. 보관료, 금융비용(연 6퍼센트 기준), 묵은 쌀의 가치 하락 등을 고려하면 2000년 초 100만 톤 기준으로 보관 비용은 3,150억 원에 달했다.

쌀 지원, 민족에 대한 예의

2002년 8월 국내산 쌀 40만 톤을 지원한 이유는 국내 쌀 수급 때문이었다. 이후 노무현 정부 때까지 남북관계 상황에 따라 차이는 있지만, 그래도 매년 30만~50만 톤 정도를 북한에 지원했다. 대북 쌀 지원은 그동안 남북관계에서 이산가족 문제를 비롯한 핵심 현안을 해결하기 위한 경제적 수단으로 활용됐다. 결과적으로 북한의 식량난 해소에 큰 도움이 된 것 또한 사실이다. 북한 주민의 보건·영양에도 긍정적 효과를 미쳤다. '체형의 분단'을 그나마 최소화하는 역할을 했다. 그리고 가장 중요한 것은 국내 쌀 수급에 숨통을 터주었다. 물론 남아도는 쌀 문제를 해결하려면 농업정책의 구조 전환이 불가피하다. 그렇지만 과도기의 상황에서 대북 지원을 통해 쌀 재고를 줄여나가는 것이 필요하다.

10년 만에 다시 '쌀의 정치학'이 등장했다. 2008년부터 대북 쌀 지원이 중단됐기 때문에 예고된 재앙이다. 2010년 10월 양곡연도 기준으로 재고미가 149만 톤에 달할 것이라고 한다. 적정 재고의 두 배가 넘는 양이다. 이런 상황에서 대북 지원을 배제하고 남아도는 쌀 대책을 세울 수 있을까? 그것은 '앙꼬 없는 찐빵'이다. 대책이라고 해보았자 술을 만들고 사료로 쓰는 것이다. 제3세계의 어려운 국가들을 돕자는 주장도 있으나, 가까운 불우이웃을 못 본 체하면서 멀리 있는 사람들을 돕는 것이 말이 되는가. 그것은 정치를 떠나 인간에 대한 예의가 아니다.

10년 전 대북 지원이 지금 현안이 되는 이유가 또 있다. 10년 거치 20년 분할 상환이라는 합의에 따르면, 2011년부터 북한의 상환이 시작돼야 한다. 어떻게 할 것인가? 퍼주기라고 그렇게 공격했으니, 이제 이명박 정부가 북한에 돈을 받아내야만 한다. 사실 남북 대화가 유지됐다면 이미 상환 방식을 협의했을 것이다.

어떤 사람들은 "차관 방식이 결국 눈 가리고 아웅 하는 것이 아닌가? 결국 받지도 못할 거면서 국내 여론을 고려해 형식만 그렇게 한 것이 아닌가"라고 묻는다. 아니다. 퍼주기에 대한 국내 여론을 고려한 측면이 물론 있다. 그러나 차관 방식은 북한 역시 동의한 것이다. 2000년 당시 북한 관계자들이 말했다. "체면이 있는데, 공짜로 달라는 것이 아니고…." 지금도 마찬가지다. 북한의 형편에서 얼마나 성의를 보일지 몰라도, 북한도 공짜를 원치 않는다.

사례도 있다. 바로 노무현 정부에서 북한에 의복, 신발, 비누 생산에 필요한 경공업 원자재 8천만 달러어치를 제공했을 때, 북한은 대금을 아연, 마그네사이트, 인회석, 석탄 등 지하자원을 주기로 했다. 유무상통 방식이다. 당시 합의사항은 1차년도에 우선적으로 대금의 3퍼센트에 해당되는 금액, 즉 240만 달러를 광물로 상환하고, 나머지는 5년 거치 후 10년간 원리금을 균등분할하여 지하자원 생산권, 개발권, 처분권 등으로 받기로 했다. 1차분 상환 광물, 즉 아연괴 498톤은 2007년 12월 14일 인천항에 도착하여 국내업체에 매각처분되었다. 그리고 2차분 상환 광물, 즉 아연괴 약 500톤이 2008년 1월 4일에 도착해서 똑같은 절차로 매각되어 국고에 납입되었다.

이명박 정부는 국민의 세금으로 북한에 판매한 8천만 달러의 대금을 상환 받을 의지가 있는가? 지금까지 어떤 노력을 했는가? 노무현 정부는 북한의 지하자원 개발의 중요성을 고려하여 함경남도 단천 지역의 검덕 아연광산, 룡양 및 대흥 마그네사이트 광산을 직접 현지실사했다. 그러나 이명박 정부로 바뀌면서 모든 협력이 중단되었다. 노무현 정부는 판매대금을 받았고 이명박 정부는 대금 받는 것을 포기했다. 그것이 사실이다. 결과는 무엇인가? 북한이 갖고 있는 가장 중요한 비교우위 품목인 광물자원이 몽땅 중국으로 넘어갔다. 2010년 북한의 대중국 수출 품목에서 석탄, 철광석, 아연 등 광물 분야가 72퍼센트를 차지한다. 중국의 대북한 투자액 중에서 거의 70퍼센트가 자원개발 부문에 집중하고 있다. 이명박 정부는 결국 이전 정부가 확보한 북한의 지하자원 채굴 권리를 포기했다.

그리고 지금 쌀 지원의 효과를 깊이 있게 생각해야 한다. 10여년 전 쌀을 주지 않았다면 남북관계를 풀지 못했을 것이다. 이산가족 상봉도 이뤄지지 못했을 것이며, 군 당국이 만나 군사적 신뢰 구축을 논의하지도 못했을 것이다. 비무장지대에서 선전방송 시설을 철거하고, 서해상의 우발적 충돌 방지를 협의하지도 못했을 것이다. 남아돌아 골치를 앓으면서도 없어서 난리인 동포를 돕지 않는다면, 어떻게 신뢰를 쌓을 것인가. 증오를 키우며 현안을 논의하기는 어렵다.

통일농업의 시각이 필요할 때

남한은 남고 북한은 부족한 쌀의 남북 격차를 어떻게 해결할 것인가? 해답은 나와 있다. 바로 통일농업의 시각이다. 쌀 수급 문제를 남쪽에 제한해서 생각하기보다는 통일 이후까지를 내다보는 안목이 필요하다. 통일농업의 준비는 지구온난화의 영향 때문에 더욱 중요해졌다. 예를 들어 이제 대구 사과는 없다. 고도가 높은 경북 북부의 일부 지방을 제외하고 사과 산지가 빠르게 북상하고 있다. 포천, 파주가 사과와 복숭아의 산지로 등장했고 영월, 평창 등이 합류하고 있다. 앞으로 30년 이내에 대관령 고산지대를 제외하면 남쪽에서 사과를 더 이상 생산하지 못할 것이라는 예측도 있다.

사과는 말할 것도 없고 고랭지 배추, 버섯 등 온도에 민감한 작물들의 생산지가 북상하고 있다. 조만간 38선을 넘을 것이다. 그만큼 남북 농업협력의 중요성도 커지고 있다. 지구온난화에 따른 한반도의 식물 지도 변화는 호혜적인 남북 농업협력의 계기가 아닐 수 없다. 북한의 노동력을 활용할 수 있는 농업협력도 필요하다. 경상남도 통일농업협력회의 사례처럼, 손이 많이 가는 딸기 모종의 재배를 북한에서 하는 것은 경제적으로 매우 큰 이익이 된다. 우선적으로 남아도는 식량을 지원하고, 장기적으로 서로 이익을 볼 수 있는 협력 방안을 찾을 때이다.

북한이 신의주를 홍콩처럼
개방했다면

실현되지 못한 2002년 '특별행정구' 계획
미국의 대북 강경책 약화시키고 남·북·중 잇는 철도 건설로
새로운 물류망 구축했을 텐데

　북한이 중국이나 베트남처럼 경제개방을 추진했다면 한반도 정
세는 어떻게 되었을까? 개방된 도시에서 핵의 그림자를 찾기 어려
울 것이다. 경제개방과 핵개발은 상충된다. 동시에 두 가지를 모두
할 수 없다는 뜻이다. 기회는 있었다. 2002년이다. 그해 7월 1일 북
한은 경제관리 개선조처를 발표했다. 개혁이라고 부를 수 있을 정
도는 아니었지만, 계획경제를 고수해온 북한 처지에서는 의미 있
는 변화였다. 그리고 9월 신의주 개방을 발표했다. 유례를 찾아보
기 힘든, 과감한 개방 의지였다. 그러나 실현되지 않았다. 왜 그랬
을까? 만약 북한의 발표대로 신의주를 홍콩식으로 개방했다면 어
떻게 되었을까?

　2002년 9월 12일 북한의 최고인민회의 상임위원회는 깜짝 놀랄
발표를 했다. '신의주 특별행정구'를 건설하겠다는 것이다. 특구는

1999년 11월	북한, 현대측에 서부 지역 경제특구 건설 제의
2001년 1월 15일	김정일 국방위원장, 중국 방문. 장쩌민 국가주석과 신의주-단둥간 경제협력 및 교역강화 논의
1월 21일	김정일 국방위원장, 3일 동안 신위주시 경공업공장 현지지도
2002년 7월 1일	북한, 경제관리 개선조처 발표 (임금과 물가 인상, 공장 및 기업의 독립채산제 도입 등이 핵심)
9월 12일	신의주 특별행정구 지정
9월 24일	중국 어우야 그룹 회장 양빈, 신의주 특별행정구 초대 행정장관 임명
11월 27일	양빈, 탈세 등의 혐의로 중국 당국에 체포
2003년 6월	새로운 행정장관에 계승해 임명

입법·행정·사법권을 갖는다. 중앙정부는 외교 업무를 제외하고 일체의 사업에 간섭할 수 없다. 그리고 신의주 특별행정구 장관에게 막강한 권한을 부여했다. 검찰과 재판 책임자의 임명 및 해임권까지 주었다. 법률만으로 보면, 마치 중국과 홍콩의 관계에서 보이는 '한 나라 두 체제'와 같았다. 그리고 북한은 자신의 개방 의지를 재확인하기 위해 특구의 법률 제도를 이후 50년간 개정하지 않겠다고 선언했다.

'한 나라 두 체제'식 신의주 구상

북한은 어떻게 이토록 놀라운 내용의 발표를 했을까? 가장 중요한 이유는 신의주 경제특구 초대 행정장관으로 임명된 '양빈(楊斌) 어우야그룹 회장이다. 당시 양빈은 화훼사업으로 큰돈을 번 젊은 기업인으로 알려졌다. 중국계이지만 네덜란드 국적을 지녔다. 그는 중국에 '네덜란드 마을', 즉 허란춘(和蘭村)을 건설했다. 화훼단지와 고급 아파트가 어우러진 새로운 부동산 개발 방식이었다.

신의주 개방은 그의 작품이었다. 그는 어떻게 북한에서 영향력을 갖게 되었을까? 어우야농업이 평양의 김일성 주석 주검이 안치된 금수산 기념궁전에 꽃을 제공하면서 북한과의 인연이 시작됐다. 이후 그는 중국에서 얻은 재력으로 북한에 다양한 지원을 아끼지 않았다. 신의주를 홍콩식으로 개방해야 한다고 북한을 설득한 것도 그였다.

북한도 당시 개혁·개방의 필요성을 인식하고 있었다. 2000년 남북 정상회담으로 금강산 관광이 안정적 궤도에 올랐고 개성공단 건설에도 합의했다. 남북관계 발전이 북한의 개방 환경을 조성했다. 김대중 정부의 대북정책 또한 '접근을 통한 변화'였다. 서로 이익을 볼 수 있는 경제협력으로 신뢰를 쌓고, 이를 기반으로 평화를 정착시키겠다는 것이다. 북한이 국제사회와 협력할 수 있는 환경을 적극적으로 마련해주겠다는 것이다.

김대중 정부는 그런 점에서 북한의 신의주 개방을 환영했다. 반대할 이유가 없었다. 당시 개성공단 건설에 합의했지만, 국내외적으로 북한의 개방 의지를 의심하는 시선이 적지 않았다. 과거의 북한에 대한 고정관념이 미래의 북한에 대한 상상력을 방해했다. 그런 시점에서 북한의 신의주 특구 발표는 당연히 개성공단의 미래에 긍정적 신호로 여겨졌다.

북한 내에서도 개방이 필요했다. 7·1조처를 통해 제한적이지만 경제정책 변화를 시작했다. 그러나 중요한 것은 국제사회와의 협력이었다. 내부에 없는 발전 동력을 외부에서 찾을 수밖에 없었다. 자본과 기술 도입이 필요했다. 경제특구를 만들어 외국자본을 성공적으로 유치한 중국의 성공신화에도 자극받았다.

북한 내부적으로 신의주 개방을 적극 검토한 계기도 2001년 1월 김정일 위원장의 중국 방문이었다. 당시 그는 장쩌민 중국 국가 주석과 회담을 통해 단둥–신의주 경제협력을 논의했다. 귀국길에는 직접 신의주에 들러 신의주와 개성을 중국 상하이 방식을 참고해 경제특구로 개발할 것을 지시했다. 이후 2002년에 들어와 남신의주에 주택 건설이 본격화됐고, 공공건물을 지었으며, 특구와 외곽 지대를 구분하기 위한 울타리 공사를 시작했다.

행정장관 구속·2차 핵 위기로 물 건너가

그러나 새로운 신의주는 실현되지 않았다. 신의주 개방은 '해프닝'으로 기억된다. 신의주의 실패는 두 가지 이유 때문이다. 첫째는 양빈이다. 그의 존재가 신의주 개방에 결정적이었지만, 동시에 실패의 이유도 된다. 행정장관으로 임명된 양빈이 중국 당국에 체포됐기 때문이다.

중국은 왜 양빈을 구속했을까? 그때도 지금도 중국의 양빈 구속에 대해서는 억측이 난무한다. 중국이 북한의 경제개방을 탐탁지 않게 생각했다는 것은 사실이 아니다. 당시 필자가 중국 단둥에서 만났던 단둥시 관료들은 신의주 개방을 환영했다. 신의주 개발이 접경도시인 단둥 발전에도 도움이 될 수 있다는 입장이었다. 기대감과 자신감이 있었다. 가능하면 부족한 전력도 제공할 수 있다고 했다. 새로운 압록강 다리 건설 계획도 갖고 있었다.

중국이 문제 삼은 것은 신의주가 아니라 양빈이었다. 양빈의 계획 중 신의주 카지노 사업에 강한 반감을 갖고 있었다. 더 문제가 된 것은 양빈의 중국 내 사업이다. 양빈은 화훼산업을 앞세웠지만

'신의주 특별행정구' 건설 계획은 김정일 북한 국방위원장의 개혁·개방 의지에서 비롯됐다. 신의주를 홍콩 방식으로 개발해 해외 자본과 기술을 활발히 도입하겠다는 취지였다. 김용술 조선대외경제협력 추진위원회 위원장(오른쪽)과 신의주 경제특구 초대 행정장관으로 임명된 양빈 어우야 그룹 회장(왼쪽)이 신의주 특별행정구의 개발과 관리운영을 위한 기본 합의서에 서명한 후 악수를 하고 있다. 그러나 신의 주 개발 계획은 양빈의 구속과 함께 수포로 돌아갔다.ⓒ연합뉴스

고급 아파트 건설로 돈을 벌었다. 후분양 방식인 중국의 부동산 개발은 리스크가 높다. 은행에서 대출을 받아 아파트를 지었는데, 그것이 분양되지 않으면 사업은 망한다. 필자도 당시 선양을 방문해서 확인했지만, 양빈이 추진했던 거대한 규모의 고급 아파트 건설은 심각한 문제를 안고 있었다. 막대한 대출은 지역 은행의 부실로 이어졌고, 양빈의 자금 여력으로는 아파트 건설을 지속할 수 없어 보였다. 선양에는 이미 사업 실패의 그림자가 어른거리고 있었다. 그 와중에 신의주 행정장관 임명이 발표된 것이다. 중국의 입장에서 북·중 관계가 악화됨에도 양빈을 구속할 수밖에 없었던 상황이다. 양빈의 구속은 신의주 개방에 직격탄이었다.

두 번째 이유는 국제 환경이었다. 2002년 10월 이른바 '2차 핵 위기'가 시작됐다. 제임스 켈리 전 국무부 차관보를 대표로 한 미국 대표단은 북한을 방문해 '우라늄 농축 의혹'을 제기했고, 북한은 자신들의 표현법으로 "더한 것도 가질 수 있다"고 선언했다. 미국은 북한이 의혹을 시인했다고 몰아갔다. 1994년 제네바 합의는 깨지고 한반도는 다시 격랑 속으로 진입했다. 경제개방은 우호적인 정치·군사적 환경이 뒷받침돼야 가능하다. 핵 위기가 시작되는 상황에서 투자 환경이 조성될 리는 없다. 양빈의 구속이 신의주 개방 실패의 직접적 이유였다면, 2차 핵 위기는 실패의 배경을 제공했다.

안타까운 일이다. 세상을 놀라게 한 파격적인 신의주 개방은 물 건너갔다. 만약에 양빈이 아니었다면? 중국도 고개를 끄덕거릴 정도의 인사가 행정장관으로 임명됐다면 어떻게 되었을까? 그런 인물을 고르기란 쉽지 않았을 것이다. 양빈이 행정장관으로 임명된 것은 그의 행정 능력이 아니라 재력 때문이었다. 자신이 직접 상당한 투자를 하겠다고 했기에, 그에게 상상할 수 없는 권한을 준 것이다. 당시 상황에서 과연 북한에 막대한 투자를 하겠다는 사람이 있겠는가?

금강산 개방과는 다른 것이다. 정주영 현대그룹 회장이 금강산 관광을 시작한 것은 경제적 이익 때문이 아니었다. '고향 사업'으로 시작했고, 남북관계에 대한 사명감이 더 중요하게 작용했다. 당분간 이 사업으로 돈을 벌지 못할 것을 그는 처음부터 알았다. 미래를 내다보고 민족의 이익을 추구한 것이다.

남한 기업에게 신의주는 개성공단에 비해 매력이 덜했다. 처음 북한이 현대그룹에 공단 조성 부지로 신의주를 제의했을 때 망설인 이유가 있다. 북한 지역에 건설하는 공단은 대부분의 설비를 남쪽에서 제공하고 북한에서 제품을 생산해 다시 남쪽으로 반입하는 방식이다. 당연히 물류가 중요하다. 개성은 접경지역이다. 신의주는 그런 측면에서 노동력과 산업 인프라를 갖췄다는 장점이 있음에도, 매력이 덜했다.

한·중 경제협력 키울 대륙철도의 꿈

북한이 재력이 아니라 능력이 있는 행정장관을 찾고, 구체적인 투자 분야와 협력 방식을 마련하며, 단지 조성과 관련해서 중국과 구체적으로 협의했다면 성공 가능성이 있었다. 여기서 북한의 정책 결정 방식의 문제점도 드러났다. 양빈은 여러 문제를 안고 있었다. 그러나 양빈이 행정장관으로 임명되는 과정에서 이런 문제가 구체적으로 검토되지 않았다. 선양에서의 사업 실패가 예상되는 시점에서 실무적으로 양빈의 투자 능력을 검증할 수 있었다면, 그런 참혹한 실패는 예방할 수 있었다.

중국은 신의주 개방에 우호적이었다. 지방정부의 이익도 있었다. 북한이 당장의 현금보다 중국과의 협력을 우선했다면, 조금 늦게라도 신의주 개방은 진행될 수 있었을 것이다. 그랬다면 부시 행정부의 대북 강경정책과 2차 핵 위기가 심화됐더라도 제한적 개방이 시작됐을 것이다.

그렇게 보는 이유는 김대중 정부의 노력이 있었기 때문이다. 김대중 정부는 부시 행정부 네오콘의 강경정책에도 불구하고 금강산 관광을 지켰고, 개성공단의 끈을 놓지 않았으며, 철도와 도로 건설을 중단하지 않았다. 이른바 한반도의 격랑과 파고 속에서 평화의 회랑을 건설하고 있었다. 양빈 같은 변수가 아니었으면 한·중 양국의 공동 노력도 가능했을 것이다. 신의주와 개성이 서로 기대면서 한반도 정세 악화를 방지하는 효과를 발휘했을 것이다.

그러면 신의주 개방이 전면적으로, 아니면 수정된 형태로 추진됐다면 한반도 정세는 어떻게 되었을까? 정치적으로 김대중 정부의 대북정책에 힘을 보탰을 것이다. 각각 개성과 신의주를 거점으로 하는 한·중 양국의 대북 경제협력은 부시 행정부의 강경정책을 약화시켰을 것이다. 국내적으로 퍼주기 이데올로기의 홍보 효과도 반감시켰을 것이다. '퍼주기'는 경제협력을 이해하지 못하는 보수층의 저주에 불과하다. 경제협력은 일방적 지원이 아니다. 북한에 주는 것과 비교할 수 없을 정도의 엄청난 이익을 가져온다. 신의주 개방은 북한에 대한 중국의 영향력 확대를 의미한다. 국내의 경계심이 높아질 수밖에 없다. 이는 곧 남북 협력의 필요성을 강화하는 계기로 작용했을 것이다.

경제적으로 보면 두 가지가 중요하다. 첫째는 신의주 개방이 개성공단의 건설에 주는 긍정적 영향이다. 사실 남북 경제협력과 북·중 경제협력은 서로 보완적 의미도 있지만 경쟁 관계도 있다. 북한의 자원과 노동력은 무궁무진한 것이 아니다. 북한에서 비교우위를 확보하기 위한 한국과 중국의 경쟁이 불가피하다. 그런 점에서 중국 중심의 신의주 개방은 개성공단 건설에 긍정적 자극이 되었을 것이다. 북·중 경제협력 속도에 자극받아 개성공단 구축에 속도를 냈을 수 있다.

둘째는 남북 철도 연결에 주는 긍정적 효과다. 신의주는 북한과 중국을 이어주는 접경도시다. 신의주는 중국의 노동생산 기지로서의 의미도 있지만 중요한 물류 거점이기도 하다. 당시 남북한은 철도와 도로 연결 사업을 추진하고 있었다. 대륙철도의 꿈도 있었다. 러시아와의 시베리아 횡단철도 건설도 중요하지만, 개성–평양–신의주를 거쳐 가는 중국 횡단철도도 매우 중요하다. 한·중 경제 관계가 날로 확대되는 시점에서 철도를 통한 새로운 물류망 구축은 북한을 중개 거점으로 한국과 중국을 이어주는 중요한 경제협력 공간이 아닐 수 없다. 그런 점에서 신의주 개방은 남북 철도 연결에 긍정적 영향을 미쳤을 것이다. 이 철도가 결국 신의주를 거쳐 중국으로 이어질 수 있다는 희망을 주었을 것이다.

다시 개방해도 남쪽은 지켜만 보는 신세

그때 신의주 개방은 무산됐다. 그리고 이제 다시 남북 경제협력 없는 북·중 경제협력의 시대가 왔다. 신의주는 조만간 개방될 것이다. 2002년의 실패가 거름이 되고 교훈이 될 것이다. 한국은 이제 지켜만 봐야 하는 신세가 됐다. 개성공단의 부진이 더욱 걱정스럽다. 새로운 북·중 경제협력의 시대를 바라보아야 하는 한국 중소기업들의 조바심이 안타까울 뿐이다. 그리고 다시 북한 붕괴론의 도래를 본다. 북한의 변화 의지는 언제나 의심받고 있다. 북한은 변하지 않을 것이라는 '오래된 고정관념'이 대북정책 실패의 배경이 되고 있다. 그러나 기억해야 한다. 2002년 신의주를 홍콩식으로 개방하려 했던 북한의 시도를, 환경이 조성되면 북한도 변할 수 있음을 잊지 말아야 한다. 북한의 변화를 바라는가? 그러면 변화할 수 있는 환경부터 조성해야 한다.

만약에 한국사

초판 1쇄 발행 2011년 6월 7일
초판 2쇄 발행 2011년 12월 15일

지 은 이 김연철, 함규진, 최용범, 최성진

펴 낸 이 최용범
펴 낸 곳 페이퍼로드
출판등록 제10-2427호(2002년 8월 7일)
　　　　 서울시 마포구 연남동 563-10번지 2층

편　　집 이송원, 김남희
마 케 팅 고경문, 윤성환
경영지원 임필교

이 메 일 book@paperroad.net
홈페이지 www.paperroad.net
커뮤니티 blog.naver.com/paperroad
Tel (02)326-0328, 6387-2341 | Fax (02)335-0334

I S B N 978-89-92920-57-5 03900